# Wanderungen in die Erdgeschichte

# (24)

# Der
# Muskauer
# Faltenbogen

ALMUT KUPETZ & MANFRED KUPETZ
(Herausgeber)

339 Abbildungen,
(darunter 5 Übersichtskärtchen zu den Exkursionen),
1 Routenkarte 1:280000
1 geologische Übersichtskarte 1:280000

Verlag Dr. Friedrich Pfeil • München 2009

**Bibliografische Information der Deutschen Nationalbibliothek**

Die Deutsche Nationalbibliothek verzeichnet diese Publikation in der Deutschen Nationalbibliografie;
detaillierte bibliografische Daten sind im Internet über
http://dnb.d-nb.de abrufbar.

Der Verlag und die Herausgeber danken
der Sächsischen Landesstiftung Natur und Umwelt
und dem Landkreis Spree-Neiße
für die Förderung dieses Bandes.

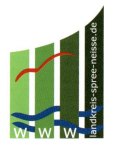

## Titelbild

*Bergbaurestgewässer eines Kleintagebaus in der Mulde D der Braunkohlengrube Babina bei Łęknica (Lugknitz).
Abgebaut wurde hier beginnend ab 1965 Braunkohle. Nachbergbaulich entwickelte sich durch aufgehendes
Grundwasser ein See, der der Sukzession überlassen wurde. Die Randgebiete forstete man mit Kiefern auf.
Durch die rückläufigen Niederschläge der letzten Jahre sinkt gegenwärtig der Wasserspiegel und es entwickeln sich Wasserstandsmarken. Die rostbraune Farbe geht auf Eisenschlämme, bestehend aus überwiegend
roentgenamorphem Eisen-III-hydroxid, Schwertmannit, Jarosit und Goethit zurück. Ursache dafür sind extrem saure Wässer, die sich aus der Verwitterung von Pyrit und/oder Markasit in den miozänen Schichten
bilden. – Foto: JACEK KOŹMA*

## Rückseite

*In der Schattenreliefdarstellung eines digitalen Geländemodells wird die morphologische Struktur des Mus-
kauer Faltenbogens am besten sichtbar. – Grafik: JACEK KOŹMA & KRZYSZTOF URBAŃSKI, Państwowy Instytut
Geologiczny, Wrocław.*

Druckvorstufe: Verlag Dr. Friedrich Pfeil, München
Druck: Advantage Printpool, Gilching

Printed in the European Union

ISBN 978–3–89937–100–0

**Verlag Dr. Friedrich Pfeil, Wolfratshauser Straße 27, D-81379 München**
Tel.: +49 89 742827-0 – Fax: +49 89 7242772 – E-Mail: info@pfeil-verlag.de – www.pfeil-verlag.de

# Inhalt

# »Alles nur Sand« oder »Die alten Meister«

Zu Beginn einer Exkursion durch den Muskauer Faltenbogen fragte uns vor einigen Jahren ein zum Mitgehen überredeter Teilnehmer: »Was gibt es denn hier zu sehen? Das ist doch alles nur Sand!«. Ziel des vorliegenden Bandes der »Wanderungen …« ist es, darauf eine Antwort zu geben. – In der Tat bestehen die Eiszeitlandschaften im nördlichen Mitteleuropa an der Erdoberfläche fast ausschließlich aus Sand. Und meist nicht einmal das, weil unter unserem humiden Klima tief reichende Bodenbildungen die Grundlage für eine flächendeckende Vegetation bilden. Wälder und Wiesen »maskieren« den geologischen Untergrund. Nur Felder gestatten in der vegetationsfreien Periode einen unmittelbaren Blick auf die Erdoberfläche. Als direktes Abbild des geologischen Aufbaus des Untergrundes bleibt aber noch immer die Geomorphologie. Ausgedehnte Ebenen sowie unterschiedliche Arten von Tälern und Hügeln sind die Formen, aus denen sich die Eiszeitlandschaft zusammensetzt. – Alles nicht sehr aufregend, zumindest auf den ersten Blick.

Betritt man das Gebiet des Muskauer Faltenbogens i.e.S., dann fallen dem Wanderer zunächst abflusslose Täler auf, die sog. Gieser, die die Hochflächen zerschneiden. Mit etwas Glück trifft man im Kiefernwald auch auf große, überwachsene Dünen. Und dann sind da noch die zahllosen schmalen, langgestreckten Seen. Oftmals hat ihr Wasser unterschiedliche Farben: schwarz (d.h. glasklar), hellgrüne oder braune Farbtöne, die von orange über feuerrot bis dunkelbraun reichen können.

Am Ende der Exkursion kam der zitierte Teilnehmer auf seine Anfangsfrage mit den Worten zurück: »Wenn ich das gewusst hätte …«. Mit Sicherheit ist die Eiszeitlandschaft nicht so spektakulär wie ein Hochgebirge oder ein aktiver Vulkan. Vielmehr bedarf es der aufmerksamen Beobachtung und einer gewissen Zeit und Muße, um die Landschaft zu erfassen. Der Beschreibung ihres Reizes in THEODOR FONTANES »Wanderungen durch die Mark Brandenburg« ist von dieser Seite her nichts mehr hinzuzufügen. Wir wollen an dieser Stelle das Werden und Vergehen einer Eiszeitlandschaft im Zuge der geologischen Entwicklung darstellen und eine Anleitung zum Mitdenken geben. Großen Wert haben wir dabei auf die Beschreibung geologischer Abläufe gelegt. Die Landschaft ist kein statisches Element. Sie ist das Ergebnis einer langen Entwicklung und unterliegt auch heute noch ständigen Veränderungen. Dazu gehören ebenso der historische Bergbau im Faltenbogen auf Braunkohle, Alaunton, Glassand und andere Rohstoffe sowie der aktuelle Bergbau im Lausitzer Braunkohlenrevier. Spannend ist ebenfalls die Thematik Landschaft vor dem Bergbau – Landschaft während des Bergbaus – Landschaft nach dem Bergbau.

Seien Sie in diesem Sinne dazu aufgerufen, mit wachem Blick und scharfem Geist ins Gelände zu gehen. Die Geologen der Vergangenheit haben Theorien und Modelle zur geologischen Entwicklung entworfen, die nach heutigem Kenntnisstand nicht zutreffend waren. Sie wurden weiterentwickelt und sind möglicherweise ebenso nur der Baustein späterer, völlig anderer An- und Einsichten. Hinterfragen Sie mit gesundem

*Abb. 1. Versuchen Sie doch einmal, so mit dem Kopf über die Schulter zu schauen wie Saskia auf diesem Gemälde von* REMBRANDT HARMENSZ VAN RHIJN *(um 1636, Galerie Alter Meiser Dresden). – Foto: Staatliche Kunstsammlungen Dresden.*

Menschverstand alles, was Ihnen nicht plausibel erscheint. Das gilt auch für die anscheinend über jeden Zweifel erhabenen Autoritäten. Als Autorität gelten in diesem Sinne nicht nur Personen, sondern auch herrschende Auffassungen. Sehen Sie sich REMBRANDTS Saskia einmal aufmerksam an. Sie ist meisterhaft gemalt, aber es ist anatomisch kaum möglich, seinen Kopf so weit über die Schulter zu drehen, wie es Saskia auf diesem Bild tut! [1]

In diesem Sinne gibt Ihnen auch der Geopark Muskauer Faltenbogen einen Rahmen und ein Forum, sich mit dieser Natur- und Kulturlandschaft näher zu befassen. Getrennt und verbunden durch die Neiße sind wir ein deutsch-polnischer Geopark – wie wir hoffen – auf gutem Wege zur Aufnahme in das European Network of Geoparks.

Die beiden Kapitel Tertiär und Quartär wurden aus diesem Grunde etwas umfangreicher ausgeführt als es in einem Exkursionsführer üblich ist. Dargestellt werden hierin nicht nur die Schichtenfolgen und Zeitabläufe sondern auch die wesentlichsten geologischen Prozesse und ein Abriss der historischen Kenntnisstandsentwicklung.

## Dank

Das Zustandekommen dieses Exkursionsführers ist das Ergebnis der Mitwirkung und der Zuarbeiten zahlreicher Personen und Institutionen. Dies erfolgte u. a. in Form einer geologisch-fachlichen Mitwirkung mit Fotos und Grafiken, mit technischen Tätigkeiten sowie mit Diskussionen, Hinweisen und Informationen. Den Autoren der Beiträge sei an dieser Stelle vor allem für ihre disziplinierte Arbeit gedankt. Besonderer Dank gebührt dem Landkreis Spree-Neiße, der Internationalen Bauausstellung (IBA) Fürst-Pückler-Land GmbH, die seit 1998 das Projekt Geopark Muskauer Faltenbogen fördert, und der Firma Vattenfall Europe Mining and Generation sowohl für die ausführlichen, eigenständigen Beiträge in diesem Heft als auch für die gedeihliche Zusammenarbeit und die Bereitstellung von geologischen Daten.

Im Rahmen ihrer dienstlichen Zuständigkeiten trugen auch das Landesamt für Bergbau, Geologie und Rohstoffe Brandenburg (LBGR) und das Landesamt für Umwelt, Landwirtschaft und Geologie Sachsen (LfULG) sowie der Staatliche Geologische Dienst von Polen (PGI), das Państwowy Instytut Geologiczny Warszawa (Dr. JACEK R. KASIŃSKI) und das Państwowy Instytut Geologiczny, Oddział Doośląski Wrocław (Direktor Dr. ANDRZEJ STACHOWIAK, Dr. KRZYSZTOF URBAŃSKI) zum Gelingen bei.

Weiterhin möchten wir folgenden Personen und Institutionen danken: WOLFGANG ALEXOWSKY (LfULG Freiberg), NORBERT ANSPACH (Spremberg), WOLFRAM BAHRT (Cottbus), SEBASTIAN BARAN (Łęknica), HANS-HERMANN BAUMBACH (LMBV Senftenberg), Bibliothek des LfULG Sachsen (KERSTIN KETSCHAU und BRIGITTE SEIFERT), Dr. HANS-DIETER BEERBALK (Berlin), JANUSZ BEGER (Łęknica), JAN BIENIASZ (Łęknica), Bibliothek und Archiv des LBGR Brandenburg (ANNELIESE ADREAE, DIRK ZORN, SILKE HANKE, SIGRUN VOIGT), REINHARD BIRK (Gallinchen), Prof. Dr. MARGOT BÖSE (FU Berlin), MICHÈLE DIENES (Berlin), JOCHEN EXNER (Weißwasser), Förderverein Museum Sagar e. V. (FRITZ GRAN, HELGA HEINZE), Fürst-Pückler-Park Bad Muskau (HOLGER DAETZ, EWA JONA, CORD PANNING), Dr. KURT GOTH (LfULG Freiberg), WOLFGANG GRÄTZ (Groß Kölzig), Dr. ALF GRUBE (LfUG Niedersachsen Flintbek), Heimatverein Kromlauer Park- und Traditionspflege e. V., SVEN JANY (Milan GmbH Spremberg), WOLFGANG KARGE (Bohsdorf-Vorwerk), Dr. JAN KLUSSMANN (Stadtarchiv Forst), WOLFGANG KÖBBEL (Cottbus), THOMAS KOCKEL (Forst), Dr. MATTHIAS KRBETSCHEK (Sächsische Akademie der Wissenschaften Freiberg), Dr. OTTOMAR KRENTZ (LfULG Freiberg), KLAUS KRÜGER (Krauschwitz bei Naumburg), Dr. MANUEL LAPP (LfULG Freiberg), FRANK MÄDLER (Forst), HUBERT MÖSE (Interessengemeinschaft Klinger See e. V.), DIETER NEMITZ (Cottbus), Nickel Landschaftsarchitektur und Umweltplanung, EUGENIUSZ OLEJNICZAK (Trzebiel), Dr. MANFRED PFAFF (Büro für Bodenschutz und Landschaftsplanung Eberswalde), PETER RADTKE (LMBV Senftenberg), HARTMUT RAUHUT (Schipkau), Dr. GRZEGORZ RZEPA (Kraków), SYBILLE SCHMIEDEL (Spremberg), WOLFGANG SCHOSSIG (Cottbus), Prof. Dr. JOHANNES SCHROEDER (TU Berlin), Dr. DIETER SCHWARZ (Cottbus), ROMAN SOBERA (Łęknica), Dr. UWE STEINHUBER (LMBV Senftenberg), Dr. JAQUELINE STRAHL (LBGR Kleinmachnow), OLAF ULRICH (Dresden), Prof. Dr. ROLAND VINX (Universität Hamburg), Prof. Dr. HANS-VOIGT (BTU Cottbus), Prof. Dr. RAINER VULPIUS (Brand-Erbisdorf) und Dr. HANS-ULRICH WETZEL (GFZ Potsdam).

# 1. Geographischer Überblick

**Einordnung in die Landschaftssystematik und territoriale Zugehörigkeit**

Im Osten der Bundesrepublik Deutschland, südöstlich von Cottbus bzw. nordöstlich von Dresden, und im Westen der Republik Polen, südwestlich von Zielona Góra (Grünberg) befindet sich die Stauchendmoräne Muskauer Faltenbogen. Die Region liegt im Länderdreieck des Landes Brandenburg, des Freistaates Sachsen und der Wojewodschaft Lebuser Land. Die Lausitzer Neiße durchschneidet den Faltenbogen und ist gleichzeitig der deutsch-polnische Grenzfluss.

Seine regionale Zuordnung erweist sich als schwierig, da er im Grenzbereich zwischen der Niederlausitz und der Oberlausitz liegt. Aus historischer Sicht gehörte der Raum um Bad Muskau 1253 urkundlich bestätigt zum Markgrafentum Niederlausitz. Erst 1315/1316 wurde eine Verbindung mit der Oberlausitz eingegangen, die bis in die Neuzeit andauert und sich anhand einiger Ortsnamen nachvollziehen lässt (z.B. Weißwasser/O.L. – O.L. steht für Oberlausitz – oder Niederschlesischer Oberlausitzkreis bis zur Kreisgebietsreform 2008). Die Zugehörigkeit der Standesherrschaft Muskau zum Kreis Rothenburg/O.L. war jedoch eher verwaltungstechnisch zu betrachten, insgesamt wird sie strukturell und wirtschaftlich eher als Sonderform behandelt. Angesprochen wird auch mehrfach die bessere Absatzmöglichkeit der standesherrschaftlichen Produkte in den Norden. Dabei stellte Berlin einen erheblich größeren und logistisch besser erschlossenen Markt für Erzeugnisse dar als beispielsweise die Provinzhauptstadt Breslau. Von Osten her reicht der westlichste Ausläufer der ehemaligen preußischen Provinz Niederschlesien

*Abb. 2. Geographische Lage des Muskauer Faltenbogens. – Grafik: ENO GmbH, Bad Muskau.*

bis nach Weißwasser. Im Ergebnis des 2. Weltkrieges wurde die Neiße zur Grenze zwischen der Deutschen Demokratischen Republik und der Volksrepublik Polen. Die polnische Seite gehört zur Wojewodstwo Lubuskie (Wojewodschaft Lebus), wobei einer Wojewodschaft etwa die Bedeutung eines Bundeslandes in Deutschland zukommt. Der von 1994 bis 2008 in Nordsachsen existierende Niederschlesische Oberlausitzkreis, in dem der südliche Teil des Faltenbogens lag, griff noch einmal das niederschlesische Namenselement auf. Am 1. Mai 2004 trat Polen der Europäischen Union und am 21. Dezember 2007 dem Schengen-Abkommen bei, so dass (auch) im Muskauer Faltenbogen wieder freier Personen- und Zollverkehr herrscht (zusammengefasst nach GÖHLER 1999, ergänzt).

**Geographische Lage und regionalgeologische Einordnung**

Eine der ausgeprägtesten Endmoränen des nordeuropäischen Vereisungsgebietes ist die Eisrandlage des Warthestadiums. Sie hat ihren Anfang bei Hamburg und setzt sich, beginnend an der Elbkrümmung bei Magdeburg, als Märkisch-Schlesischer Landrücken bis nach Polen fort. Am Flüsschen Malapane in der Wojewodschaft Opole (Oppeln) schließt sie sich an das polnische Bergland an. Weiter nach Osten setzt sich die Eisrandlage bis nach Belorussland fort. In westnordwest-ostsüdöstlicher Richtung beträgt ihre Erstreckung etwa 1000 km.

Als geomorphologisch zusammengehörende Großlandschaft bildet der Südliche Landrücken in Deutschland und Polen den zentralen Teil dieser Eisrandlage. Im Einzelnen ist ihre geologische Geschichte weit komplizierter, als man nach dem Kartenbild annehmen würde. Ihre geologische Prägung hat sie im Wesentlichen im Warthestadium der Saaleeiszeit erfahren. Im Detail liegt aber oft keine einzelne, scharf markierte Endmoräne vor, sondern eine Abfolge von Moränenstaffeln, deren Korrelationen und genauen Zuordnungen innerhalb des Saalekomplexes noch diskutiert werden. Den besten Überblick zu den Eisrandlagen vermittelt die »Karte der Nordischen Vereisungen« von *4* LIEDKE (1981).

Aus dem Märkisch-Schlesischen Landrücken hebt sich der Muskauer Faltenbogen morphologisch deutlich heraus (s. Umschlagrückseite).

Diese etwas ausführlichere Einführung in das generelle Bild der warthezeitlichen Eisrandlage soll zum Ausdruck bringen, dass hier, wie überhaupt im nordmitteleuropäischen Vereisungsgebiet, die Ablagerungen und Wirkungen mehrerer Eisbedeckungen und Eisrandlagen übereinanderliegen.

Obwohl morphologisch in der Eisrandlage des Warthestadiums gelegen, ist auch der Muskauer Faltenbogen das Ergebnis eines polygenetischen Bildungsprozesses. Wesentliche Prägungen hat er in der Elstereiszeit, der Saaleeiszeit, der Eem-Warmzeit, der Weichselkaltzeit und dem Holozän (der gegenwärtigen Warmzeit) erfahren.

Die Aufstauchung des Muskauer Faltenbogens im Sinne des ersten und hauptsächlichen Deformationsereignisses erfolgte zu Beginn des zweiten Eisvorstoßes in der Elstereiszeit (frühelster-2-zeitlich), das heißt vor etwa 350 000 Jahren. Durch jüngere Eisvorstöße und Winderosion wurde er sehr stark eingeebnet. Warthezeitlich gab es erneute, aber bezogen auf die Gesamtstruktur nur untergeordnete Stauchungen. Seine geographische Lage in der Warthezeitlichen Haupteisrandlage ist eine zufällige. Dies führte in der Vergangenheit zu der *a-prori*-Annahme, dass der Muskauer Fal-

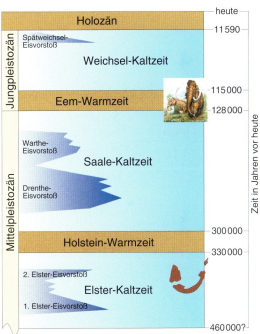

Abb. 3. Die zeitliche Einordnung der Entstehung des Muskauer Faltenbogens. – Aus KUPETZ et al. 2004, verändert.

tenbogen im Warthestadium gebildet wurde. Diese Auffassung ist auch heute noch weit verbreitet (s. auch »Entstehung des Muskauer Faltenbogens«, S. 56 ff.).

Das Exkursionsgebiet umfasst darüber hinaus noch einen anderen geologisch wesentlichen Aspekt. Es liegt am östlichen Rand des Lausitzer Braunkohlenreviers. Mit einer Jahresförderung von *5* 195 Mio. t in 15 Tagebauen bildete es 1989 das wirtschaftliche Rückgrat des Energiebezirkes Cottbus. Heute werden noch fünf Tagebaue betrieben, die 2006 59,5 Mio. t Rohbraunkohle lieferten. Die Tagebaue geben als geologische Großaufschlüsse einen imposanten Einblick in die Schichtenfolge des Tertiärs und Quartärs. Zwei von Ihnen wurden deshalb als Aufschlusspunkte in die Exkursionsrouten aufgenommen (A2, E3). Ein dritter widmet sich den im Tagebaubetrieb angetroffenen Findlingen (A4).

Literatur: GÖHLER 1999; KUPETZ, KUPETZ & RASCHER 2004; LIEDKE 1981

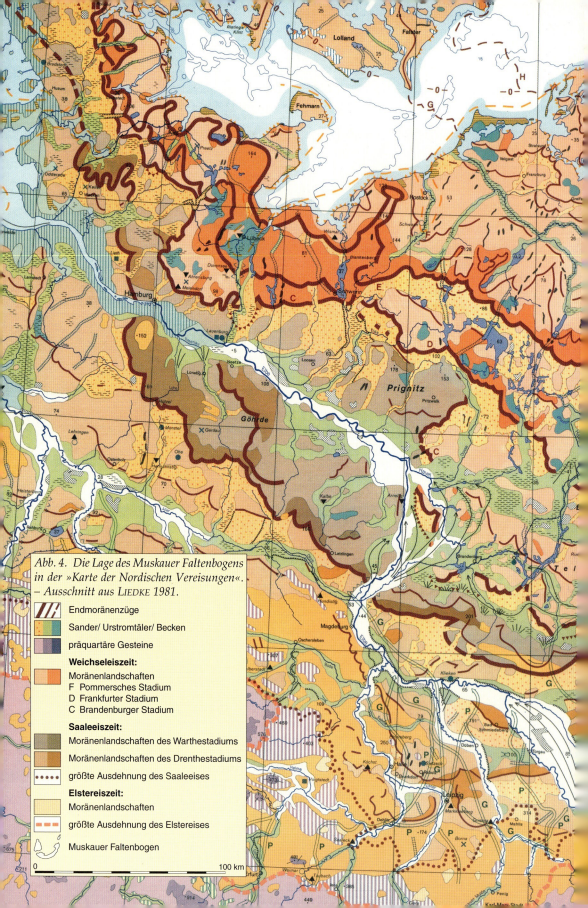

*Abb. 4. Die Lage des Muskauer Faltenbogens in der »Karte der Nordischen Vereisungen«. – Ausschnitt aus* LIEDKE *1981.*

**Endmoränenzüge**

**Sander/ Urstromtäler/ Becken**

**präquartäre Gesteine**

**Weichseleiszeit:**

Moränenlandschaften
F Pommersches Stadium
D Frankfurter Stadium
C Brandenburger Stadium

**Saaleeiszeit:**

Moränenlandschaften des Warthestadiums

Moränenlandschaften des Drenthestadiums

größte Ausdehnung des Saaleeises

**Elstereiszeit:**

Moränenlandschaften

größte Ausdehnung des Elstereises

Muskauer Faltenbogen

0                                                      100 km

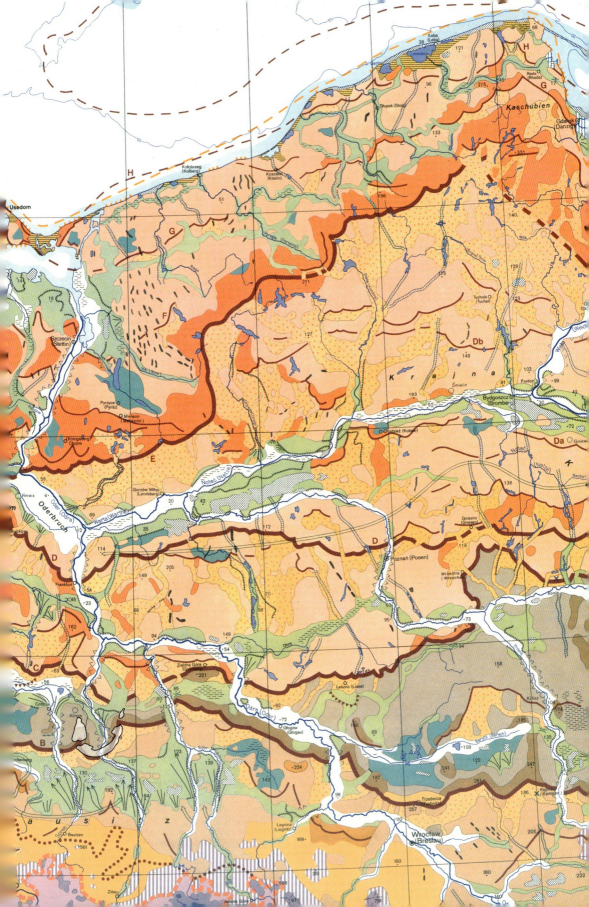

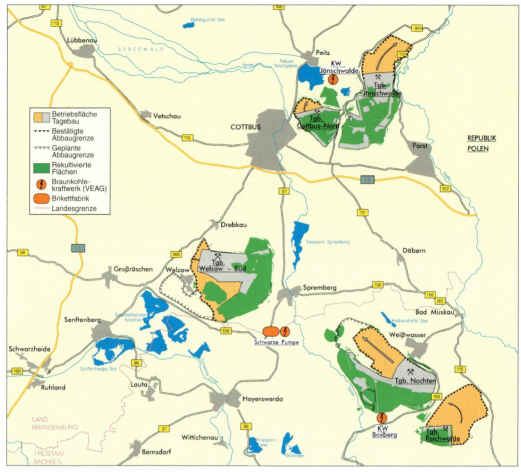

*Abb. 5. Das Lausitzer Braunkohlenrevier im Überblick. – Grafik: Vattenfall Europe Mining AG.*

## 2. Das Prätertiär

Regionalgeologisch bildet im Mesozoikum der Nordostrand der **Lausitzer Permotriasplatte** und die sich nach Nordosten anschließende **Ostbrandenburg-Nordsudetische Senke** den Untergrund des Muskauer Faltenbogens.

Den tieferen Untergrund verkörpert im Muskauer Faltenbogen der Mulkwitzer Teilblock (BRAUSE 1970). Es handelt sich dabei um ein gravimetrisch nachgewiesenes tektonisches Element in einer Tiefe von 10-30 Kilometern. Nach älteren regionalgeologischen Erwägungen wird er im oberen Abschnitt von jungproterozoischen Grauwacken, Argilliten und Schluffsteinen (Lausitzer Grauwacken) bedeckt (BRAUSE 1973). Möglich ist aber auch, dass das varistische Paläozoikum des Görlitzer Synklinorium (?Ordovizium – Unterkarbon) hier seine nördliche Fortsetzung hat. Als drittes wäre denkbar, dass dort jungproterozoische Phyllite der Südlichen Phyllitzone der Mitteleuropäischen Kristallinzone (MKZ) verbreitet sind. Im Untersuchungsgebiet wurden Gesteine in dieser Tiefe bisher nicht erbohrt. Mit transgressiver Auflagerung folgen über ihnen Sandsteine und Schluffsteine, z.T. mit Konglomeraten und Tonsteinen des Rotliegenden. Ihre Basis wird in Hochlagen bei ca. 1500 m (Struktur Mulkwitz) und ca. 2500 m (Struktur Döbern/Raden) unter Gelände, im Normalfall wesentlich tiefer angenommen.

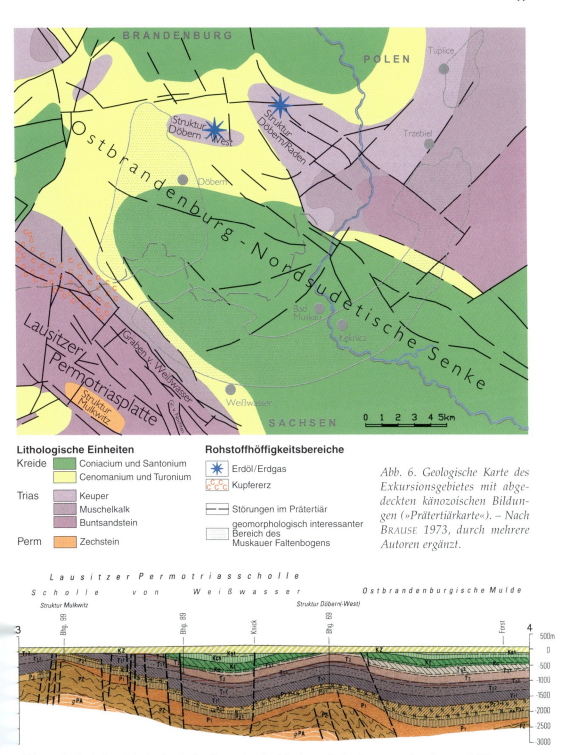

**Lithologische Einheiten**

Kreide
- Coniacium und Santonium
- Cenomanium und Turonium

Trias
- Keuper
- Muschelkalk
- Buntsandstein

Perm
- Zechstein

**Rohstoffhöffigkeitsbereiche**

- ✳ Erdöl/Erdgas
- ᶜᶜᶜᶜ Kupfererz
- Störungen im Prätertiär
- geomorphologisch interessanter Bereich des Muskauer Faltenbogens

*Abb. 6. Geologische Karte des Exkursionsgebietes mit abgedeckten känozoischen Bildungen (»Prätertiärkarte«). – Nach* BRAUSE *1973, durch mehrere Autoren ergänzt.*

*Abb. 7. Geologischer Schnitt durch das Prätertiär des Muskauer Faltenbogens. – Aus* BRAUSE *1973.*

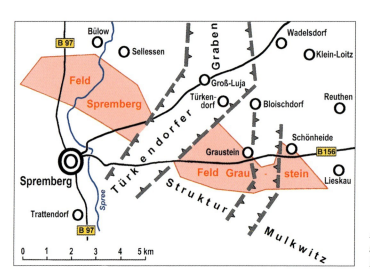

*Abb. 8. Die Kupferschieferlager-stätte im Raum Spremberg. – Aus* KNITZSCHKE & VULPIUS *2002.*

Mit der Zechsteintransgression setzte die postvaristische Tafelentwicklung ein. Das spätere Falten-bogengebiet lag zu dieser Zeit im südwestlichen Uferbereich des Zechsteinmeeres. Der markanteste Horizont an seiner Basis ist der Kupferschiefer (T1). Im Raum Spremberg enthält er polymetallische, sulfidische Erzanreicherungen (Pb, Zn, Cu, Ag u. a.). Bezogen auf den Kupfergehalt handelt es sich um wirtschaftlich interessante Konzentrationen. Die Vererzung reicht z. T. bis ins Rotliegende hinunter und den Zechsteinkalk hinauf, so dass die Vererzungszone eine Mächtigkeit zwischen 2 m und 8 m aufweist. In den 1970er-Jahren wurde die Lagerstätte erkundet und Vorräte von mehr als 1 Mio. t Kupfer berechnet. Mit dem Anstieg des Kupferpreises auf dem Weltmarkt rückte die Lagerstätte wieder ins öffentliche Interesse. Sie wurde neubewertet, und es wird ein Abbau diskutiert (KOPP 2008).

Von den überregional existierenden sieben salinaren Zyklen (Werra, Staßfurt, Leine, Aller, Ohre, Friesland und Fulda; z1-z7) sind im Betrachtungsgebiet nur die unteren vier ausgebildet. Es bleibt z. Z. offen, ob die oberen drei Zyklen (z5-z7) bisher nicht erkannt und ausgegliedert wurden oder ob sie nicht abgelagert wurden.

Wirtschaftlich bedeutend waren im Betrachtungsgebiet die Karbonatgesteine des Staßfurtzyklus (Ca 2). Größere Flächen bilden zu dieser Zeit die Wellmitzer Lagune. Die dort abgelagerten Kalksteine enthalten hier Kluftspeicher für Erdöl und Erdgas. In morphologischen und tektonischen Hochlagen entwickelten sich kleine Lagerstätten. Im Gebiet des Muskauer Faltenbogens sind das die »Struktur Döbern-West« und die »Struktur Döbern/Raden«. In den 1960er- und 1970er-Jahren wurden auf diesen in Tiefen um 2000 m einige Sonden fündig und förderten kurzzeitig Öl. Muttergesteine der Kohlenwasserstoffe sind Tone und tonige Kalksteine des Staßfurtzyklus, die sowohl im Zechstein-becken selbst (als Stinkschiefer), als auch am Plattformhang und in der Lagune ausgebildet sind. Die Kohlenwasserstoffe sammelten sich in sog. Fallen, den o. g. »Strukturen«, und bildeten bei genügender Größe Lagerstätten. Es sei darauf hingewiesen, dass sich diese Lagerstätten zwar in »aufgewölbten Strukturen« befinden, es sich dabei aber nicht um die für zahlreiche Erdöl- und Erdgaslagerstätten typischen Salzstöcke handelt!

Über dem Zechstein folgen ca. 800 m Triassedimente. Diese umfassen den Buntsandstein (Sand-steine, Schluffsteine und Tonsteine (zum Hangenden feinkörniger werdend), ferner Kalksteine und Mergelsteine), den Muschelkalk (dunkelgraue, grüngraue bis weiße Kalksteine, z. T. oolithisch aus-gebildet, ferner auch Anhydrite) und den Keuper (graue, grüne und rotbraune Ton-, Schluff- und Sandsteine, im Gipskeuper auch oolithische Dolomite). Im mittleren Buntsandstein wurde im Jahre 2000 mit einer Bohrung in Bad Muskau ein Thermalwasserhorizont erschlossen (Teufe zwischen 1307 und 1550 m, Temperatur 45-48 °C, Mineralisation 85 g/l). Es ist vorgesehen, die Therme für Kurzwecke zu nutzen (MÜLLER 2007).

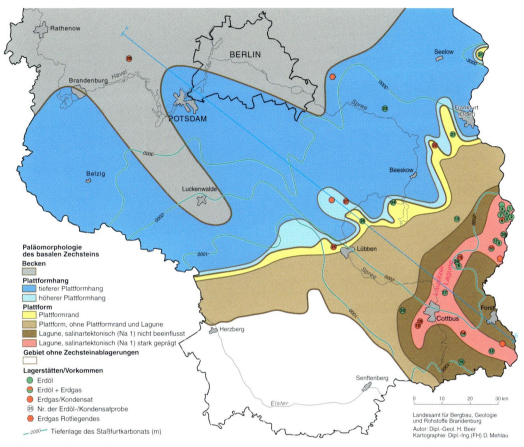

*Abb. 9. Zechsteinverbreitung in Südbrandenburg. – Aus BEER 1998.*

Ablagerungen des Juras sind nicht bekannt. Es kann angenommen werden, dass Schichten des Jura ausgebildet waren und wahrscheinlich im höheren Jura und der Unterkreide erodiert wurden (kimmerische Bewegungen). Als Vergleich dazu sei angeführt, dass, eingeklemmt in der Lausitzer Überschiebung und so vor der Abtragung geschützt, bei Hohnstein im Raum Dresden Ammoniten führende Kalksteine des Malms auftreten.

Nach einer Sedimentationslücke in der Unterkreide, für die man größenordnungsmäßig 40 Ma annehmen kann, folgt in der frühen Oberkreide (Cenoman) eine erneute Transgression, deren Ablagerungen mit einem glaukonitischen Trangressionskonglomerat beginnt. Rund 700 m mächtige Ton-, Mergel-, Schluff- und Sandsteine umfassen die Oberkreide vom Cenoman bis zum Campan im Gebiet des Faltenbogens.

Insgesamt ist das Prätertiär intensiv durch ein überwiegend NW-SE und SW-NE-streichendes Bruchmuster blockartig zergliedert. Die einzelnen Störungen waren zu verschieden Zeiten des Mesozoikums aktiv. Die Mehrzahl der Störungen in Abb. 6 hat prätertiäres Alter. Einzelne Elemente, wie der Graben von Weißwasser und der Graben von Nochten, waren noch während des Pliozäns aktiv (s. »Tertiär«, S. 12 ff.). Am Ostrand der Struktur Döbern/Raden gibt es wahrscheinlich sogar noch rezente Bewegungen (s. »Quartär«, S. 30 ff.). Insgesamt ist das bruchtektonische Geschehen sehr kompliziert. Es existiert eine große Anzahl von Einzelbeobachtungen und Interpretationen, eine zusammenfassende Gesamtschau fehlt zurzeit noch.

Literatur: BRAUSE 1970, 1973; BEER 1998; KOPP 2006, 2008; MÜLLER 2007; KNITZSCHKE & VULPIUS 2002

# 3. Das Tertiär

ARDUINO verwendete 1760 die Bezeichnung »montes tertiarii« für wenig verfestigte Ablagerungen in Norditalien. In Anlehnung daran führte 1807 BRONGNIART den stratigraphischen Begriff Tertiär in die wissenschaftliche Literatur ein. GEINITZ trennte 1846 davon das Quartär ab. Der Begriff geht auf DESNOYERS »Quarternaire« zurück, der aber auch größere Teile des Tertiärs darunter verstand. Die weitere Unterteilung des Tertiärs in Abteilungen erfolgte dann 1833 durch LYELL. Nach der Prozentzahl der heute noch lebenden marinen Molluskenarten im Verhältnis zu den in den tertiären Schichten gefundenen gliederte er in Eozän, Miozän und Pliozän. 1854 schob BEYRICH aufgrund seiner Bearbeitungen norddeutscher Tertiärfaunen zwischen dem Eozän und dem Miozän das Oligozän ein. Als letztes fügte SCHIMPER 1874 das Paläozän als älteste Abteilung dem Tertiär hinzu. Die faunistisch ähnlichen beiden jüngeren Abteilungen Pliozän und Miozän vereinigte 1853 HOERNES zum Neogen. NAUMANN stellte 1866 dem die Zusammenfassung der älteren Abteilungen als Paläogen entgegen. In neuester Zeit gibt es Bestrebungen (GRADSTEIN et al. 2004) den Begriff »Tertiär« nur noch informell als »Unter-Ära« des Känozoikums zu benutzen und das Paläogen und Neogen (unter Einbeziehung des Quartärs) in den Rang von Systemen zu erheben. Das letzte Wort ist in dieser Angelegenheit aber noch nicht gesprochen.

Das Tertiär umfasst in der chronostratigraphischen Gliederung den Zeitraum von 65 Ma bis 1,8 Ma. Die Untergrenze ist aufgrund eines scharfen Faunenschnittes unstrittig. Die Obergrenze dagegen ist weiterhin Gegenstand ausgedehnter Diskussionen in den entsprechenden geologischen Fachgremien. Es gibt Bestrebungen, die erste deutliche Klimaverschlechterung im Oberpliozän bei etwa 2,6 Ma, also etwa 800 000 Jahre früher als die jetzige Grenze, als Untergrenze des Quartärs zu definieren.

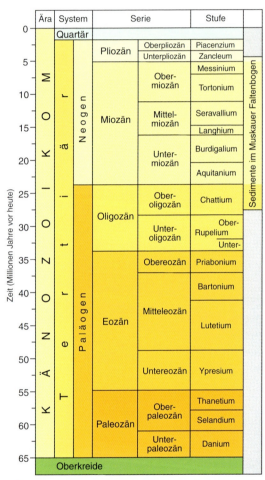

Abb. 10. Allgemeine stratigraphische Gliederung des Tertiärs.

## Der Paläogeographische Rahmen und die Herkunft der Sedimente

Im Zeitraum von der höchsten Oberkreide (Maastricht) bis zum Unteroligozän fehlen im betrachteten Gebiet Sedimente für einen knapp 40 Ma langen Zeitraum. Zumindest bis zum Eozän (Alttertiär) befand sich hier ein festländisches Abtragungsgebiet. Es ist nicht sicher, ob z. B. im Obereozän bereits eine erste Transgression des Tertiärs bis in unser Gebiet erfolgte und diese Schichten später wieder abgetragen wurden. Falls das Eozän ausgebildet gewesen ist, dann dauerte die Phase der Sedimentationsunterbrechung und Abtragung nur etwa 25-30 Ma. In dieser Zeit wurde das Relief sehr stark eingeebnet. Zu Beginn der Transgression im Unteroligozän existierte ein ausgeglichenes und flachwelliges Relief.

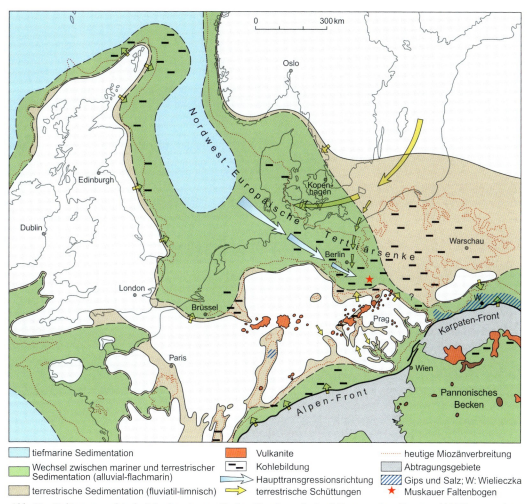

tiefmarine Sedimentation

Wechsel zwischen mariner und terrestrischer
Sedimentation (alluvial-flachmarin)

terrestrische Sedimentation (fluviatil-limnisch)

Vulkanite

Kohlebildung

Haupttransgressionsrichtung

terrestrische Schüttungen

heutige Miozänverbreitung

Abtragungsgebiete

Gips und Salz; W: Wielieczka

Muskauer Faltenbogen

*Abb. 11. Paläogeographie der Nordwesteuropäischen Tertiärsenke im Miozän. – Aus ZIEGLER (1990), verändert.*

Im Oligozän wird das Gebiet durch die Paläonordsee überflutet. Es bildet sich in einem ca. 23 Ma langen Zeitraum zwischen dem Oberoligozän und Unterpliozän eine rund 250 m mächtige marin-terrestrische Schichtenfolge aus Sanden, Tonen, Schluffen und Braunkohle aus. Im jüngsten Tertiär und Altquartär ist das Gebiet des Faltenbogens festländisches Abtragungsgebiet mit sporadischen Ablagerungen der sog. alten »Elbeläufe«.

Das betrachtete Gebiet gehörte im Tertiär zum Südrand der Nordwesteuropäischen Tertiär-senke (i. S. v. VINKEN 1989). In diese Senke hinein griff das Meer in südöstlicher Richtung, aus dem Nordseeraum kommend, auf das Festland über. Die Haupttransgressionen erfolgten dabei entlang der Elbe-Oder-Zone (SCHECK et al. 2002) und schwächten sich in der Regel in südöstlicher Richtung ab (in Richtung der blauen Pfeile in Abb. 11). Wahrscheinlich existierte zeitweise sogar eine Meeresverbindung entlang des äußeren Randes der Sudeten zur Karpartenvorsenke (Linie Cott-bus–Wrocław–Kraków).

Sedimentschüttungen erfolgten weitgehend aus südlichen Richtungen von den festländischen Abtragungsgebieten her (terrigenes Material). Die lang anhaltende mesozoische bis alttertiäre Verwitterung der Festlandsoberflächen hatte zur Folge, dass die Abtragungsprodukte sehr weit aufbereitet waren. Sie wurden stark mechanisch (sehr gut gerundete Sandkörner) und chemisch aufbereitet (Verwitterung von Feldspäten, Hornblenden, Augiten und Glimmern) zu Tonmineralen. Zur Ablagerung gelangten deshalb im Wesentlichen nur relativ reine Sande und Tone. Man spricht von reifen (maturen) Sedimenten. Durch die starke Durchtränkung der gesamten Schichtenfolge mit Huminsäuren, die aus der Inkohlung der Flöze stammen, sind so gut wie keine kalkigen Fossilien erhalten geblieben. Anders sieht es mit pflanzlichen Resten aus, die in den Tonen und Flözen relativ gute Fossilisationsbedingungen vorfanden. Die hier abgebildete Fossilvielfalt ist das Ergebnis jahrzehntelanger Forschungsarbeit und sollte unter dem Blickwinkel verstanden werden, dass die gesamte Schichtenfolge tatsächlich sehr fossilarm ist.

Durch vorherige Transgressionen im Obereozän und Unteroligozän war die Senke zu einem fast relieflosen Sedimentationsraum eingeebnet worden. Bildungen aus dieser Zeit sind im Bereich des Muskauer Faltenbogens nicht erhalten.

Globale Meeresspiegelschwankungen im Oberoligozän und Miozän um nur wenige Meter führten in dieser Situation zu sehr weiträumigen Transgressionen und umgekehrt auch zu ebensolchen Regressionen. Gleichzeitig führte das Verharren des Sedimentationsraumes in etwa im Meeresspiegelniveau zur Bildung weiträumiger Moore, aus denen sich die Miozänen Flözkomplexe bildeten. Das flache Relief hatte zur Folge, dass z. B. die wichtigen Braunkohlenflöze des 2. Miozänen Flözkomplexes (2. MFK) eine Erstreckung von Ostpolen bis nach Jütland haben.

Die randliche Position in Bezug auf die gesamte Nordwesteuropäische Tertiärsenke bedingt im Exkursionsgebiet einen häufigen Wechsel zwischen verschiedenen flach-marinen und alluvialen Ablagerungsräumen. Die paläogeographische Konstellation bleibt im gesamten Tertiär weitgehend unverändert. Sie ist gekennzeichnet durch ein im Süden und Südosten gelegenes Abtragungsgebiet, das aus dem Sudetenraum mit dem Oberlausitzer Bergland, dem Erzgebirge, dem Granulitgebirge und i. w. S. auch aus der gesamten Böhmischen Masse bestand. Davor lag ein Sedimentationsbecken, das bis in die heutige Nordsee reichte.

Die Herkunft der Sedimente ist durch drei Quellen gekennzeichnet:

1. Der Hauptanteil wurde aus dem südlichen Abtragungsgebiet geliefert.
2. Ein sehr kleiner Teil wurde durch das transgredierende Meer von Nordwesten herangetragen. Sedimentschüttungen aus dem skandinavischen Raum (Nordrand der Senke) sind im Gegensatz zur Nordwestlausitz (Raum Seese-Schlabendorf – Seese-Schichten mit nordischen Komponenten) im engeren Exkursionsgebiet bisher nicht bekannt geworden.
3. Hinzu kommen als dritte Komponente vulkanische Aschen, die von mehr oder weniger entfernt liegenden Vulkanen als atmosphärischer Staub (pyroklastisches Material = Tephra) oder als Abtragungsprodukte älterer (Oligozäner) Tuffe in den Ablagerungsraum der Nordwesteuropäischen Tertiärsenke eingebracht wurden. Ihr Anteil ist umstritten. Das Auftreten von vulkanogenen Schwermineralen (Titanit, Anatas, »Kleberit«) in den Sedimenten zeigt jedoch einen nicht unbedeutenden Beitrag dieser Sedimentquelle an. Herkunftsgebiete der vulkanischen Aschen sind die Oberlausitz und Nordböhmen.

## Die stratigraphische Gliederung

**Die geschichtliche Entwicklung.** Die tertiäre Schichtenfolge des weiteren Exkursionsgebietes wurde in der ersten Hälfte des 20. Jahrhunderts als terrestrisch, das heißt auf dem Festland in Flüssen oder Seen abgelagert, betrachtet. KEILHACK (1913) gliederte drei, QUITZOW (1953) fünf derartige terrestrische Sedimentationszyklen aus. Als KRUTZSCH (1958, unveröff.) sowie AHRENS & LOTSCH (1963) ein

*Abb. 12. Fossilien aus dem Tertiär der Lausitz. **a**, Blätterlage an der Basis des 4. Flaschentonhorizontes der Mühlroser-Schichten; Tagebau Nochten. – Foto: MICHAEL HENSEL; **b-d**, rasterelektronenmikroskopische Aufnahmen von Pollenkörnern aus dem Oberoligozän. – Fotos: KURT GOTH; **b**, Juglandaceen-Pollenkorn (Walnussgewächse); **c**, Aglaoredia sp. (Restionaceen); **d**, Tsuga – Pollenkorn (Hemlocktanne); **e**, lichtmikroskopische Aufnahme einer marinen Dinocyste aus dem Miozän der Lausitz; Paleocystodinium miocaenicum STRAUSS. – Foto: KURT GOTH; **f**, Muschelbohrungen (Teredo sp.) in Treibholz; die Bohrungen (Ichnofossil) werden als Teredolites longissimus KELLY & BROMLEY bezeichnet; Nochten-Schichten, Tagebau Klettwitz Nord. – Foto: PETER SUHR.*

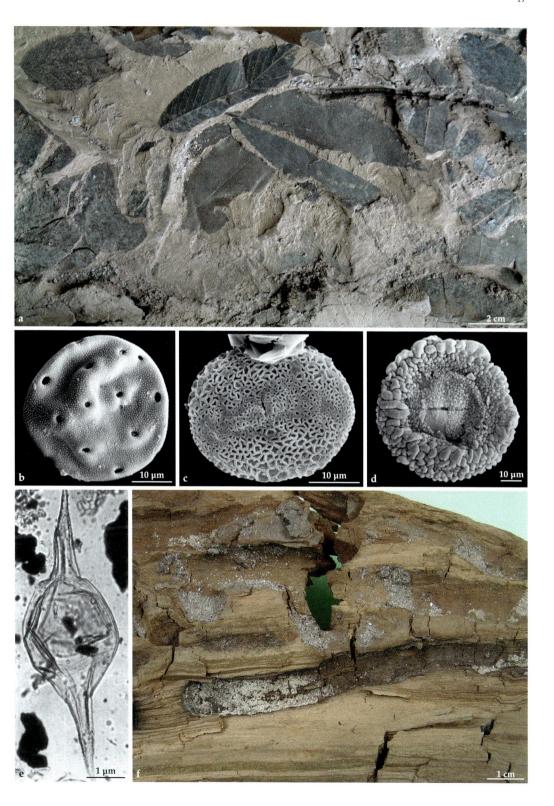

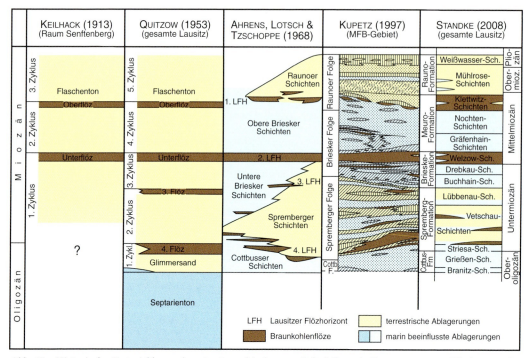

*Abb. 13. Historische Entwicklung der stratigraphischen und faziellen Auffassungen zur Gliederung des Tertiärs der Niederlausitz.*

reiches Mikrophytoplankton (Hystrichospaerideen) und andere sichere Anzeichen für marine Sedimentationsbedingungen in Schluffen und Sanden fanden, wurde klar, dass ein Paradigmenwechsel in der Interpretation der Bildungsbedingungen größerer Teile der Schichtenfolge notwendig wurde. Funde von charakteristischen marinen Spurenfossilien (z. B. *Ophiomorpha nodosa*, *Rhizocorallium* isp.) bestätigten dies eindrucksvoll (SUHR 1989).

AHRENS et al. (1968) führten für die mächtigen Ton-Kies-Folgen den heute noch verbreiteten Begriff der »**Schuttfächer**« ein. Die Spremberger Schichten wurden als »Älterer Lausitzer Schuttfächer«, die Raunoer Schichten als »Jüngerer Lausitzer Schuttfächer« bezeichnet. Nach Auffassung von AHRENS et al. (1968) verzahnten sich die landwärtigen, terrestrischen Schuttfächersedimente mit den meerseitigen marinen Sedimenten. Beide sollten zeitgleiche Bildungen in unterschiedlichen Faziesräumen sein.

Alternativ zu dieser Interpretation entwickelte sich Ende der 1970er und Anfang der 1980er-Jahre die Modellvorstellung, dass die tertiäre Schichtenfolge durch mehrere Transgressionen (Meeresüberflutungen) gebildet wurde und sich auf diese Weise mehrere zyklische Schichtenfolgen **übereinander** ablagerten (LOTSCH 1979). Insbesondere durch die Auswertung bohrlochgeophysikalischer Messkurven wurde der Nachweis erbracht (HÖNEMANN et al. 1982), dass weit aushaltende Transgressionen die entscheidenden Prozesse bei der Schichtenbildung waren. Die noch heute verwendeten Bezeichnungen B1, B2 … sowie N1, N2 … gehen auf HÖNEMANN et al. (1982) zurück. Im Prozess der Kenntnisstandsentwicklung spielte der auch als »Leithorizont« bezeichnete Horizont B2.1 eine besondere Rolle. STANDKE hat das Transgressions-Modell insbesondere für die Brieske-Formation detailliert bearbeitet und in zahlreichen Karten und Korrelationsschnitten niedergelegt (zusammengefasst in STANDKE 2006).

Die heutige stratigraphische Untergliederung des Profils beruht in erster Linie auf der Kombination der Gesteinsansprache (Lithostratigraphie) mit geophysikalischen Bohrlochmessungen und einer biostratigraphische Zonengliederung auf der Basis von Sporomorphen, Phytoplankton und

*Abb. 14. Tafel mit Pollen aus verschiedenen Flözen der Braunkohlengrube Tschöpelner Werke bei Nowe Czaple (Neutschöpeln) und Babina bei Łęknica (Lugknitz). Die Bezeichnung (Taxonomie) der Pollen ist heute anders. – Aus* RAATZ *(1937).* **1**, *Sporites ligneolus major n. f.;* **2**, *Sporites ligneolus intermedius n. f.;* **3**, *Sporites ligneolus minor n. f.;* **4**, *Sphagnum-sporites stereoides R.* POTONIE & VENITZ; **5**, *Sphagnum-sporites stereoides n. f.;* **6**, *Carya-pollenites simplex communis n. f.;* **7**, *Pterocarya-pollenites aff. stellatus;* **8**, *Pterocarya-pollenites stellatus R.* POT; *Fig.* 9, *Juglans-pollenites verus n. sp.;* **10**, *Engelhardtia-pollenites levis R.* POT; **11**, *Abies-pollenites verus n. sp.;* **12**, *Pinus-pollenites alatus R.* POT. & VENITZ; **13**, *Tsuga-pollenites igniculus maximus n. f.;* **14**, *Lycopodium?-sporites primarius major n. f.;* **15**, *Sporites primarius* WOLFF; **16**, *Sciadopitys-pollenites serratus* POTONIE & VENITZ; **17**, *Fagus-pollenites verus n. sp.;* **18**, *Nyssa-pollenites pseudocruciatus R.* POTONIE, *Polbild;* **19**, *Nyssa-pollenites pseudocruciatus R.* POTONIE, *Seiten-bild;* **20**, *Pollenites megadolium R.* POTONIE; **21**, *Pollenites edmundi R.* POTONIE; **22**, *Sabal?-pollenites convexus* THIERGART; **23**, *Pollenites dubitabilis n. sp.;* **24**, *Pollenites laesus R.* POTONIE; **25**, *Pollenites pseudolaesus R.* POTONIE; **26**, *Liquidambar-pollenites stigmosus major n. f.;* **27**, *Ulmus-pollenites undulosus* WOLFF; **28**, *Tilia-pollenites instructus rarus n. f.;* **29**, *Pollenites anulus R.* POTONIE. – *Alle Aufnahmen in 500 facher Vergrößerung.*

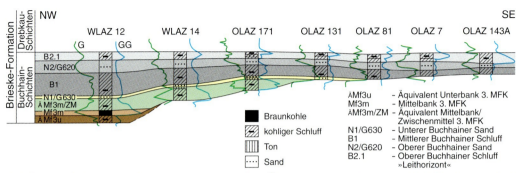

Abb. 15. *Die Bohrungsprofile zeigen ein transgressives Übergreifen immer jüngerer Schichtglieder in südöstlicher Richtung (vgl. Abb. 20). Mit Hilfe von bohrlochgeophysikalischen Messkurven können aufgrund der Eigenradioaktivität (G-Kurve) und der Dichte (GG-Kurve) einzelne Schichten unterschieden werden, deren Charakteristika nicht augenscheinlich sind. – Nach* STANDKE *(2006), verändert.*

makropaläobotanischen Resten (karpologische Reste: Samen und Früchte; Blätter; s.a. KRUTZSCH 2000). Der Muskauer Faltenbogen wurde schon relativ frühzeitig als Bearbeitungsgebiet für die Palynologie (Pollen- und Sporenuntersuchungen) herangezogen (RAATZ 1937). Es wurde mit einigem Erfolg versucht, in dem glazigen stark gestörten Gebiet eine Flözzuordnung vorzunehmen.

**Die Methode der Sequenzstratigraphischen Gliederung.** Die seit langem bekannte Existenz von zyklischen Schichtabfolgen bei einer Transgression wurde ab den 1980er-Jahren (HAQ et al. 1988) detailliert untersucht und unter dem Namen **Sequenzstratigraphie** zu einer eigenen stratigraphischen Methode mit einem komplizierten englischsprachigen Begriffssystem entwickelt. Sie lässt sich mit gutem Erfolg auf die tertiäre Schichtenfolge der Lausitz anwenden (LANGE & SUHR 1999, KRUTZSCH 2000, GÖTHEL 2004, GÖTHEL & SCHNEIDER 2004, STANDKE 2006), wobei von Autor zu Autor z.T. erhebliche Unterschiede in der Abgrenzung und Zuordnung der Sequenzen existieren.

Der Sequenzstratigraphie liegt, vereinfacht formuliert, folgendes geologisches Modell der Sedimentablagerung am Rande von Meeren zu Grunde (SCHÄFER 2005): Aus dem Zusammenspiel von endogenen Landhebungen bzw. Landsenkungen (Tektonik) und Schwankungen des globalen Meeresspiegels (Eustasie) resultiert ein sog. relativer Meeresspiegel. Sein Fallen und Steigen auf der einen Seite und die Art sowie die Menge der Sedimentanlieferung vom Festland in das Meer auf der anderen Seite führen zur Bildung charakteristischer Sedimentabfolgen (›sequences‹).

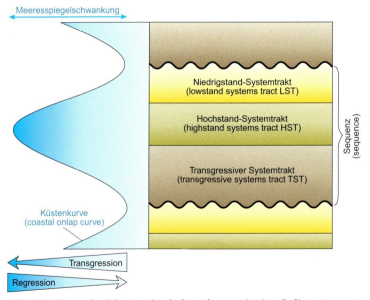

Abb. 16. *Kurve der Meeresspiegelschwankung mit eine Sedimentsequenz im Sinne der Sequenzstratigraphie – Verändert und umgezeichnet nach* SCHÄFER *(2005).*

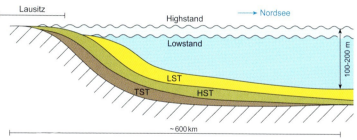

Diese Sequenzen wieder-
holen sich zyklisch bei jeder
Meeresspiegelschwankung.
In der Theorie gibt es Zyklen 1. Ordnung mit einer
Zeitdauer von >50 Ma. Sie
werden überlagert von Zy-
klen 2. Ordnung (50-3 Ma),
3. Ordnung (3-0,5 Ma), 4.
Ordnung (500 000-100 000
Jahre), 5. Ordnung (100 000-
20 000 Jahre) und 6. Ordnung
(<20 000 Jahre). Angewendet
auf das Niederlausitzer Ter-

*Abb. 17. Schema einer Sedimentsequenz im norddeutschen Tertiär im Sinne der Sequenzstratigraphie. – Verändert und umgezeichnet nach* SCHÄFER *(2005).*

tiärprofil ist eine Gliederung im Niveau von Zyklen 3. Ordnung möglich, die teilweise durch Zyklen  19
4. Ordnung modifiziert werden.

**Die aktuelle Gliederung des Tertiärs im Muskauer Faltenbogen und seiner näheren Umgebung.**  18
Real ausgebildet sind im Lausitzer Tertiär zwei hauptsächliche Sequenztypen.  18a

Der erste Typ (Transgression) wird durch eine rein klastische Sedimentfolge aus groben Quarzsan-
den bis Konglomeraten gebildet. Als typisches Beispiel dafür können die Branitz- und die Grießen-

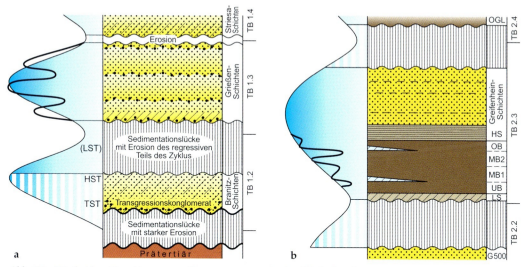

*Abb. 18. Die beiden Haupttypen von Sequenzgrenzen in der Niederlausitz.*
*a, Sequenzgrenze des Typs 1 (Transgession): Der Meeresspiegel sinkt schneller als die Subsidenz des Sediment-*
*beckens → erhebliche Erosion der vorher abgelagerten Sequenz, → es greifen proximale (landnahe) Faziesräume*
*auf distale (landferne) über und erodieren sie dabei, → es bildet sich eine markante Erosionsdiskordanz an der*
*Basis heraus, ein typisches Beispiel hierfür ist die Transgression der Branitz- und Grießen-Schichten, TB 1.2*
*und 1.3. – vgl. Abb. 19.*
*b, Sequenzgrenze des Typs 2 (Ingression): Der eustatische Meeresspiegel sinkt mit gleicher oder langsamerer*
*Geschwindigkeit als die Beckensubsidenz (Beckenabsenkung), → keine subaerische Exposition (kein trocken*
*liegendes Festland), kaum Erosion, lediglich kondensierte oder fehlende Sedimentation, → in siliziklastischen*
*Sequenzen oft schwer zu erkennen, dieser Vorgang kann auch Ingression genannt werden, ein typisches Bei-*
*spiel hierfür ist die Ingression der Welzow-Schichten und Teilen der Greifenhain-Schichten auf die Drebkau-*
*Schichten, Sequenz TB 2.3 – vgl. Abb. 19.*

Schichten dienen. Charakteristisch ist, dass durch die Transgression an der Basis der Sequenz Teile der jeweils vorhergehenden (darunter liegenden) Sequenz abgetragen werden. Außerdem kann die Sequenz 3. Ordnung durch Untersequenzen niedriger Ordnung weiter untergliedert werden. Im Falle der Grießen-Schichten ist die Sequenz 3. Ordnung durch drei Sequenzen 4. Ordnung weiter unterteilbar.

*18b*　Der zweite Typ (Ingression) ist durch die Bildung regional, das heißt weitflächig verbreiteter Kohlenflöze, gekennzeichnet. Mit einer nur sehr schwachen Erosionsdiskordanz und einer zeitlichen Lücke (Sedimentationsunterbrechung) an der Basis liegt ein Sedimentationsraum von mehreren Hundert Kilometern Breite vor. In einem fast tischebenen Gelände, das genau im Niveau des Meeresspiegels liegt, bildet sich eine ebenso weiträumige Vermoorung heraus. Die Meerestransgression erfolgt in diesem Falle sehr langsam und ohne Transgressionskonglomerat. Man kann diese Art der Transgression auch Ingression nennen.

*19*　Im Gebiet des Muskauer Faltenbogens und seiner näheren Umgebung kann das Schichtenprofil nach heutigem Kenntnisstand in 18 Zyklen 3. Ordnung gegliedert werden. Es wird angestrebt, bei der Festlegung der Grenzen von Formationen und Schichten, diese an die Grenzen der sequenzstratigraphischen Zyklen zu legen. Meist gelingt das. In mehreren Fällen ist das aus historischen und kenntnisstandbedingten Gründen jedoch nicht gelungen.

Mit Hilfe der sequenzstratigraphischen Arbeitsweise wird es möglich sein, einige Sequenzen bis ins Zentrum der Nordwesteuropäischen Tertiärsenke, das heißt über 500-600 km hinweg bis in den Raum der Nordsee zu korrelieren. Dort im Beckeninneren existieren vollständige marine Schichtprofile mit Leitfossilien (Mollusken), so dass eine Parallelisierung des Lausitzer Tertiärs mit der international gültigen biostratigraphischen Gliederung möglich sein wird. Zurzeit kann mit einiger Sicherheit nur eine Grenze an die internationale, biostratigraphische Gliederung angeschlossen werden (s. Markierungen in Abb. 19). Das ist die Basis des 2. MFK (Grenze zwischen Unter- und Mittelmiozän). Alle anderen Korrelationen in der Stratigraphischen Tabelle vom Deutschland 2002 (STD 2002) sowie die sehr detaillierte Tabelle vom GÖTHEL (2004) sind Interpretationen zu möglichen Korrelationen und biostratigraphisch nicht sicher untersetzt.

Aus Abb. 18 ist ersichtlich, dass die sequenzstratigraphischen Zyklen aus völlig unterschiedlichen Sedimenten aufgebaut sein können. Es ist also nicht ohne weitere Kenntnisse möglich (Mikropaläontologie, Schwerminerale, Bohrlochmesskurven u.a.), einfach die Grenze von Formationen oder Schichten an die Grenze eines Konglomerates oder eines Kohleflözes zu legen. Außerdem haben Transgressionen und Regressionen in der Fläche unterschiedlich weite Verbreitung. STANDKE (2006) hat für die Brieske-Formation erstmals sehr detaillierte Verbreitungskarten vorgelegt, die es erlauben, ein
*20*　Bild von der starken Differenzierung des Meeresküstenverlaufs zu erhalten. Aus diesen geologischen Gründen, aber auch aus betrieblichen Bedürfnissen zur Klärung hydrogeologischer, geotechnischer und abbautechnologischer Fragen heraus, existieren für die Braunkohlentagebaue der Niederlausitz sehr detaillierte, aber in Einzelheiten voneinander abweichende Schichtengliederungen.

## Oberoligozäne Ablagerungen

Über den zum Teil tiefgründig verwitterten Gesteinen des Prätertiärs (vor allem mesozoischen Kalk-, Mergel- und Sandsteinen; s. »Prätertiär«, S. 9 ff.) folgt nach einer etwa 40 Ma andauernden Sedimentationslücke, die zu den klimatisch günstigen Zeiten zu einer kaolinitischen Verwitterung führte, die Ablagerungen der Cottbus-Formation. Diese werden in die sogenannten Branitz-Schichten (früher: Untere Cottbuser Schichten oder auch Glaukonitsand-Schichten) und in die Grießen-Schichten (früher: Obere Cottbuser Schichten oder Glimmersand-Schichten) weiter unterteilt.

Paläogeographisch-faziell stellen die bis 3 m mächtigen Branitz-Schichten den transgressiven Teil (›transgressiv system tract‹, TST) der Sequenz 3. Ordnung (TB 1.2 nach HAQ et al. 1987; HARDENBOL et al. 1998) dar. Ihre Abfolge besteht aus einem Basiskonglomerat von nur wenigen Zentimetern bis Dezimetern Mächtigkeit, das ein schluffiges Bindemittel aufweist und hauptsächlich aus gut gerundeten Quarzgeröllen (meist unter 1 cm Durchmesser) aufgebaut wird. Als Besonderheiten konnten in diesem liegenden Abschnitt aber auch Feuersteinsplitter und kleine Haifischzähne, Molluskenreste sowie sandschalige Foraminiferen (u.a. *Astigerinoides guerichi*) in Bohrungen gefunden werden. Über

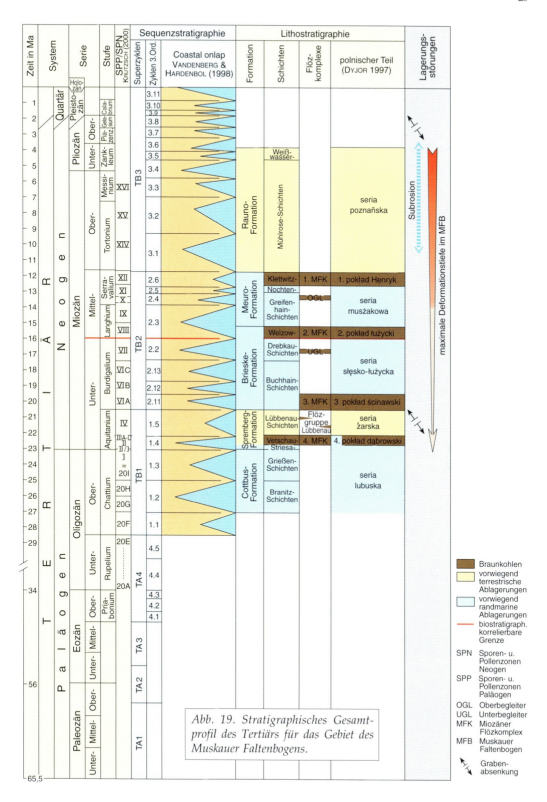

*Abb. 19. Stratigraphisches Gesamt-profil des Tertiärs für das Gebiet des Muskauer Faltenbogens.*

diesem meistens ausgebildeten Teil folgt ein zum Hangenden zunehmend sandiger werdender glaukonitischer Schluff bis Glaukonitsand, der dem Meeresspiegelhochstand (›highstand system tract‹, HST) zugeordnet werden kann. Regressive Teile des Zyklus (›lowstand system tract‹) sind bei der tiefgreifenden Abtragung durch die darüber liegenden Grießen-Schichten verloren gegangen. Diese Abtragung kann in den randlicheren Bereichen des Sedimentationsraumes bis zum völligen Fehlen der Branitz-Schichten führen. Die Verbreitungsgrenzen, die zum Teil primären Charakter tragen, liegen weit außerhalb des Exkursionsgebietes. So ist im Süden auf weiten Strecken der Lausitzer Hauptabbruch die primäre Verbreitungsgrenze, die hier wahrscheinlich in Form einer Steilküste ausgebildet war. Ob die Verbreitungsgrenze weiter im Osten primär oder erosiv ist, lässt sich zum heutigen Zeitpunkt noch nicht exakt belegen. Es ist in den meisten Fällen sehr schwierig und nur anhand guter Bohrlochmessungen möglich, die Branitz-Schichten von den lithologisch sehr ähnlichen Basisbereichen der Grießen-Schichten abzutrennen. Eindeutig wäre nur der paläontologische Befund (Sporomorphenzone 20G; KRUTZSCH 2000 oder Nachweise von *Astigerinoides guerichi*).

Die bis über 20 m mächtigen Grießen-Schichten beginnen, sofern sie nicht unter Ausfall der unterlagernden Branitz-Schichten direkt auf Prätertiär liegen, wo dann auch ein Basiskonglomerat ausgebildet sein kann, mit schluffigen Feinsanden. Diese Feinsande entwickeln sich unter Korngröberung hin zu Mittel- bis Grobsanden. Teilweise enthalten sie eingestreuten Kies. Kalkige organische Reste fehlen durch sekundäre Entkalkung in der Schichtenfolge völlig. Hinweise auf einen marinen Ablagerungsraum der Grießen-Schichten ergeben sich aus dem Schwermineralgehalt (teilweise als radioaktive Strandseifen angereichert) und nichtkalkiges Mikrophytoplankton (Dinocysten). In weiter vom Exkursionsgebiet entfernten Bereichen konnten auch *Ophiomorpha*-Bauten in Bohrungen identifiziert werden, die eine analoge Aussage gestatten. Der Ablagerungsraum dürfte als nasser Strand bis Vorstrand charakterisiert werden. In der relativ monotonen sandigen Abfolge ist es schwer, weitere sinnvolle Untergliederungen vorzunehmen. In guten Bohrlochmessdiagrammen deutet sich eine maximale Dreiteilung an, deren einzelne Zyklen jeweils mit groben Sanden enden (Regressionszyklen). Diese Gliederung konnte aber bisher mangels genügend dicht stehender, gut vermessener Bohrungen nicht in die Fläche übertragen werden. Sequenzstratigraphisch entsprechen die Grießen-Schichten der Sequenz TB 1.3. Die weitere Untergliederung dürften drei Zyklen 4. Ordnung sein. Die Überlieferung der Systemtrakte scheint vom Transgressiven Systemtrakt über den Hochstand-Systemtrakt bis zu Teilen des Niedrigstand-Systemtraktes zu reichen.

## Untermiozäne Ablagerungen

Das Untermiozän beginnt im Exkursionsgebiet mit der Spremberg-Formation (früher auch: Spremberger Folge oder Spremberger Schichten, genetisch wurde dieser Bereich auch als »Älterer Lausitzer Schuttfächer« bezeichnet). Der höhere Teil des Untermiozäns wird von der Brieske-Formation gebildet. In ihrem höheren Teil (Welzow-Schichten) reichten sie bis in das Mittelmiozän hinein.

19   Die Spremberg-Formation wird in Striesa-Schichten, Vetschau-Schichten und Lübbenau-Schichten untergliedert. Der generelle Entwicklungstrend der Fazies ist in der Spremberg-Formation regressiv, d.h. die marinen Anteile nehmen vom Liegenden zum Hangenden hin ab und die terrestrischen zu. Dies geschah nicht kontinuierlich sondern wahrscheinlich in zwei Sequenzen 3. Ordnung. Dabei lassen sich die Striesa-, Vetschau- und Lübbenau-Schichten nochmals in jeweils bis zu neun Zyklen 4. Ordnung unterteilen. Die Zyklen beginnen im idealen Falle mit einer Flözbildung, die die Vermoorung an einem beginnenden Meeresspiegelanstieg repräsentiert. Darüber folgt ein randmariner oder lagunärer kohliger Schluff. Auf diesem liegen Strand- bis Vorstrandsedimente oder Bildungen eines gezeitenbeeinflussten Ablagerungsraumes (Watt). In der regressiven Phase des Zyklus werden mehr oder weniger mächtige alluviale (terrestrische) Sedimente abgelagert (Tone und Sande fluviatil-limnischer Ausprägung). Die marinen Sande der transgressiven Anteile der Zyklen lassen sich aufgrund ihrer Horizontbeständigkeit gut von den absätzigen, rinnen- oder linsenförmigen Sanden der Alluvialfächeranteile unterscheiden. Die beiden jüngsten Zyklen enthalten fast keine marinen Anteile mehr. Hier dominiert der alluviale Charakter vollständig.

Die Striesa-Schichten beginnen nach einer unbedeutenden Sedimentationslücke mit einer nicht flächig ausgebildeten Schluffbank, dem sogenannten »Grenzschluff«. Diese Bildung ist dem westelbischen Flöz Breitenfeld äquivalent und wird biostratigraphisch in die Sporomorphenzone II gestellt (Krutzsch 2000). Darüber folgen gröbere marine Sande, Strand- und Vorstrandbildungen, die teilweise bis zu 10 m mächtig werden können. Das Exkursionsgebiet wird in diesem basalen Zyklus noch nicht von alluvialen Ablagerungen erreicht. Die Striesa-Schichten stellen zusammen mit den folgenden Vetschau-Schichten eine Sequenz 3. Ordnung (TB 1.4) dar, wobei sie selbst einem Zyklus 4. Ordnung entsprechen.

Die Vetschau-Schichten sind die Zusammenfassung von sechs Zyklen 4. Ordnung, die zum Hangenden hin immer regressiver werden. Im Idealfall beginnt jeder Zyklus mit einer Flözbildung. Darüber lagern randmarine Sande und alluviale Sedimente (Sande und helle Tone). Die Flözbildungen werden als 4. Miozäner Flözkomplex (4. MFK) zusammengefasst. Im Bereich der Lausitz lassen sich sechs Flözbänke unterscheiden (Unterbank, Mittelbank 1, Mittelbank 2, Oberbank 1, Oberbank 2 und Oberbank 3). Die größten Mächtigkeiten und die weiteste Verbreitung erreichen die beiden Mittelbänke. Im zentralen Teil des Flözbildungsraumes (auch im Exkursionsgebiet) vereinigen sie sich häufig unter Ausfall von Zwischenmitteln. Die Oberbänke sind nur lokal ausgebildet und erreichen selten nennenswerte Mächtigkeiten. Der Schwerpunkt der jeweiligen Flözbildung verschiebt sich von der Unterbank bis zu den Oberbänken in nördlicher bis nordwestlicher Richtung. Biostratigraphisch umfassen die Striesa- und Vetschau-Schichten die Pollen- und Sporomorphenzone III (Krutzsch 2000).

Die Lübbenau-Schichten sind in die Sequenz 3. Ordnung (TB 1.5) zu stellen und können in günstigen Fällen in zwei Zyklen 4. Ordnung gegliedert werden. Sie beginnen mit einem Basissand, der in einem randlichen marinen Raum sedimentiert wurde (Transgressiver Systemtrakt, TST). Dieser Sand ist in den meisten Bohrlochmessdiagrammen erkennbar, obwohl er selten 0,5 m Mächtigkeit überschreitet. Durch die rasche Absenkung des Meeresspiegels und die gleichzeitige Hebung des südlich vorgelagerten Erosionsgebietes wurde die Abtragung in letzterem stark aktiviert, so dass flächenhaft ausgedehnte und mächtige Alluvialfächer den marinen Einfluss vollständig bis nach Brandenburg zurückdrängten. Schwache transgressive Einflüsse werden in den beiden Flözbänken der Flözgruppe Lübbenau deutlich.

Die untermiozänen Anteile der Brieske-Formation bildeten sich nach einer bedeutenden Erosionsphase, in der größere Teile der unterlagernden Schichten abgetragen wurden. Diese Diskordanz entspricht der Grenze zwischen den beiden Superzyklen TB 1 und TB 2 (Zyklen 2. Ordnung).

Die insgesamt transgressiven Buchhain-Schichten sind in drei Zyklen 3. Ordnung (TB 2.1.1-2.1.3) [20] zu unterteilen. Flözbildungen innerhalb der Buchhain-Schichten werden zum 3. Miozänen Flözkomplex (3. MFK) zusammengefasst. Die Entwicklung dieses Zeitabschnittes wurde von Standke (2006) detailliert beschrieben. Der 1. Transgressionsschub (TB 2.1.1, Unterbank und Mittelbank des 3. MFK und assoziierte Ablagerungen) erreichte das Exkursionsgebiet nur randlich (im Exkursionsgebiet auf den Raum Cottbus, Forst und östlich von Weißwasser beschränkt). Die zentralen Teile des Exkursionsgebietes werden von dieser Transgression noch nicht erreicht. Der 2. Transgressionsschub (TB 2.1.2) greift dann vollständig auf das Exkursionsgebiet über. Die Abfolge beginnt mit dem Mittleren Buchhainer Schluff (B 1), der manchmal auch als Flöz ausgebildet sein kann (Oberbank des 3. MFK; Raum Finsterwalde–Klettwitz), aber immer stark kohlig ist. Der Hochstand-Systemtrakt wird durch den Oberen Buchhainer Sand (N 2) gebildet, der durch Funde von Haifischzähnen zweifelsfrei marinen Einfluss belegt. Die Buchhain-Schichten enden mit dem Oberen Buchhainer Schluff, der auch als »Leithorizont B 2.1« bezeichnet wurde. Dieser Horizont aus kohligen Schluffen ist die Transgressionsbildung (TST) des 3. Transgressionsschubes (TB 2.1.3). Der darüberliegende Untere Drebkauer Sand (N 3) gehört nach der gültigen lithostratigraphischen Gliederung (Standke 2006) schon zu den Drebkau-Schichten. Hier verlaufen die lithostratigraphischen Grenzen nicht konform mit den Sequenzgrenzen 3. Ordnung, was leider zu Verwirrungen führt. Der Untere Drebkauer Schluff (B 2.3) und der Mittlere Drebkauer Sand sind zusammen mit dem Unteren Drebkauer Sand als Hochstand-Systemtrakt (HST) Bildungen zu interpretieren. Der nächste Zyklus 3. Ordnung (TB 2.2) beginnt mit den Bildungen des ›transgressiv system tracts‹ (TST), die hier von den Flözbildungen des sogenannten »Unterbegleiters« gebildet werden. Der darüber folgende Obere Drebkauer Sand bildet den HST dieser Sequenz. Da diese Transgression im Südosten des Exkursionsgebietes (Raum Reichwalde) ihre Begrenzung findet, schart der Unterbegleiter an den 2. Miozänen Flözkomplex an und bildet einen gemeinsamen Flözkörper.

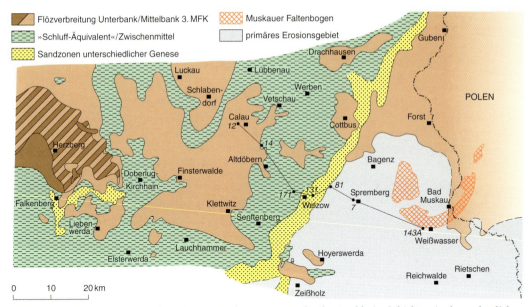

Legende:
- Flözverbreitung Unterbank/Mittelbank 3. MFK
- »Schluff-Äquivalent«/Zwischenmittel
- Sandzonen unterschiedlicher Genese
- Muskauer Faltenbogen
- primäres Erosionsgebiet

*Abb. 20. Verbreitung der einzelnen Horizonte des unteren Teiles der Buchhain-Schichten in der südöstlichen Lausitz (vgl. Abb. 15, Schnittverlauf). – Nach STANDKE 2006, verändert.*

## Mittelmiozäne Ablagerungen

Die Grenze Unter-/Mittelmiozän fällt in den Niedrigstand-Systemtrakt (LST) der folgenden Sequenz (TB 2.3). Diese Grenze ist als Sedimentationslücke ausgebildet. Über ihr beginnen mit dem Liegendschluff des 2. Miozänen Flözkomplexes (2. MFK) die Welzow-Schichten. Sie stellen den TST der Sequenz dar und lassen sich in wenigstens vier Zyklen 4. Ordnung untergliedern (Unterbank, Mittelbank – zwei Flözsukzessionen – und Oberbank). Der Grund für die deutliche Untergliederung liegt in der Empfindlichkeit der moorfaziellen Einheiten (Flözsukzessionen) auf minimale Schwankungen des Meeresspiegels. Flözbildungen im regionalen Rahmen sind nur im Niveau des Meeresspiegels möglich. Im Gebiet um Reichwalde – Rietschen (südöstlich von Nochten) kommt als Besonderheit eine Anscharung des Unterbegleiters (Drebkau-Schichten) unter Ausfall des oberen Drebkauer Sandes (G 500) direkt an die Unterbank des 2. MFK vor. Dadurch ist hier ein gemeinsamer Flözkörper ausgebildet (Flözsukzessionen 1-5).

Aus nordwestlicher Richtung (Haupttransgressionsrichtung!) schieben sich zwischen die einzelnen moorfaziellen Sukzessionen marine Zwischenmittel ein, die sich in der Regel aus Wattsedimenten aufbauen. Als Besonderheit gehen von diesen regionalen Zwischenmitteln schluffgefüllte Rinnen aus,

die mehr oder weniger tief in den Untergrund eingreifen. Diese ursprünglich von BÖNISCH (1983) als »Mäander« eines syngenetischen Flusslaufes beschriebenen Erosionsformen erklären sich zwangloser als Priele (Gezeitenrinnen) im Watt, deren Eintiefung durch den ablaufenden Ebbstrom bedingt waren. Inzwischen wurde auch in den Schluffen der

*Abb. 21. Sedimentfüllung eines Priels in Form von schwarzen, tonigen Schluffen (»Mäander«) im Tagebau Cottbus-N. – Foto: MANFRED KUPETZ, September 2008.*

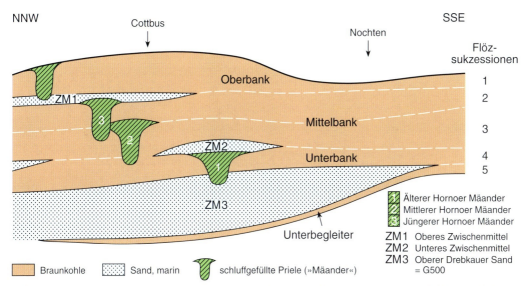

*Abb. 22. Vereinfachter Aufbau des 2. MFK (Welzow-Schichten) und des Unterbegleiters (Drebkau-Schichten). – Nach* SCHNEIDER *(2004), verändert.*

»Mäander«-Füllung marines Phytoplankton nachgewiesen, das eine fluviatile Genese weitgehend ausschließt. Im Bereich des Tagebaus »Cottbus Nord« (s. **A2**) sind in drei Niveaus solche Prielfüllungen ausgebildet, die hier als »Älterer, Mittlerer und Jüngerer Hornower Mäander« bezeichnet werden (vgl. Abb. 22).

Die Zyklen 4. Ordnung weisen eine leicht regressive Entwicklung auf. Von ihnen ist die Unterbank am weitesten nach Süden und Südosten verbreitet. Die regressive Tendenz wird durch die Teiltransgression des »Hangendschluffes« abgelöst. Er umfasst das gesamte Verbreitungsgebiet des 2. MFK und leitet damit den Hochstand-Systemtrakt (HST) ein. Dieser lagunäre, feinlaminierte Schluff, der reich an organischem Material ist, gehört schon zur nächsten lithostratigraphischen Einheit, den Greifenhain-Schichten. Diese sind durch Gezeitenablagerungen (Sand- und Mischwatten) gekennzeichnet. Das für solche Ablagerungsräume typische Inventar an Schichtungsphänomenen (Linsen- und Flaserschichtung, Gezeitenbündel, Rippelschichtung u.s.w.) und eine entsprechende Ichnofauna (*Ophiomorpha nodosa*; *Rhizocorallium* isp., *Cylindrites* isp.; vgl. SUHR 1989) sind in den ehemaligen und in den aktiven Tagebauen der Lausitz nachgewiesen.

Der obere Teil der Greifenhain-Schichten gehört bereits zur Sequenz TB 2.4. Diese beginnt nach einer Lücke, die den LST repräsentiert, mit dem sogenannten »Oberbegleiter«, der den TST dieser Sequenz darstellt. Auf den Oberbegleiter folgt der sog. »Spezialton«. Gelegentlich wird er auch als »Oberbank des Oberbegleiters« bezeichnet, wenn er als Flöz ausgebildet ist. Dann schiebt sich ein bindiges oder sandiges Mittel zwischen beide ein. Der »Spezialton« in typischer Ausbildung besteht aus einer engen Wechsellagerung von hellen Tonen und Glaukonit führenden Sanden. Örtlich kommen in und über ihm Anreicherungen von angebohrten Treibhölzern (*Theredolithes* isp.) vor. Sowohl die Glaukonitführung als auch *Theredolithes* isp. sind Ausdruck eines starken marinen Einflusses. Die hellen Tone erscheinen in dieser Position unerwartet, so dass man von besonderen Bedingungen für ihre Sedimentation ausgehen muss. Eine Möglichkeit der Erklärung wäre eine plötzliche, katastrophenartige Einspülung einer festländischen Verwitterungskruste aus dem Hinterland, nachdem die Vegetation dort mehr oder weniger vollständig zerstört wurde (s. a. vermehrtes Vorkommen von Treibhölzern). Eine ehemals angedachte Parallelisierung mit dem Rieseereignis (Meteoriteneinschlag in Süddeutschland im Langhium) scheint nach der Zuordnung zur Sequenz TB 2.4 (Serravallium) weniger wahrscheinlich. Diese nicht sehr mächtige Sequenz hat nur einen geringen Zeitumfang (ca. 650 000 Jahre).

2 cm

*Abb. 23. Treibholz mit Theredolithes isp. (Bohrmuschelgänge) aus dem Sand über dem »Spezialton«, Tagebau Klettwitz Nord. – Sammlung: PETER SUHR, leg. Mai 1992, Foto: PETER SUHR.*

Die Sequenzgrenze zur nächst folgenden Sequenz TB 2.5 ist vom Typ 1. Es gibt einen schnellen Meeresspiegelanstieg, so dass es nicht zur Ausbildung eines Transgressionsflözes kommt und die Abfolge mit Mittel- bis Grobsanden beginnt. Diese Sandfolge wird lithostratigraphisch als Nochten-Schichten bezeichnet. Die Sequenz umfasst einen noch kürzeren Zeitraum als die vorhergehende (ca. 400 000 Jahre).

Die anschließende Sequenz TB 2.6 beinhaltet die Klettwitz-Schichten bzw. den 1. Miozänen Flözkomplex (1. MFK) mit seinen Begleitsedimenten. Die Ausbildung von mehreren Flözbänken zeigt eine Untergliederung in Zyklen 4. Ordnung an, die den Verhältnissen innerhalb der untermiozänen Vetschau-Schichten sehr ähnelt. Funde von angebohrtem Treibholz (*Teredolithes* isp.) im Zwischenmittel der einzelnen Flözbänke konnten im Tagebau Nochten gemacht werden (MAGALOWSKY 1988). Sie belegen eine marine Beeinflussung des Flözbildungsraumes (paralische Kohlenbildung). Eine flächige Verfolgung der faziellen und paläogeographischen Verhältnisse ist hier aber leider nur ganz unzureichend möglich, da die pleistozäne Erosion nur geringe Reste der Abfolge übrig gelassen hat, die es nicht erlauben, zu einem detaillierten Kartenbild zu gelangen.

## Obermiozäne Ablagerungen

Im Obermiozän ändern die meist gelblichen sand- und schluffbetonten Folgen des oberen Untermiozäns und des Mittelmiozäns abrupt und lithologisch markant ihren Charakter. Es treten nun überwiegend hellgraue und weiße Tone und Kiese auf. Schluffige und feinsandige Bildungen treten sehr stark zurück. Die traditionell als »Flaschentone« oder »Lausitzer Flaschentone« bezeichneten Schichten tragen heute den lithostratigraphischen Namen Mühlrose-Schichten.

Nach STRAUSS (1991) beginnt das Obermiozän im unteren Teil (nicht genau an der Basis!) der »Flaschentone«. Lithologisch weisen die Mühlrose-Schichten starke Ähnlichkeiten mit den Lübbenau-Schichten des Untermiozäns auf und wurden genetisch deshalb auch als »Jüngerer Lausitzer Schuttfächer« bezeichnet. Die Schichtenfolge ist nur in wenigen Gebieten erhalten geblieben, so dass es auch hier schwerfällt, ein einigermaßen sicheres paläogeographisches Bild zu interpretieren. Ausgezeichnete Aufschlüsse bietet allerdings der Tagebau Nochten (s. **E3**). Tone und Kiessande der Mühlrose-Schichten wurden weitgehend im alluvialen Faziesraum sedimentiert und stellen Ablagerungen von Flüssen und Seen dar. Ihnen schalten sich vereinzelt sandige Horizonte mit charakteristisch erhöhter Radioaktivität ein, die auf Strandseifen-Bildung (Monzonit-Zirkon-Seifen) zurückgeführt werden. Diese Tatsache spricht für einen kurzzeitigen marinen Einfluss. Die in vier Niveaus ausgebildeten Kiessande werden als »Ältester Senftenberger Elbelauf« (WOLF & SCHUBERT 1992) zusammengefasst. Sie enthalten Leitgerölle aus dem böhmischen Raum, so dass eine Benennung als »Elbelauf« gerechtfertigt ist. Einer sequenzstratigraphischen Interpretation der Mühlrose-Schichten könnte die an vollständigeren Profilen beobachtete viermalige Abfolge von Flaschentonen mit Kiessandhorizonten zugrunde gelegt werden. Diese »coarsening-up«-Zyklen (Dachbank Zyklen – »grob oben«) entsprechen in dieser Interpretation den Sequenzen TB 3.1 bis TB 3.4, wobei der letzte bereits geringfügig in das Pliozän hineinreicht. Der feinkörnige Beginn der Sequenzen würde im alluvialen Bereich einem ansteigenden und hochstehenden Meeresspiegel entsprechen (TST und HST), da dadurch die Flüsse zurückgestaut werden und weite Ebenen überschwemmen. Dabei werden feinkörnige Sedimente

(Ton) abgelagert. Die Kiessandhorizonte entsprechen in diesem Sinne einem fallenden Meeresspiegel (LST), bei dem sich die Flüsse wieder mit groben Sedimenten in die Hochstandsablagerungen (HST) einschneiden.

### Pliozäne Ablagerungen

Die sogenannten »Flammentone« der Weißwasser-Schichten wurden von STRAUSS (1990 unveröff.) in das Pliozän gestellt. Die Schichtenfolge ist westlich der Neiße i. W. nur im tektonisch abgesenkten »Graben von Weißwasser« erhalten geblieben. Sie könnte der Sequenz TB 3.5 des Unterpliozäns zugeordnet werden. Auf polnischem Gebiet weist die zeitlich umfangreichere seria poznańska eine weitere Verbreitung auf. Der Name »Flammenton« geht auf das durch Eisenoxide bunt geflammte Erscheinungsbild der tonigen Sedimente zurück. Ihre Farbpalette reicht von hellgrau bis hellbraun, graubraun und rotbraun. Es gibt Schichten, die sind homogen und einfarbig, meist grau, in anderen gehen alle Farben ineinander über.

Bei der zurzeit gültigen Grenzziehung zum Quartär bei 1,8 Ma ist sowohl der »Jüngere Senftenberger Elbelauf« (Prätegelen nach WOLF & ALEXOWSKY 2008; nicht im Exkursionsgebiet vorhanden) als auch der »Bautzener Elbelauf« (Tegelen-Komplex nach WOLF & ALEXOWSKY 2008; am Schweren Berg bei Weißwasser) noch dem Oberpliozän zu zurechnen. Bei der angestrebten Grenzziehung um 2,6 Ma würden beide Schichtglieder ins frühe Quartär fallen. Eine sequenzstratigraphische Einordnung dieser Ablagerungen ist aufgrund ihrer Lückenhaftigkeit und der geringen Verbreitung (Erosionsreste) nicht sinnvoll möglich.

*Abb. 24. Tone und Kiese (S+K) (»Flaschenton«) der Rauno-Formation im Tagebau Nochten, Höhe des Stoßes: 32 m. – Foto: HEIDRUN DOMKO, Vattenfall Europe Mining AG.*

*Abb. 25. »Flammentone« der Weißwasser-Schichten im Tagebau Nochten. Sie werden überlagert von verockerten pleistozänen Kiesen und Sanden, Bildhöhe ca. 5 m. – Foto: HEIDRUN DOMKO, Vattenfall Europe Mining AG.*

### Tertiärzeitliche Lagerungsstörungen

Mit dem Ende der Oberkreide und im Paläozän begannen sich die großen regionalen Störungszonen, wie der Lausitzer Hauptabbruch und die Lausitzer Überschiebung zu reaktivieren. Der Lausitzer Hauptabbruch zeigt Bewegungen bis in das tiefere Miozän hinein, wobei die hauptsächlichen Absenkungen vor dem Oligozän liegen (bis 1000 m Absenkung am NE-Flügel der Störung). Jüngere tektonische Bewegungen sind in den Gräben von Weißwasser, Nochten, Kausche u. a. belegt.

*Abb. 26. Endogene, bruchtektonische Störung im Tertiär des Tagebaus Nochten (Graben von Weißwasser), das Kohlenflöz (2. MFK) ist an der Grabenschulter herausgehoben. Der Standort des Fotografen befindet sich im Graben. – Foto: MANFRED KUPETZ.*

Für den Graben von Weißwasser lässt sich durch den regionalen Vergleich der Schichtmächtigkeiten eine synsedimentäre Einsenkung nachweisen (KUPETZ et al. 1988). Die Spremberg-Formation ist im Umfeld 60 bis 70 m mächtig. Im Graben selbst betragen die Mächtigkeiten für diesen Zeitabschnitt ca. 120 m. Das heißt, dass während ihrer Sedimentation (Sequenz TB 1.4-1.5, Dauer ca. 2,5 Ma) eine Absenkung von ca. 50 bis 60 m gegenüber der Umgebung stattfand, die durch erhöhte Sedimentationsraten ausgeglichen wurde. Die Senkungsaktivitäten hielten dann mit unterschiedlichen Beträgen bis in das Pliozän an.

Im weiteren Exkursionsgebiet gibt es jedoch nicht nur endogen-tektonische Störungen sondern auch solche, die auf die Auslaugung von wasserlöslichen Gesteinen im Untergrund (Subrosion) zurückzuführen sind. Derartige kesselförmigen Absenkungen treten vor allem im Raum Nochten auf, wo im Zusammenhang mit der Prätertiärstruktur Mulkwitz auslaugungsfähige Sedimente (Zechsteingips) an der Tertiärbasis angetroffen werden.

**Literatur:** AHRENS & LOTSCH 1963; AHRENS, LOTSCH & TZSCHOPPE 1968; BÖNISCH 1983; GRADSTEIN, OGG, SMITH, BLEEKER & LOURENS 2004; GÖTHEL 2004; GÖTHEL & SCHNEIDER 2004; HAQ, HARDENBOL & PAIL 1987; HARDENBOL, THIERRY, FARLEY, JACQUIN, DE GRACIANSKY & VAIL 1998; HÖHNEMANN, KÜHNE & SCHIEK 1982; KEILHACK 1913; KRUTZSCH 2000; KUPETZ, BAUER, FIALA, FRANKE, KLUGE, MOHNHAUP & SCHUBERT 1988; KUPETZ, SCHUBERT, SEIFERT & WOLF 1989; LANGE & SUHR 1999; MAGALOWSKI 1988; LOTSCH 1979; QUITZOW 1953; RAATZ 1937; SCHÄFER 2005; SCHECK, BAYER, OTTO, LAMARCHE, BANKA & PHARAOH, 2002; SCHNEIDER 2004; STANDKE 2006, 2008; STD 2002; SUHR 1989; STRAUSS 1991; VINKEN 1989; WOLF & SCHUBERT 1992; WOLF & ALEXOWSKY 2008; ZIEGLER 1990

# 4. Das Quartär

Der Begriff Quartär (lat. *quartus*: das Vierte) bezeichnete ursprünglich die jüngste Epoche der Erdgeschichte nach dem »Primär« (etwa dem Paläozoikum), dem »Sekundär« (etwa dem Mesozoikum) und dem »Tertiär« und wurde als Begriff in die Stratigraphie 1829 von DESNOYERS eingeführt. Das Quartär als chronostratigraphisches System, landläufiger auch als »Eiszeitalter« bezeichnet, ist das jüngste stratigraphische System. Es weist einige Besonderheiten gegenüber den älteren Systemen auf. Als erstes repräsentiert das Quartär nur einen extrem kurzen Zeitraum von 1,8 Ma. Die älteren Systeme haben Zeitspannen von 23-80 Ma. Als zweites wird das Quartär hauptsächlich durch klimastratigraphische Methoden unterteilt und nicht so sehr anhand biostratigraphischer Zonen, wie es die Regel für die Systeme ab dem Kambrium ist. Drittens wirkt der Mensch als geologischer Faktor immer stärker im Laufe des Quartärs. In den letzten hundert Jahren übersteigen die anthropogenen Massenbewegungen (z. B. große Tagebauaufschlüsse) die natürlichen bei weitem.

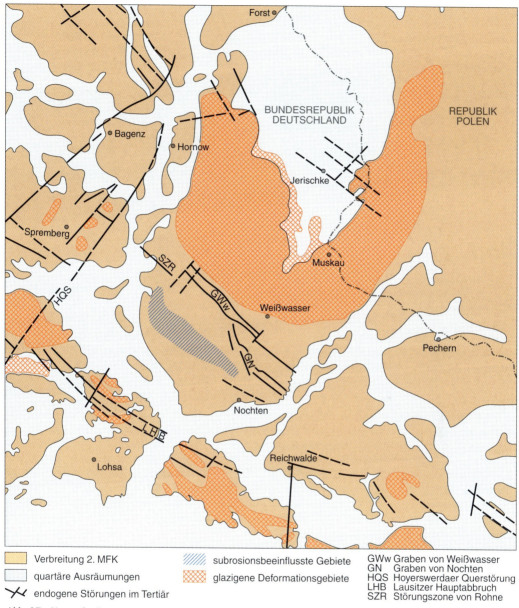

*Abb. 27. Karte der Lagerungsstörungen im Tertiär. – Aus* KUPETZ *et al. (1989), ergänzt.*

Legend:

- Verbreitung 2. MFK
- quartäre Ausräumungen
- endogene Störungen im Tertiär
- subrosionsbeeinflusste Gebiete
- glazigene Deformationsgebiete

GWw Graben von Weißwasser
GN Graben von Nochten
HQS Hoyerswerdaer Querstörung
LHB Lausitzer Hauptabbruch
SZR Störungszone von Rohne

Die Stellung des Quartärs in der stratigraphischen Hierarchie ist in letzter Zeit kontrovers diskutiert worden. Ein Standpunkt geht dabei davon aus, dass das Quartär als System/Periode vollständig fallen gelassen wird und es dem Neogen zeitlich zugeschlagen wird, wobei das Pleistozän und das Holozän als Serien/Epochen erhalten bleiben. Eine andere Diskussion rankt sich um die Grenze Tertiär/Quartär. Gültige Beschlusslage der IGC (Internationale Geologen-Kongresse) ist die Grenze bei 1,8 Ma bzw. zwischen Gelasium und Calabrium, definiert an Foraminiferen in Süditalien (s. »Tertiär«, Abb. 19). Die in neuerer Zeit vorgeschlagene Grenze bei 2,6 Ma bzw. zwischen Piacenzium und Gelasium besitzt aber bisher keine internationale Bestätigung. Die Deutsche Stratigraphische Kommission (DSK) schließt sich diesem Vorschlag aber vollinhaltlich an (LITT 2007).

19

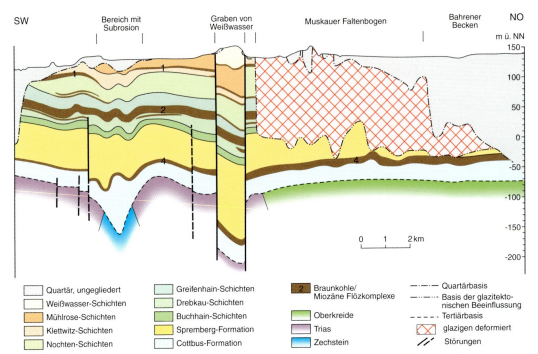

*Abb. 28. Endogene, synsedimentäre Einsenkung des Grabens von Weißwasser während der Ablagerung der Spremberg-Formation, Untermiozän, Sequenz TB 1.4-1.5. – Aus* KUPETZ *et al. (1988, unveröff.), umgezeichnet.*

Die Unterteilung des Quartärs in zwei Serien/Epochen ist schon relativ alt (Pleistozän griech. *pleistos*: am meisten, *kainos*: neu, LYELL 1839; Holozän griech. *holos*: ganz, GERVAIS 1867/1869). Auch hier zeigt sich ein sehr starkes zeitliches Ungleichgewicht der beiden Intervalle, da das Holozän lediglich etwas mehr als 10 000 Jahre umfasst. Die Begriffe »Interglazial« (Warmzeit) und »Glazial« (Kaltzeit bzw. Eiszeit, wenn mit einer Vergletscherung verbunden) als Untergliederungen des Pleistozäns sind klimastratigraphisch definiert. Nach LITT (2007) werden die Begriffe Thermomer (warme Perioden mit folgenden Abstufungen: Interglazial–Interstadial–Intervall–Subintervall) und Kryomer (kalte Perioden mit den Abstufungen: Glazial–Stadium–Phase–Staffel) ebenfalls gelegentlich verwendet.

## Überblick

Die Grenzziehung bei 2,6 Ma wird damit begründet, dass zu diesem Zeitpunkt die erste deutliche Kälteschwankung erkennbar ist. Ein orbital gesteuerter Wechsel zwischen wärmeren und kälteren Klimaten ist schon seit dem Spätpaläozoikum durch die Proxidaten der Sedimente nachgewiesen. Es ist heute Stand der Wissenschaft, den Wechsel zwischen Warm- und Kaltzeiten an Hand der Verteilung von Sauerstoffisotopen in den Schalen von Foraminiferen zu ermitteln. Betrachtet man die entsprechenden Messkurven, so erkennt man, dass um die 2,6 Ma die Ausschläge der Klimakurve weiter in den kälteren Bereich hineinreichen. Der globale Warm-Kaltzeitwechsel wird im Wesentlichen durch Lageänderungen der Erde im Verhältnis zur Sonne verursacht (extraterrestrische Ursachen). Die wichtigsten sind die Veränderung der Form der elliptischen Erdumlaufbahn um die Sonne (Exzentrizität), die Veränderung der Erdachsenneigung zur Bahnebene um die Sonne (Obliquität) und die »Kreiselbewegung« der Erdachse während der Erdrotation (Präzession). Diese sich gegenseitig überlagernden Zyklen werden als Milankovich-Zyklen bezeichnet (nach dem serbischen Mathematiker MILUTIN MILANKOVICH 1879-1958, der die Verknüpfung der Zyklen erstmalig auf mathematischer

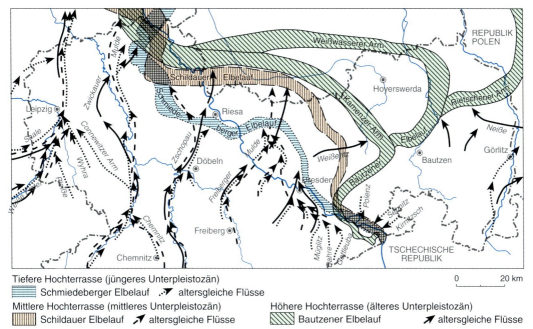

*Abb. 29. Die präglazialen Flussläufe in Sachsen. Das sind die Ablagerungen von Flüssen aus der Zeit des ausgehenden Tertiärs und des beginnenden Quartärs und der ersten Vereisung (Elsterkaltzeit). – Aus WOLF & ALEXOWSKY 2008.*

Grundlage vollzog). Es ist deshalb nicht verwunderlich, dass diese Wechsel auch bereits in früheren geologischen Zeiten beobachtet werden. Die häufig gestellte Frage, wie die nordmitteleuropäischen 30a Vereisungen Elster, Saale und Weichsel sowie die drei Warmzeiten Holstein, Eem und Holozän mit den Schwankungen der Klimakurve (Sauerstoffisotopenstadium) korrelieren, ist nach wie vor problematisch zu beantworten. Es fällt jedoch eines auf. Die drei bekannten und pollenanalytisch auswertbaren Warmzeiten schließen sich jeweils direkt an eine vorangegangene kurzzeitige Vereisung an (Abb. 30b, Spalte 1: rote und blaue Markierungen). Die Erklärung hierfür ist einfach. Nach einer 30b Eiszeit gab es zahlreiche, wassergefüllte Hohlformen (Seen), die sich mit Sedimenten füllen konnten und bereits nach wenigen Zehntausend Jahren verfüllt und eingeebnet waren. Der Umkehrschluss lautet: Wenn in einer kaltzeitlichen Periode keine Inlandvereisung stattfand, dann erfolgte auch in der Regel keine erhaltungsfähige Sedimentation in der nachfolgenden Warmzeit und es besteht heute keine Nachweismöglichkeit für die Warmzeit.

Im nördlichen Sachsen und südlichen Brandenburg existierte bereits im jüngeren Tertiär ein relativ wenig gegliedertes, flach nach Norden einfallendes Relief. Mit dem Abschluss der ursprünglich flächenhaft verbreiteten, heute nur in einzelnen Vorkommen erhalten gebliebenen Ablagerung der Flammentone (Weißwasser-Schichten), nahm das weitere flächenhafte Sedimentationsgeschehen sehr stark ab. Nur noch einzelne Flüsse mit generell nördlicher Fließrichtung schnitten sich in das flache Relief ein und sedimentierten Flussschotterkomplexe (fluviatile Bildungen). Sie werden nach ihrem Erstautor als »ehemalige Elbeläufe« benannt (GENIESER 1955). Die nur örtlich erhaltenen Se- 29 dimente der Elbeläufe repräsentieren den Zeitabschnitt von vor etwa 3,8 Ma und den Beginn der Elsterkaltzeit vor etwa 320 000 Jahren, also einen etwa zehn Mal so langen Zeitraum wie die drei Vereisungen zusammen. Im südwestlichen Vorland des Muskauer Faltenbogens, am Schweren Berg bei Weißwasser, kommen Schotter des Bautzener Elbelaufes vor (GENIESER 1958). In der neuesten 31 paläogeographischen Rekonstruktion gehört das Vorkommen am Schweren Berg zum Weißwasser 29 Arm des Bautzener Elbelaufs (STRIEGLER & STRIEGLER 1972). Es sind kaltzeitliche Flussschotter, die dem Tegelen-Komplex Kalt B zugerechnet werden und gehören in den oben diskutierten Zeitraum

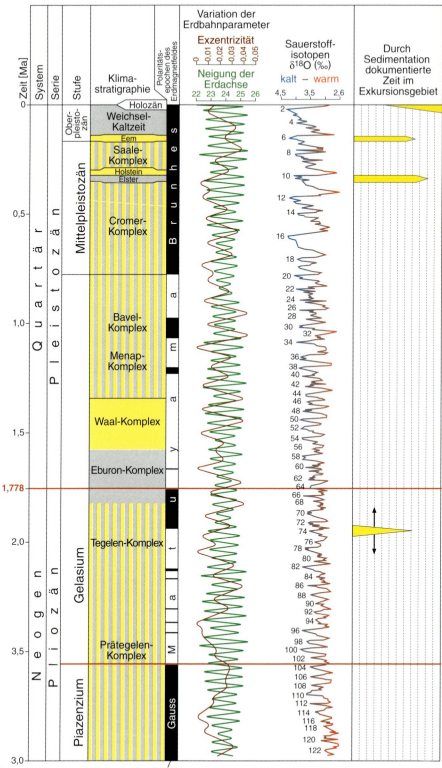

schwarz: heutige Polung
weiß: umgekehrte Polung

a

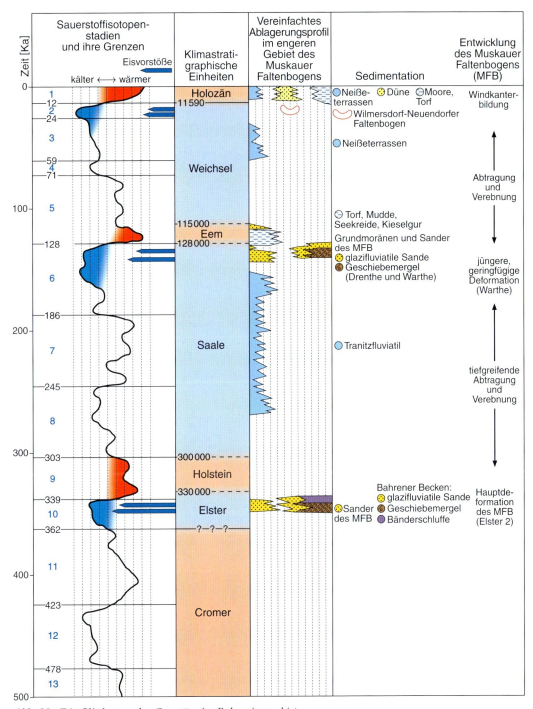

*Abb. 30. Die Gliederung des Quartärs im Exkursionsgebiet.*
**a,** *Chronostratigraphische Einheiten, paläomagnetische Polaritätsphasen, Variationen der Erdbahnparameter und Sauerstoffisotopenverhältnisse im Quartär. – Umgezeichnet nach* PILLANS *2007.*
**b,** *Stratigraphisches Normalprofil. – Zusammengestellt unter Verwendung von Daten und Angaben von* GEYH *et al. 2005,* KRBETSCHEK *et al. 2008, der Tabelle der Deutschen Stratigraphischen Kommission – DSK 2002,* KÜHNER *et al. 2008,* PILLANS *2007 und* WRIGHT *1999.*

zwischen 1,8 und 2,6 Ma, also nach derzeitiger Definition des Quartärs nicht mehr hinein. Häufig werden die Elbeläufe in der Literatur dennoch zum Frühpleistozän gerechnet. Die Zuordnung von Schottern zu den Elbeläufen ergibt sich aus dem Vorkommen von Leitgeröllen, die sowohl aus Böhmen als auch aus dem Osterzgebirge stammen. Für Mineralsammler von besonderem Interesse ist das Vorkommen von sehr schönen Achaten. Funde von Moldaviten, die seit Anfang der 1970er-Jahre gelegentlich in den Elbeläufen gemacht wurden (LANGE 1990), sind vom Schweren Berg bisher nicht bekannt.

Von den Kaltzeiten des Quartärs waren nur die letzen drei mit Eisbedeckungen im nördlichen Mitteleuropa verbunden. In den vorherigen Kaltzeiten war es zu trocken, als dass sich eine Inlandeisbedeckung hätte ausbilden können. Eine vergleichbare Situation liegt heute in Sibirien vor. Trockene, kaltzeitliche Bedingungen führen hier nicht zu einer Eisbedeckung des Gebietes sondern zur Ausbildung tiefreichender Dauerfrostböden. Die drei nordmitteleuropäischen Eiszeiten waren mit Vergletscherungen verbunden, von denen das Eis in der Elster- und der Saalekaltzeit das Gebiet des Muskauer Faltenbogens erreichten oder nach Süden überschritten.

Die Haupteisrandlage des Warthestadiums (jüngere Saale) fällt mit dem Südrand des Muskauer Faltenbogens zusammen. Als Grenze der Maximalausdehnung des Weichseleises galt im Betrachtungsgebiet lange Zeit die Brandenburger Hauptrandlage bei Guben etwa 30 km nördlich des Faltenbogens. Neuere Untersuchungen zeigen jedoch, dass das Weichseleis 14 km weiter nach Süden vordrang, seine Randlage dort aber nicht durch eine Endmoräne morphologisch in Erscheinung trat. Die südliche Markierung seiner Maximalausdehnung erfolgte offenbar durch den Wilmersdorf – Neuendorfer Faltenbogen, der unter Schmelzwassersanden und -kiesen (Schwemmfächer) des Baruther Urstromtals begraben liegt (HORN et al. 2005; s. auch (A2), S. 79 ff.).

## Zur zeitlichen Zuordnung der quartären Ablagerungen im Muskauer Faltenbogen

Die Eisbedeckung ist mit der Ausbildung von Sedimenten der glazialen Serie, der Abtragung derselben durch erneute Eisvorstöße, durch äolische Abtragung (Winderosion), das Einschneiden von Flüssen (fluviatile Erosion und Sedimentation) sowie der »Alterung« der Glazialmorphologie (Altmoränengebiet) verbunden. Eine sehr anschauliche und relativ leicht verständliche Erläuterung der quartären Ablagerungsbedingungen, die zum großen Teil auch für den Muskauer Faltenbogen gelten, gibt SCHROEDER (2003). Hinzu kommt, dass der Faltenbogen eine »Stauchendmoräne« mit tiefreichenden glazialtektonischen Deformationen ist.

Die zeitliche Einstufung glaziärer, das heißt im Zusammenhang mit der Inlandvereisung entstandene Ablagerungen im Allgemeinen kann durch Geschiebezählungen, absolute (physikalische) Altersbestimmung (Radiokarbonmethode: $^{14}$C; Thermolumineszenz: TL; optisch stimulierte Lumineszenz: OSL; Infrarot-Radiofluoreszenz: IR-RF), palynologische Untersuchungen (Pollenanalyse), Dendrochronologie (Baumringzählmethode), bohrlochgeophysikalische Korrelationen und natürlich die klassische geologische Kartierung erfolgen. Insbesondere die erstgenannten Methoden können i. d. R. nur an wenigen, besonders dafür geeigneten Aufschlüssen angewendet werden. Auch sind sie häufig mit methodischen Problemen behaftet oder zu aufwendig bzw. zu teuer, um tatsächlich realisiert zu werden. Die Probleme der zeitlichen Zuordnung des Quartärs im Muskauer Faltenbogen werden im Folgenden umrissen.

*Abb. 31. Leitgerölle aus dem Bautzener Elbelauf vom Schweren Berg bei Weißwasser. – Foto: MANFRED KUPETZ. 1, 2, 3, 5, Achate aus Böhmen (5: mit Sternquarz); 4, 8, 11, Achate aus dem Osterzgebirge; 6, ?verkieseltes Holz ?Herkunft Böhmen; 7, ?Eisenkiesel, ?Jaspis aus ?Böhmen oder aus dem ?Osterzgebirge; 9, verkieseltes Holz aus Böhmen; 10, Quarz-Lydit-Konglomerat, Třemošná-Konglomerat (Kambrium), aus Böhmen (1, 5, 7, 8, Sammlung HEIDRUN DOMKO, Weißwasser; 2, 4, Sammlung FRANK SAUER, Lohsa; 3, 6, 9, 10, Sammlung DIETER SCHWARZ, Cottbus; 11, Sammlung HANS ULBRICH, Friedrichshain).*

1 cm

1 cm

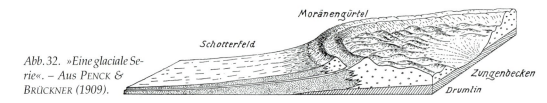

Abb. 32. »Eine glaciale Serie«. – Aus PENCK & BRÜCKNER (1909).

**Faziesverzahnung in der glazialen Serie.** Die normalen Ablagerungen des Inlandeises werden als glaziale Serie bezeichnet. Der Begriff wurde ausgehend von Untersuchungen in den Alpen durch PENCK & BRÜCKNER (1909) in die Literatur eingeführt. Ihre dazugehörige Blockbilddarstellung ist nachfolgend zum graphischen Symbol der glazialen Serie und Vorlage für zahlreiche Umzeichnungen und

32

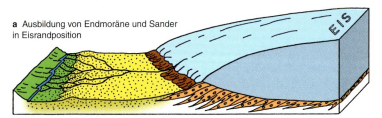

**a** Ausbildung von Endmoräne und Sander in Eisrandposition

**b** Nach(d)rücken des Eises führt zu Stauchung und Ausbau des Randes (Pfeil); infolge initialen Rückschmelzenes ist der Endmoränenkamm freigelegt.

**c** Nach Rückschmelzen ist das Inventar der glazialen Serie entwickelt:
**Z**, Zungenbecken; **R**, Rinnensee; **G**, Grundmoränensee; **K**, Kames; **D**, Drumlin; **O**, Os.
Relief im Allgemeinen 10-80 m; horizontale Ausdehung ca. 2-20 km.

**da** Erneutes Vorstoßen des Eises unter Nutzung vorheriger Entwäserungsbahnen:
Das angelegte Inventar wird z.T. überlagert und deformiert,
z.T. bleibt es erhalten.

**db** Erneutes Vorstoßen des Eises mit Anlage neuer Entwässerungsbahnen:
Ein neues Urstromtal (ut2) nimmt Schmelzwässer auf und schneidet
die zuvor angelegte glaziale Serie von der Weiterentwicklung ab.

Abb. 33. Die glaziale Serie, Entstehung und Entwicklung bei mehrfachem Vorstoßen und Rückschmelzen des Eises, schematische Darstellung entwickelt aus Vorlagen von VIETE (1957), SCHROEDER (1994) und NOWEL (1995). – Aus SCHROEDER (2003), koloriert.

Geschiebemergel
Endmoräne

Geschiebemergel
Grundmoräne

Schmelzwasser-
sande

*Abb. 34. Die glaziale Serie, Entwicklung von unregelmäßigen Sedimentstapeln durch mehrfache Eisvorstöße, stark schematisierte Darstellung. – Aus* SCHROEDER *(2003), koloriert.*

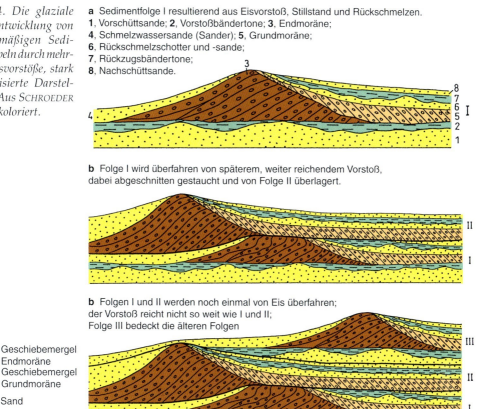

**a** Sedimentfolge I resultierend aus Eisvorstoß, Stillstand und Rückschmelzen.
**1**, Vorschüttsande; **2**, Vorstoßbändertone; **3**, Endmoräne;
**4**, Schmelzwassersande (Sander); **5**, Grundmoräne;
**6**, Rückschmelzschotter und -sande;
**7**, Rückzugsbändertone;
**8**, Nachschüttsande.

**b** Folge I wird überfahren von späterem, weiter reichendem Vorstoß, dabei abgeschnitten gestaucht und von Folge II überlagert.

**b** Folgen I und II werden noch einmal von Eis überfahren; der Vorstoß reicht nicht so weit wie I und II; Folge III bedeckt die älteren Folgen

Geschiebemergel Endmoräne
Geschiebemergel Grundmoräne
Sand
Ton

Ergänzungen geworden. Grundmoräne (im Bereich des Zungenbeckens), Endmoräne (Moränengürtel) und Sander (Schotterfeld) sind die wichtigsten Bestandteile der glazialen Serie. In Anwendung auf das Gebiet der nordischen Vereisungen wurde die glaziale Serie um das Urstromtal ergänzt.

Die Ablagerungen (Sedimentkörper) der Grundmoränen, der Endmoränen und der Sander bestehen aus verschiedenen Sedimenten. In der Reihenfolge der vorstehenden Aufzählung sind das Geschiebemergel (mit Kalkgehalt) oder Geschiebelehm (infolge geologischer Alterung entkalkt), Sande, Kiese und Blockpackungen sowie Kiese und Sande. Sie widerspiegeln unterschiedliche Ablagerungsbedingungen, die man Fazies nennt. Grundmoränenfazies, Endmoränenfazies und Sanderfazies können zeitgleich nebeneinander und ineinander übergehend entstehen. Man spricht dann von Faziesverzahnung. Außerdem können die Sedimentkörper mehrerer Eisvorstöße übereinander liegen. Diese stark vereinfacht beschriebenen Verhältnisse zeigen, dass es in Randbereichen der Inlandvereisung nicht ohne weiteres möglich ist, durch einfache Korrelation, dass heißt seitliches (horizontales) Verbinden von Geschiebemergel, Kies oder Sandschichten die Sedimentfolge einer gesuchten glazialen Phase zu rekonstruieren bzw. von Ablagerungen einer anderen Phase zu unterscheiden. Hierzu sind weitere Kriterien notwendig.

**Schichtlagerungsgesetz.** In einer normalen Schichtenfolge sind die unten liegenden Schichten älter als die darüber liegenden. Dieses (Schicht-)Lagerungsgesetz gilt zum Beispiel für Ablagerungen in einem Meer oder See, aber auch im Normalfall für die Ablagerung von Grundmoränen (s. »Regionalgeologische Schnitte«, Abb. 72, S. 68 ff., rechter Teil der Schnitte). Die obersten Schichten sind die jüngeren, zuletzt gebildeten. Begründet wurde dieses Gesetz von NIKOLAUS STENO 1669 (dän. Arzt,

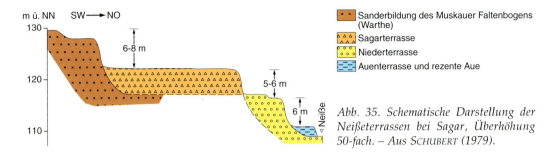

m ü. NN  SW ——► NO

130 ⏤

6-8 m

120 ⏤

5-6 m

6 m  ◁ Neiße

110 ⏤

Legend:
- Sanderbildung des Muskauer Faltenbogens (Warthe)
- Sagarterrasse
- Niederterrasse
- Auenterrasse und rezente Aue

*Abb. 35. Schematische Darstellung der Neißeterrassen bei Sagar, Überhöhung 50-fach. – Aus SCHUBERT (1979).*

Anatom, Geologe und Bischof). Genau anders herum verhält es sich i. d. R. bei Flusssedimenten. Wenn sich ein Fluss in seinen Untergrund einschneidet, dann sind die jeweils tiefer liegenden Terrassen jünger als die höher liegenden. Diese beiden gegenläufigen Sedimentbildungsprinzipien erschweren die Korrelation von Sand- und Kiesablagerungen, die sich von ihrer Fazies her sehr ähnlich sind.

**Das Problem der Gliederung des Saalekomplexes.** »In den letzten Jahrzehnten hat wohl kein Abschnitt des Quartärs so viele Änderungsversuche und immer wieder warmzeitliche »Einschübe« erfahren wie der gemeinhin mit saalezeitlich umschriebene Abschnitt des Mittelpleistozäns« (LIPPSTREU 1995, S. 128). Dieser kurze Satz umreißt treffend das Problem der Gliederung der Saalekaltzeit.

WOLDSTEDT (1927, 1930) führte für die Haupteisrandlage des Lausitzer Grenzwalls einschließlich des Muskauer Faltenbogens den Begriff Warthestadium ein. Bei der Neugliederung der quartären Schichtenfolge in der DDR wurde der Saale-Komplex, anders als in den Niederlanden und in Nordwestdeutschland, nicht zweigegliedert in Drenthe- und Warthestadium, sondern dreigegliedert in Saale I (Saale s. str.), Saale II (Fläming-Kaltzeit) und Saale III (Lausitz-Kaltzeit; CEPEK 1967, Verbindlicherklärung 1981 durch TGL* 25 234/07). Der Lausitzer Grenzwall und der Muskauer Faltenbogen wurden dementsprechend dem Saale III-Stadium zugeordnet. Diese Dreigliederung des Saale-Komplexes steht bereits seit längerer Zeit, insbesondere mit Argumenten aus dem Leip-

*Tabelle 1. Die Korrelation der Saalegeschiebemergel in der Lausitz, vereinfacht.*

| TGL 25 234/07 (1982) (bzw. CEPEK 1967) | LIPPSTREU 1994 | NOWEL 2003 |
|---|---|---|
| Lausitz-Kaltzeit (Saale III) QLA | Saale-Spätglazial | Warthe 2    ? |
| Lausitz-Kaltzeit (Saale III) QLA | Jüngeres Stadium der Saale-Kaltzeit («Warthe») | Warthe 2    ? |
| Lausitz-Kaltzeit (Saale III) QLA | Jüngeres Stadium der Saale-Kaltzeit («Warthe») | Warthe 1 (ehemals Saale III) |
| Lausitz-Kaltzeit (Saale III) QLA | Älteres Stadium der Saale-Kaltzeit (»Drenthe«) | Warthe 1 (ehemals Saale III) |
| Rügen-Warmzeit QRu | Älteres Stadium der Saale-Kaltzeit (»Drenthe«) | Warthe-Wärmeperiode i.w.S. |
| Fläming-Kromer (Saale II) QFl | | Drenthe 2 (ehemals Saale II) |
| Fläming-Kromer (Saale II) QFl | Saale-Frühglazial | Drenthe 1 (ehemals Saale I) |
| Treene-Thermomer QTr | Saale-Frühglazial | |
| Saale-I-Kaltzeit QSa | Saale-Frühglazial | |

\*    Hinweis: Die TGL: Technische Güte und Lieferbedingen waren in der DDR ein staatlicher Standard mit der analogen Bedeutung der bundesdeutschen DIN

ziger Raum und der Insel Rügen in wissenschaftlicher Kritik. In der Niederlausitz selbst erscheint die Dreigliederung einerseits nicht plausibel (z. B. LIPPSTREU et al. 1994, STACKEBRANDT & MANHENKE 2002, KÜHNER 2003) andererseits wurde sie der Erarbeitung der Lithofazieskarten Quartär (LKQ) zugrunde gelegt und lange Zeit in der Braunkohlenexploration im Lausitzer Revier angewendet (NOWEL et al. 1994; s. auch »Regionalgeologische Schnitte«, Abb. 72, S. 68 ff.). Es deutet sich an, dass eine strikte Dreigliederung keinen Bestand haben wird und sich die Problemlösung in Richtung einer Zweiphasigkeit der Warthevereisung entwickelt (KÜHNER 2003, NOWEL 2003). Entschieden ist diese Frage jedoch noch nicht (Tabelle 1). 72

Im Ringen zur Lösung der strittigen Positionen in der Saale-Gliederung hat sich die Landesgeologie von Brandenburg auf eine offene Lokalgliederung verständigt (LIPPSTREU 1995), die im Atlas zur Geologie von Brandenburg (1. Auflage: STACKEBRANDT, EHMKE & MANHENKE 1997; 2. Auflage: STACKEBRANDT & MANHENKE 2002) kartenmäßig umgesetzt ist. Die Haupteisrandlagen Brandenburgs werden danach als Gürtel, speziell der Lausitzer Grenzwall als Jüngerer Saalegürtel bzw. »Warthe«-Gürtel (Anführungszeichen im Original) bezeichnet. Die sächsische Landesgeologie verwendet eine Zweigliederung in Drenthe- und Warthe-Stadium (WOLF & ALEXOWSKY 2008).

Ein weiterer wichtiger Aspekt ist die zeitliche (geochronologische) Gliederung der Saale. Es liegen keine mit numerischen Methoden der Altersbestimmung ermittelten absoluten Daten vor (LITT et al. 2007). An Hand von Vergleichen mit Sauerstoffisotopenmessungen in Meeressedimenten außerhalb von Mitteleuropa ($\delta^{18}O$) und den zeitlich fixierten Magnetfeldumpolungen der Erde können Abschätzungen vorgenommen werden. Danach hat der Saale-Komplex eine Länge von etwa 170 000 Jahren (300 000 bis 130 000). Im Betrachtungsgebiet entfallen davon 140 000 Jahre auf das Saalefrühglazial i. w. S. ohne Eisbedeckung und Moränenbildungen. Der Abschnitt, in dem die Lausitz unter Eisbedeckung lag, umfasst lediglich einen Zeitraum von 30 000 Jahren, in dem es zu den Moränenbildungen kam, deren Gliederung die o. g. skizzierten Probleme bereitet.

**Horizontale und vertikale Schichtverstellungen durch die glazialtektonische Deformation.** Ein wichtiges Gliederungsprinzip im Quartär des Untersuchungsgebietes ist der Vergleich der topographischen Höhenlage von beobachteten Schichten (horizontale Korrelation). Flussschottervorkommen werden entsprechend ihrer Höhenlage modellartig zu ehemaligen Schotterterrassen zusammengefasst. In analoger Weise werden isoliert auftretende Geschiebemergelvorkommen als Teile einer ehemals mehr oder weniger horizontal verbreiteten Grundmoräne angesehen und mit einander korreliert. Im Muskauer Faltenbogen kann durch die Deformation der Schichten sowohl eine starke Kippung derselben als auch eine Veränderung der ursprünglichen Höhenlage um Dutzende von Metern oder mehr erfolgt sein. Aus diesem Grunde sind horizontale Schichtkorrelationen hier als sehr problematisch anzusehen. Deshalb ist der Faltenbogen in der Lithofazieskarte Quartär (HELLWIG & SCHUBERT 1979) auch als gestauchter, ungegliederter Schichtenkomplex dargestellt worden. Dies entspricht im Wesentlichen auch noch dem heutigen Kenntnisstand.

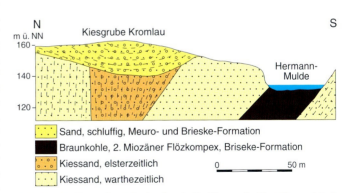

Abb. 36. Geologischer Schnitt durch die Kiesgrube Kromlau. – Nach SCHANZE (2005), umgezeichnet.

**Entschichtung – Aufarbeitung des Tertiärs.** Sanderbildungen i. w. S. (glazifluviatile Sande und Kiese) sind die häufigsten im Faltenbogen an der Erdoberfläche auftretenden quartären Schichten. Im Normalfall weisen sie eine Schichtung auf. Häufig fehlt diese jedoch in den oberen Dezimetern, 37

Abb. 37. Schichtung in glazifluviatilen Sanden und Kiesen der Kiesgrube Kromlau. – Foto: MANFRED KUPETZ.

Abb. 38. Durch Kryoturbation entschichteter Pleistozäner Sand mit eingestreuten Windkantern. – Foto: MANFRED KUPETZ.

manchmal auch den oberen 1-2 m. Gleichzeitig findet man in schichtungslosen Sanden einzelne, verstreut im Profil verteilte Gerölle von mehreren Zentimetern Größe. Durch Prozesse des Gefrierens und Wiederauftauens unter kaltzeitlichen Klimabedingungen wurden die Schichten solange miteinander verknetet, bis die Schichtung vollkommen ausgelöscht wurde. An der Erdoberfläche liegende Gerölle wurden dabei in eine gewisse Tiefe verfrachtet. Man nennt diese im Einzelnen z.T. sehr komplizierten Prozesse Kryoturbationen (Würge- oder Brodelböden), wenn auf diese Weise z.B. eine Lage von pleistozänen Windkantern in darunter liegende, reine, miozäne Sande verschleppt werden. Man kann dann oftmals nicht mehr entscheiden, ob tatsächlich eine normale Schicht des Tertiärs vorliegt oder es sich lediglich um ein aufgearbeitetes tertiäres Sediment handelt, das nunmehr tatsächlich eine quartäre Ablagerung ist. Derartige Entschichtungen treten z.B. auch an der Oberfläche von Dünen auf (Abb. 49, S. 50-51).

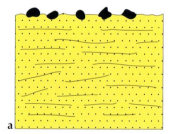 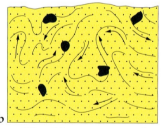 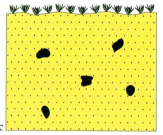

Abb. 39. Das Prinzip der Entschichtung und Verschleppung von Geröllen durch die Verknetung oberflächennaher Bodenschichten infolge von Kryoturbation. – **a,** Ausgangssituation: geschichtete Sande mit Bestreuung durch Windkanter; **b,** Bildung eines Brodel- oder Würgebodens; **c,** Endstadium der völligen Entschichtung.

**Das Deformationsalter des Faltenbogens.** Das Alter der Hauptdeformation des Muskauer Faltenbogens ist elsterkaltzeitlich (s. auch »Entstehung des Muskauer Faltenbogens«, S. 56 ff.). Anschließend wurde er möglicherweise durch das drenthezeitliche Eis überfahren und nach den Regeln der geologischen Wahrscheinlichkeit stark eingeebnet, ohne dass es geologische Zeugnisse dafür gibt. Warthezeitlich lag genau über der Faltenbogenstruktur die Haupteisrandlage mit erneuten

Deformationen und Sanderbildungen (Diskussion bei NOWEL 2007). Warthezeitliche Deformationen können örtlich oberflächennah beobachtet aber nicht in Beziehung zu den elsterzeitlichen gesetzt werden. Es gibt keine Beobachtungsbefunde dafür, dass die großen elsterzeitlichen Deformationsformen tiefgreifend überprägt wurden. Warthezeitliche Verformungen erfolgten nur in einer räumlich kleineren Dimension.

## Die Quartärbasis

Als Quartärbasis (Karte der Quartärbasis-Isohypsen) wird in der Regel die Tiefenlage der Unterfläche quartärer Sedimente verstanden. Im Muskauer Faltenbogen und seinem näheren Umfeld wird das Relief dieser sedimentären Quartärbasis durch Aufragungen, Hochflächen, Rinnen, Becken und die Oberfläche des glazialtektonisch gestörten Tertiärs (= Oberfläche des glaziären Schollenfeldes) *40* gebildet.

Die einzige Aufragung, d.h. eine primäre Hochlage tertiärer Gesteine, die an der Erdoberfläche ausstreichen, ist die Trebendorfer Hochfläche im südwestlichen Vorland des Muskauer Faltenbogens. Unter Hochflächen werden Gebiete verstanden, deren Quartärbasis bei +80 m ü. NN oder höher liegen. Rinnen (auch glaziale Rinnen) sind relativ schmale, steilwandige und langgestreckte Ausräumungszonen, die unterschiedlich tief ins Tertiär, z.T. sogar bis ins Prätertiär, eingreifen. Um die Klärung ihrer Entstehung ist lange Zeit wissenschaftlich diskutiert worden. Es gilt heute für die Lausitzer Rinnen als geklärt, dass sie durch Schmelzwässer unter dem Eis erodiert und gleichzeitig wieder verfüllt wurden. (glaziäre Rinne, glazihydromechanische Entstehung;

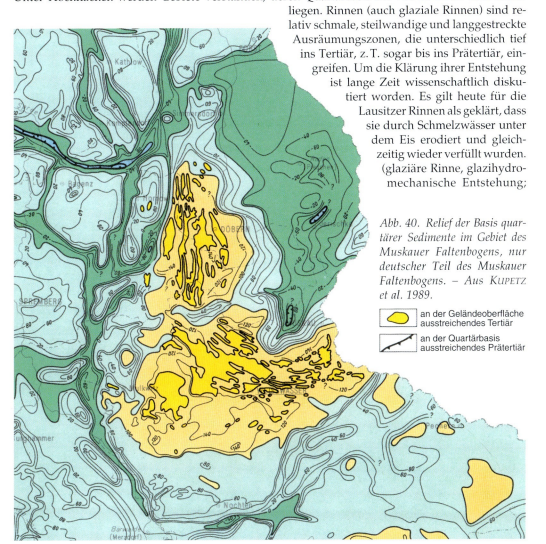

*Abb. 40. Relief der Basis quartärer Sedimente im Gebiet des Muskauer Faltenbogens, nur deutscher Teil des Muskauer Faltenbogens. – Aus* KUPETZ *et al. 1989.*

an der Geländeoberfläche ausstreichendes Tertiär

an der Quartärbasis ausstreichendes Prätertiär

wichtige Literatur z. B. EISSMANN 1987). Entgegen weitverbreiteter Vorstellungen haben diese Rinnen niemals in ihrem vollen Querschnitt offengestanden. Vielmehr bewegten sich die Schmelzwässer jeweils nur in einem kleinen Teil des Rinnenquerschnittes. Sie standen unter hohem Druck und hatten eine große Transportkraft. Zeitgleich trugen sie an einer Stelle Sande und Kiese ab und lagerten sie anderenorts wieder ab. Neben Rinnen mit vorwiegender Sand- und Kiesfüllung gibt es auch solche, die überwiegend mit Grundmoränen ausgefüllt sind. Abbildung 41 zeigt das Rinnensystem für den deutschen Teil des Faltenbogengebietes. Die Pfeile in den Rinnen bezeichnen die Gefällerichtungen des jeweils Rinnentiefsten, nicht die Fließrichtungen der Schmelzwässer! Im Einzelnen ist die Rinnengenese auch heute noch ein kompliziertes Thema. Das Bahrener Becken ist das Ergebnis der Bildung des Faltenbogens, nicht als Zungenbecken die Ursache seiner Entstehung (s. »Entstehung des Muskauer Faltenbogens«, S. 56 ff.). Die Jerischker Rinne ist in seinen Boden eingeschnitten.

Die quartären Sedimente des Bahrener Beckens im Hinterland des Faltenbogens haben Mächtigkeiten in der Größenordnung von 130 m bis 200 m. Das Gelände bildet hier ein außerordentlich flaches Relief. Es fällt vom Innenrand des Faltenbogens mit etwa 135 m ü. NN ganz allmählich auf etwa 90 m ü. NN im Bereich der nördlichen Enden der beiden Faltenbogenäste ab. Das ist bei einer

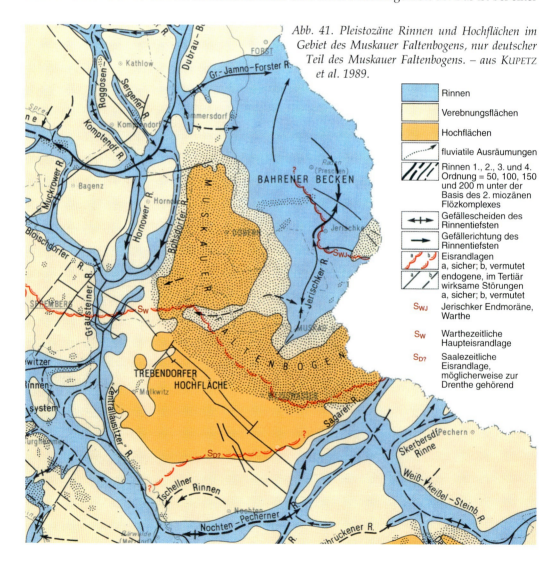

Abb. 41. Pleistozäne Rinnen und Hochflächen im Gebiet des Muskauer Faltenbogens, nur deutscher Teil des Muskauer Faltenbogens. – aus KUPETZ et al. 1989.

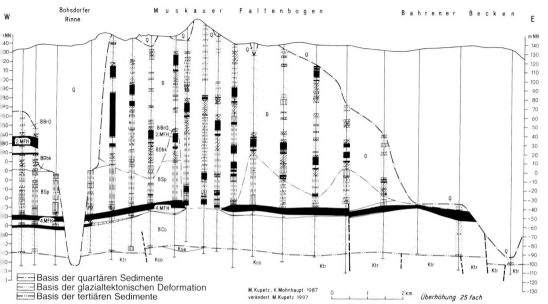

*Abb. 42. Basis der quartären Sedimente und Tiefenreichweite der glazialtektonischen Deformation. Durch die starke Überhöhung ist es nicht sinnvoll innerhalb des deformierten Bereiches glazialtektonische Strukturen (Schuppen, Falten Diapire, Schollen) zu konstruieren. Ihre durchschnittliche Länge beträgt 250-400 m, der Abstand der Bohrungen liegt bei 400-800 m. Das heißt, zwischen zwei Bohrungen existieren etwa ein bis drei glazialtektonische Einzelelemente, die in völliger geometrischer Verzerrung als quasi senkrecht stehende, streichholzförmige Strukturen darzustellen wären. – Aus KUPETZ 1997a.*

Entfernung von mehr als 15 km ein Gefälle von etwa 0,3 ‰.

Der Faltenbogen selbst baut sich vor allen Dingen aus vom Eis deformierten Schuppen, Falten, Diapiren und Schollen aus tertiären Sedimenten auf. Quartäre Sedimente sind in diesem Schichten-komplex oft nur wenige Meter mächtig oder fehlen vollständig. Sie sind teilweise mit deformiert worden, teilweise liegen sie flach auf den deformierten Schichten. Die größten erbohrten Mächtigkeiten quartärer Kiese und Sande wurden mit 80 m bei Döbern angetroffen (CRAMER et al. 1928). Da die »aufgestauchten Schollen« zwar aus Ablagerungen des Tertiärs bestehen, aber in pleistozäner Zeit deformiert und/oder umgelagert wurden, sind sie im geologischen Sinne den quartären Bildungen zuzurechen. Deshalb gibt es im Muskauer Faltenbogen i. e. S. zwei Arten von Quartärbasisflächen. Das ist zum einen die als Strich-Punktlinie dargestellte Basis der quartären Sedimente und zum anderen die als Dreipunkt-Strichlinie dargestellte Tiefenreichweite der glazialtektonischen Deformation.

Die Gesamtquartärmächtigkeit im Deformationsgebiet des Faltenbogens (quartäre Sedimente plus glazialtektonisch gestörtes Schichtpaket) liegt bei 200-250 m. Die tiefliegendste Deformation wurde in einer Bohrung bei –98 m ü. NN angetroffen. Die größte mit einer Bohrung durchteufte Schichtenfolge mit einer Abscherfläche an der Basis war 236 m mächtig.

### Geologische Oberflächenkartierungen

Die geologische Erstkartierung des Muskauer Faltenbogens erfolgte mit der Herausgabe der vier Messtischblätter Döbern, Triebel, Weißwasser und Muskau 1928. Im 20. Jahrhundert erschienen nachfolgend nur noch anteilige Kartierungen des Faltenbogens entsprechend der politischen Zuge-hörigkeit seiner Teilflächen. Diese sind

für den deutschen Anteil:  HELLWIG, D. & SCHUBERT, G. (1979): Lithofazieskarte Quartär 1 : 50 000, Blatt Weißwasser 2470. – Hrsg.: Zentrales Geologisches Institut der DDR, Berlin. – eine sechsteilige Horizontkarte.

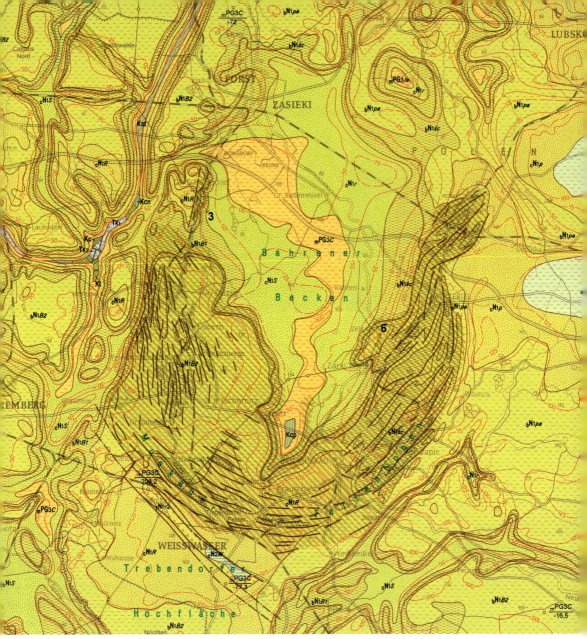

*Abb. 43. Ausschnitt aus der Geologischen Karte 1:200 000, Karte ohne quartäre Bildungen, Blatt Cottbus,* LORENZ *et al. 1996.*

für den polnischen Teil: MILEWICZ, J. (1986): Mapa Geologiczna Polski, A – Mapa utworów powierchniowych 1:200 000 Gubin. – Państwowy Instytut Geologiczny, Warszawa.

für den sächsischen Anteil: KOCH, E. & W. ALEXOWSKY (1999): Geologische Karte der eiszeitlich bedeckten Gebiete von Sachsen 1:50 000, Blatt Weißwasser.

für den brandenburgischen Teil: SONNTAG, A. (2006): Geologische Übersichtskarte 1:100 000, Karte der an der Oberfläche anstehenden Bildungen, mit Beiheft 23 S., zahlr. Abb. und Tab., 1 Anl. – Hrsg.: Landesamt für Bergbau, Geologie und Rohstoffe Brandenburg, Kleinmachnow.

Eine neue Gesamtkartierung liegt in Form der Geologischen Übersichtskarte 1:200 000 (GÜK) vor (hinterer Innenumschlag).

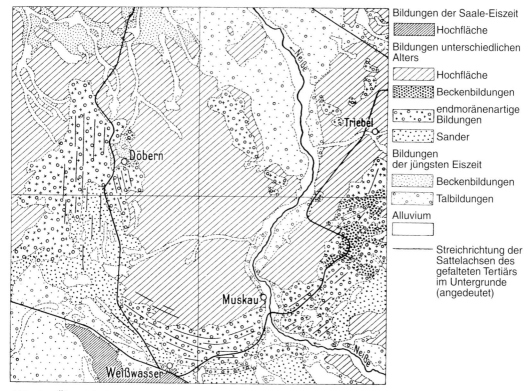

Legende:

Bildungen der Saale-Eiszeit
Hochfläche

Bildungen unterschiedlichen Alters
Hochfläche
Beckenbildungen
endmoränenartige Bildungen
Sander

Bildungen der jüngsten Eiszeit
Beckenbildungen
Talbildungen

Alluvium

Streichrichtung der Sattelachsen des gefalteten Tertiärs im Untergrunde (angedeutet)

*Abb. 44. Übersichtskarte zur Lieferung 266 der Geologischen Karte von Preußen, die Blätter Döbern, Triebel, Weißwasser und Muskau umfassend. – Aus CRAMER 1928.*

## Die quartäre Schichtenfolge

**Das Bahrener Becken im Hinterland des Muskauer Faltenbogens.** Im Bahrener Becken, dem Hinterland des Faltenbogens, erreicht die quartäre Schichtenfolge Mächtigkeiten von 200-250 m. Sie beginnt an der Basis mit glazilimnischen bis glazifluviatilen Sanden und Schluffen (Beckensedimente) von 20-90 m Mächtigkeit, über denen zwei dicht benachbarte elsterzeitliche Geschiebemergelhorizonte von 2 m und 11 m folgen. Darüber wurde in zahlreichen Bohrungen eines Braunkohlenexplorationsprojektes in den 1970er-Jahren eine vertikal und horizontal stark wechselnde Folge von Sanden, Schluffen und Tonen (glazifluviatile und Beckenbildungen) sowie vereinzelt geringmächtige Geschiebemergel angetroffen. Die Darstellungen in den einzelnen Horizonten der Lithofazieskarte Quartär sind nicht interpretierbar. Die beiden Autoren der Karte (HELLWIG & SCHUBERT 1979) haben für die nördliche und südliche Hälfte des Bahrener Beckens mit methodisch grundsätzlich verschiedenen Darstellungen gearbeitet. Geschuldet ist dies wahrscheinlich der Tatsache, dass die geologischen Verhältnisse (Faziesverzahnungen und glazialtektonische Deformationen) derartig kompliziert sind, dass selbst für die erfahrenen Kartierer das Problem einer plausiblen Kartendarstellung nicht lösbar war. Im Kapitel »Regionalgeologische Schnitte« (S. 68ff.) hat NOWEL eine Interpretation der Schichtenfolge im Bahrener Becken gegeben. Sie ist als eine Interpretationsmöglichkeit anzusehen und ist sehr anschaulich. Wahrscheinlich liegen die Verhältnisse aber wesentlich komplizierter und bedürfen einer grundsätzlichen geologischen Neubearbeitung.

Im Gebiet von Groß Bademeusel, Raden und Jerischke liegt auf der Füllung des Bahrener Beckens der jungwarthezeitliche Jerischker Aufschüttungs-Endmoränenbogen, der sich als halbkreisförmiger Lobus westlich der Neiße weiter verfolgen lässt (s. »Entstehung des Muskauer Faltenbogens«, S. 56ff., Abb. 68). Er überragt sein Umland um durchschnittlich 20 m und hat ausgedehnte geringmächtige

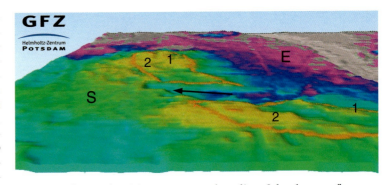

*Abb. 45. 3D-Modell der Jerischker Endmoräne. Kolorierte Shaded-Relief-Darstellung aus einem digitalen Höhenmodell, 3-fach überhöht, Radardaten der SRTM-Mission 2000, Blick von Süden nach Norden, Bildbreite etwa 1 km. – Bildbearbeitung: HANS-ULRICH WETZEL & MANFRED KUPETZ. – E, Eis des Jerischker Gletschers; 1,2, zwei Stadien der Aufschüttungsendmoräne; S, Sander vor dem Moränentor; → ehemaliger Schmelzwasserfluss.*

Sander. Bei Jerischke existiert ein Moränentor, an dem die Schmelzwässer des Jerischker Gletschers die Endmoräne durchbrachen. Die Jerischker Endmoräne wird seit langem als Rückzugsstaffel des Warthestadiums angesehen (HELLWIG & SCHUBERT 1979, dort als Saale III bezeichnet). Eine Leitgeschiebeuntersuchung zeigte ein Geröllspektrum, das 9 % jotnischen Sandstein und von 40 Leitgeschieben 10 Ålandgesteine enthält. Es handelt sich danach um ein Warthegeröllspektrum mit einer Herkunft aus dem Ostseeraum zwischen Gotland und den Ålandinseln (freundl. mündl. Mitt. von Herrn Dr. K.-D. MEYER, Burgwedel).

**Der Muskauer Faltenbogen.** In der Elsterkaltzeit stößt das Inlandeis generell zwei Mal vor und bildet zwei voneinander verschiedene Grundmoränen. Im Hinterland des Faltenbogens (Bahrener Becken) existiert ein zweigeteilter elsterzeitlicher Geschiebemergel (RADKE 1961; vgl. »Regionalgeologische Schnitte«, Abb. 72, S. 68 ff.). Es ist jedoch nicht bekannt, ob es sich hierbei um die Geschiebemergel dieser beiden Stadien handelt oder nur um einen zweigeteilten Elster-1-Geschiebemergel.

**Das Eem.** Die auf die Saalekaltzeit folgende Eemwarmzeit ist im Exkursionsgebiet örtlich durch Ablagerungen vertreten, meist Kalk-, Schluff- und Detritusmudden (limnische Bildungen). HERMSDORF & STRAHL (2008) beschreiben im Bahrener Becken elf Lokalitäten. Am bedeutendsten sind bis zu 12 m mächtige Kieselgurvorkommen im sog. Jocksdorfer Becken zwischen Jocksdorf und Simmersdorf, auf die es eine Lagerstättenprospektion gab (HORTENBACH & STEDING 1987, unveröff.; Kieselgur wird als Filtrationsmittel z. B. bei der Bierherstellung benötigt.). Eine größere Anzahl von Eemvorkommen sind nördlich des Faltenbogens im Raum Cottbus – Forst bekannt. Das Eem von Klinge wird ausführlich auf der Exkursion **A6** vorgestellt.

Weichselzeitliche Ablagerungen fehlen im Muskauer Faltenbogen, da das Eis das Gebiet nicht mehr erreichte. Der Willmersdorf-Neuendorfer Faltenbogen im Braunkohlentagebau Cottbus-Nord markiert seinen maximalen Vorstoß nach Süden (**A2**).

**Die Sander des Faltenbogens.** Der eisabgewandte Rand des Muskauer Faltenbogens ist von einem Kranz von Sandern umgeben (**B9**), deren Alter im Einzelnen nicht bestimmt ist. Es können Erosionsreste elsterzeitlicher Sander vorliegen. Es kann sich aber auch um saalezeitliche Sander handeln, die sich bildeten, als der warthezeitliche Haupteisrand auf dem südlichen Rand des Faltenbogens stand. Der überwiegende Teil der Sande wird wahrscheinlich warthezeitliches Alter haben.

Im Südwesten des Faltenbogens sind die zwischen dem Muskauer Gletscher und der Grundbruchmoräne vor seinem Rand aufgestauten Schmelzwässer in einem Moränentor ins Vorland durchgebrochen. Dieses Tor wird als Dübener Depression bezeichnet (s. »Entstehung des Muskauer Faltenbogens«, Abb. 68, S. 63). Die Grundbruchmoräne hatte eine Höhe von etwa 130-180 m über der Gletscherbasis (KUPETZ 1997). Hinter ihr staute sich das Schmelzwasser des Muskauer Gletschers auf und brach schließlich durch den Damm. Man darf wohl mit einer mindestens 100 m hohen Wassersäule im Moment des Durchbruchs rechnen. Die Wassermassen spülten ein 2 bis 3 km breite

*Abb. 46. Der Durchbruch der Lausitzer Neiße durch das Hinterland des Muskauer Faltenbogens nördlich von Zelz. – Foto: PETER RADKE, Lausitzer und Mitteldeutsche Bergbau-Verwaltungsgesellschaft mbH.*

Gletschertor frei. Dabei grub sich der Schmelzwasserstrom 100-120 m tief in den Untergrund ein. Mit nachlassender Transportkraft des Wassers füllte er sein Bett durch mitgeführte Sande bis auf das heute Geländeniveau auf.

**Der Neißedurchbruch.** Die Lausitzer Neiße durchbricht den Muskauer Faltenbogen und sein Hinterland auf einer Strecke von etwa 16 km Länge in einem 20-30 m tiefen Durchbruchstal. Es ist charakterisiert durch mehrere Neißeterrassen und Mäanderbögen (**C4.2**, Abb. C 35, S. 145). Der Duchbruchszeitpunkt kann nicht exakt datiert werden. Nach SCHUBERT (1979) durchzieht die so genannte Sagarterrasse (frühsaalezeitliches Tranitzer Fluviatil) das Neißetal. Regionalgeologische Erwägungen machen auf der anderen Seite einen jüngeren, erst spätweichselzeitlich Durchbruch wahrscheinlich (freundl. mündl. Mitt. von WOLFGANG ALEXOWSKY, LfULG Freiberg). Diese Frage und damit die Altersstellung der Neißeterrassen ist zurzeit ungeklärt.

46

**Dünen.** Im gesamten Faltenbogengebiet treten gebietsweise Flugsande und Binnendünen auf (**B2**). Im südlichen Vorland befindet sich das 16×6 km große, zusammenhängende Dünengebiet von Nochten (**E2.2**, Abb. E 15-E 17, S. 180). Die Einzeldünen erreichen zum Teil Höhen von mehr als 25 m. Es sind nach Westen hin geöffnete Parabeldünen. Winde aus vorherrschender Westrichtung haben sie aufgeweht und mehrfach umgelagert. Abbildung 49 zeigt exemplarisch, dass dies ein sehr dynamischer Prozess ist. Nach einer Zeit der Dünenbildung unter trockenen Klimabedingungen folgte eine etwas feuchtere Zeit mit Sedimentationsruhe und Bodenbildung. Mit dem Einsetzen erneuter Dünenbildungsaktivität geht zeitgleich die Abtragung an anderen Orten einher. So enthält die Düne in Abbildung 49 einen sechsfachen Wechsel von Dünenbildung, Bodenbildung und Dünenerosion. Nach $^{14}$C-Altersdatierungen bildete sie sich in einem Zeitraum zwischen der Spätweichselzeit (Dryas) bis zum frühen Holozän (Präboreal; FRIEDRICH et al. 2001). Die Hauptdüne des Dünengebietes östlich

47
48
E 15
E 16
E 17
49

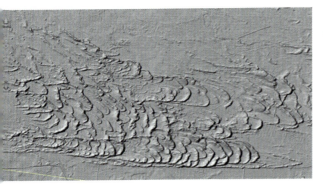

*Abb. 47. Das Dünengebiet von Nochten in einem hoch auflösenden digitalen Geländemodell mit »abgedecktem Wald« (DTM), Breite des Bildausschnittes 20 × 6 km², das Bild ist eingenordet. – Daten: Vattenfall Europe Mining & Generation AG, Bildbearbeitung: Milan Geoservice GmbH.*

*Abb. 48. Die Dünenlandschaft ist fast vollständig mit Kiefernwald bestanden. Mit hoch auflösenden digitalen Geländemodellen kann sowohl die Oberfläche des Waldes (›digital surface model‹ – DSM) als auch die tatsächliche Erdoberfläche im Wald (›digital terraine model‹ – DTM) erfasst werden. – Daten: Vattenfall Europe Mining & Generation AG, Bildbearbeitung: Milan Geoservice GmbH.*

von Cottbus, den so genannten »Merzdorfer Alpen«, ist sehr viel jünger. Ihre Entwicklung begann wahrscheinlich im Subatlantikum (etwa 2000 Jahre vor heute) und sie war noch im 12. Jahrhundert in Bewegung (NOWEL 1972). Wahrscheinlich sind die jungen Dünenbewegungen durch den Menschen (großflächige Abholzungen zur Gewinnung von Ackerflächen) zumindest mitverursacht worden. Eine zusammenfassende Bearbeitung der Dünenentwicklung in der Lausitz steht noch aus.

**Holozäne Moore.** In jüngster geologischer Zeit bildeten sich im Gebiet des Muskauer Faltenbogens an zahlreich Orten Moore. Dabei sind zwei Haupttypen zu unterscheiden. Zum Einen handelt es

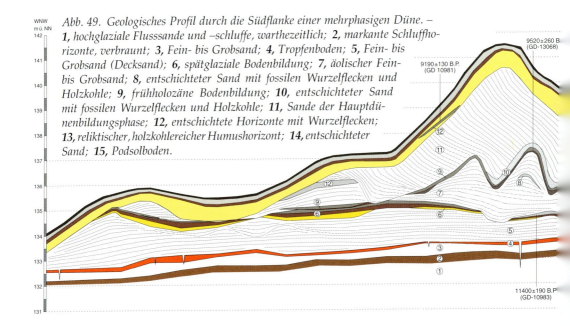

*Abb. 49. Geologisches Profil durch die Südflanke einer mehrphasigen Düne. – 1, hochglaziale Flusssande und –schluffe, warthezeitlich; 2, markante Schluffhorizonte, verbraunt; 3, Fein- bis Grobsand; 4, Tropfenboden; 5, Fein- bis Grobsand (Decksand); 6, spätglaziale Bodenbildung; 7, äolischer Fein- bis Grobsand; 8, entschichteter Sand mit fossilen Wurzelflecken und Holzkohle; 9, frühholozäne Bodenbildung; 10, entschichteter Sand mit fossilen Wurzelflecken und Holzkohle; 11, Sande der Hauptdünenbildungsphase; 12, entschichtete Horizonte mit Wurzelflecken; 13, reliktischer, holzkohlereicher Humushorizont; 14, entschichteter Sand; 15, Podsolboden.*

sich um verlandende Seen (limnische Bildungen) sowie um Hangquellmoore (Bruchwaldmoore) auf Flächen von mehreren Hektar Größe und Torfmächtigkeiten von 2-4 m. Die Vermoorungen setzten im Weichselspätglazial oder zu jüngeren Zeitpunkten zu Beginn des Holozäns oder im mittleren Holozän ein und reichten bis in die jüngste Zeit (DYJOR & SADOWSKA 1966 sowie freundl. mündl. Mitt. von Frau MICHÈLE DIENES, Berlin). Das bekannteste (aber noch nicht geologisch bearbeitete) Moor dieser Art ist die Bruchmühle bei Groß Kölzig. Zum anderen ist eine Vielzahl von Giesern vermoort. Soweit es bekannt ist, begann die Moorbildung in diesen erst im Subatlantikum (etwa vor 2000 Jahren). Erläuterungen hierzu werden im Kapitel »Entstehung des Muskauer Faltenbogens« (S. 64-66, Abb. 69-71) gegeben.

**Mineralquellen und Raseneisenerze.** Weitverbreitet sind im Muskauer Faltenbogen Quellen. Es sind etwa drei Dutzend Überlaufquellen im Tal der Lausitzer Neiße sowie in ihren periglazialen Seitentälern bekannt. (siehe auch die Grenzerquelle in C4.3 und die Quellen im Muskauer Park D3). An den abfallenden Hängen der hufeisenförmigen Struktur des Faltenbogens tritt eine weitere, nicht genau erfasste Anzahl ähnlicher Quellen auf. In den meisten Fällen handelt es sich um Mineralwässer mit den chemischen Hauptbestandteilen Eisen ($Fe^{2+}$) und Sulfat ($SO_4^{2-}$), pH-Werten zwischen 2,5 und 4 sowie einer Gesamtmineralisation von etwa 1 g/l. Den detaillierten Chemismus für eine einzelne Quelle enthält Tabelle 7 (S. 162) bei der Exkursion D. Es handelt sich um saure, eisenhaltige Sulfatquellen (Stahlquellen, Eisenquellen, Eisensäuerlinge bzw. Vitriol- oder Eisenvitriolquellen). Sie erhalten ihre Mineralfracht durch die Verwitterung von Schwefelkies ($FeS_2$ in Form Pyrit und/oder Markasit) in den deformierten Schichten des Tertiärs.

Auf den abfließenden Quellwässern bilden sich häufig in Regenbogenfarben schillernde Häutchen. Ähnlich aussehende Öl- oder Benzinfilme vergrößern sich auf dem Wasser und ändern dabei ihre Farben. Die hier vorliegenden Häutchen sind hingegen starr und zerbrechen bei Berührung scherbenartig. Mikroskopische Untersuchungen haben gezeigt, dass die Häutchen aus einer nicht näher bestimmten kristallinen Substanz (höchstwahrscheinlich einer Eisenverbindung) bestehen. Die relativ großen Kristallstrukturen sind vereinzelt von kugelförmigen Bakterien besiedelt. Das weist darauf hin, dass die Ausscheidung des Eisens primär chemisch und nicht unter Mitwirkung von Bakterien erfolgt (freundl. mündl. Mitt. von Herrn Dr. HANS-DIETER BEERBALK, Berlin). Die Farben kommen durch die Lichtbeugung an den dünnen Häutchen zustande.

Aus den Mineralwässern fallen unmittelbar nach dem Quellaustritt und in den abfließenden Bächen rotbraune Eisenhydroxidschlämme aus (s. Exkursion G, Abb. G8, G9, G10, G13 und G24). Die zunächst flockig-kolloidalen Eisen-III-hydroxide sind überwiegend röntgenamorph und bilden cremig-weiche Absätze am Grunde der Gewässer. Bei Anwesenheit von Algen oder anderem stark strukturiertem Material schlägt sich das Eisen-III-hydroxid auf diesen nieder (Abb. 54b). Im Luisensee bei Klein Kölzig erreichen die Eisenschlämme Mächtigkeiten von mehr als 15 cm. Mit zunehmender

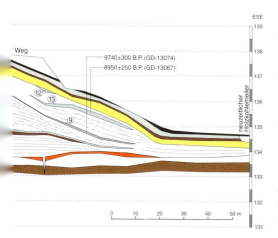

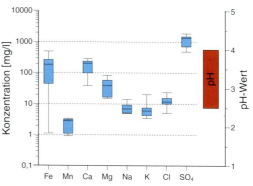

Abb. 50. *pH-Werte und chemische Zusammensetzung der Quellwässer in der Grube Babina bei Łęknica. – Aus RZEPA & BOŻĘCKI 2008.*

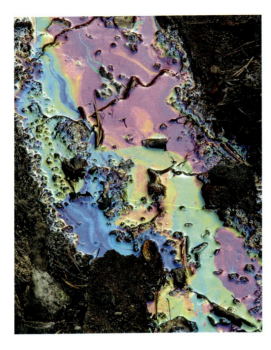

*Abb. 52. Eisenhäutchen aus einem Bergbaurestgewässer der Grube Felix bei Bohsdorf im durchlichtmikroskopischen Bild, einfaches Licht. – Foto: HANS-JÜRGEN BEERBALK.*

*Abb. 51. Regenbogenfarbene Häutchen auf Quellwässern in der Grube Babina bei Łęknica, Breite des Bildausschnittes etwa 30 cm. – Foto: JACEK KOŹMA.*

Alterung und gegebenenfalls Austrocknung bilden sich aus den Eisenschlämmen Eisenkrusten. In diesen wandelt sich das amorphe Eisen-III-hydroxid in mikrokristalline Minerale um

| | | |
|---|---|---|
| 54a | Schwertmannit | $Fe^{3+}_{16}[O_{16}/OH_{9-12}(SO_4)_{3.5-2}]$ (Abb. 54a,c), |
| 54c | Quenstedtit | $Fe_2^{3+}(SO_4)_3 \times 10\ H_2O$, |
| 54e | Goethit (Nadeleisenerz) | $\alpha$-FeO(OH) (Abb. 54e) und |
| 54d | Jarosit (Gelbeisenerz) | $KFe_3[OH]_6/(SO_4)_2]$ (Abb. 54d). |

Möglicherweise bildet sich auch kristalliner Quarz neu, obwohl das aus physiko-chemischen Gründen wenig wahrscheinlich ist. Einige Proben enthalten in den Röntgendiagrammen merkliche Mengen Quarz, obwohl die Proben so genommen wurden, dass sie keine Quarzsandverunreinigungen aufweisen sollten. In diesem Zusammenhang sei darauf hingewiesen, dass die Analyse des Mineralwassers der Bergquelle im Muskauer Park mit 40-80 mg/l eine bemerkenswerte Menge gelöster Kieselsäure ($H_2SiO_3$) enthält. Kieselsäure könnte amorph als Opal ausfällen und sich in einem weiteren Schritt in kristallinen Quarz umwandeln.

Den Prozess der Mineralumbildungen beschreibt Abb. 53. Die hier beschrieben Bildungsprozesse von Eisenmineralen aus sauren Sulfatwässern sind der natürliche Prozess der Raseneisenerzbildung. Da Schwertmannit und Quenstedtit instabile Minerale sind, kann man die Eisenschlämme und Eisenkrusten als im Wesentlichen aus amorphem Eisen-III-hxdroxid, Goethit und Jarosit bestehende Mineralgemische bezeichnen.

Die festen Goethit-Jarositkrusten sind in der

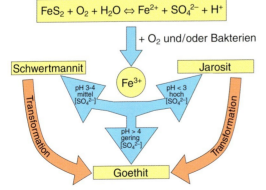

*Abb. 53. Schema der Mineralbildungsprozesse aus sauren Grubenwässern (AMD acid mine drainage). – Aus Rzepa & BOŻĘCKI 2008.*

*Abb. 54. Mineralbildungen im Zusammenhang mit der Eisenausfällung aus Mineralwässern im Muskauer Faltenbogen.* **a,** *Schwertmannit, die kugelförmigen Aggregate sind möglicherweise durch Bakterienstrukturen verursacht, Grube Babina;* **b,** *Eisen-III-hydroxidablagerungen auf Fadenalgen, Grube Babina;* **c,** *Schwertmannit, typische Kristallausbildung, Grube Babina;* **d,** *Jarosit, Grube Babina;* **e,** *Goethit, die typische Ausbildung sind die kurzfasrigen Aggregate in der unteren Bildhälfte, Grube Babina;* **f,** *Gips, Luisensee bei Klein Kölzig;* **g,** *Gips, Luisensee bei Klein Kölzig;* **h,** *Gips, Luisensee bei Klein Kölzig;* **i,** *Gips, Luisensee bei Klein Kölzig. – a,c,d,e, aus* RZEPA & BOŻĘCKI *2007; b,f-i, mpa-Labor für Materialprüfung und -analyse, Leipzig.*

Regel mit Anflügen und / oder Ausblühungen farbloser, milchig-weißer oder hellgelblicher, sekundär gebildeter Minerale bedeckt. Infolge der in Bodennähe fast immer vorhandenen Luftfeuchtigkeit sind größere Kristalle (max. 1-3 mm) in der Regel bis zur Unkenntlichkeit der Kristallformen korrodiert (Abb. 54i). Lediglich unter dem Licht- und unter dem Elektronenmikroskop können typische Gips-kristalle beobachtet werden (Abb. 54f-i). Röntgenographisch kann nachgewiesen werden, dass er sich bei den sekundären Mineralneubildungen ausschließlich um Gips handelt.

Raseneisenerze waren im Muskauer Faltenbogen und darüber hinaus in der gesamten Lausitz verbreitet (s. auch (A3) und (B6)). Orte an denen Eisenerz gewonnen wurde sind nicht mehr bekannt. Ihre allgemeine Verbreitung ergibt sich aber aus der Beobachtung, dass breite Mörtelfugen histo-rischer Feldsteinbauten häufig mit 3-10 cm großen Raseneisenerzstücken verziert wurden. Jedoch sind nicht alle dunklen Versatzstücke Raseneisenerz. Man hat in gleicher Weise auch Eisenschlacke (Rennofenschlacke) verwendet.

*Abb. 55. Feldsteinmauer mit kleinen Versatzstücken aus Eisenschlacke, historisches Stallgebäude des Reiterhofes »Amos« in Groß Kölzig. – Foto: Manfred Kupetz.*

*Abb. 56. Raseneisenerz, Bruchstück aus dem alten Stadtturm von Trzebiel (Triebel), Breite des Bildausschnittes 3,5 cm. – Foto: Manfred Kupetz.*

**Windkanter und kaltzeitliche Verwitterungsformen von Geröllen.** Über weite Gebiete sind die Hochflächen des Muskauer Faltenbogens frei von quartären Sedimenten, aber mit Windkantern bestreut. Unter den Bedingungen einer weitgehend vegetationsfreien Landschaft in Kaltzeiten schleifen Sandstürme die Oberfläche von Findlingen und kleineren Geröllen glatt. Häufig erfolgt das Anschleifen von zwei oder mehreren Seiten her. Die glatten Flächen bilden dann Kanten und man nennt die Gerölle deshalb Windkanter. Starker Temperaturwechsel zwischen Tag und Nacht führt außerdem zu Spannungen im Gestein. Starke Erwärmung hat eine Volumenzunahme und starke Abkühlung eine Volumenabnahme zur Folge, so dass das Gestein zerplatzt. Im Faltenbogen können drei Formen dieser Temperaturverwitterung beobachtet werden:

58a-d ■ der Kernsprung: mit lautem Knall zerspringen größere Gerölle oder Findlinge in meist zwei Teile (Abb. 58a),

■ die Abschalung: parallel zur Oberfläche platzen dünne Lagen von meist feinkörnigen Sandsteinen und Quarziten ab (Abb. 58b), und

■ der grusige Zerfall: grobkörnige Granite, Gneise und Diabase zerfallen entlang der Korngrenzen der Minerale in scharfkantigen Gesteinsgrus (Abb. 58c,d)

Die Oberfläche glatter Gerölle ist darüber hinaus oft mit einer dünnen, glänzenden, manchmal rostbraunen Verwitterungsschicht überzogen Dies ist eine unter ariden (trockenen), kalt- oder warmzeitliche Bedingungen entstandene, wüstenlackähnliche Bildung.

*Abb. 57. Eisenschlacke, Bruchstück aus dem alten Stadtturm von Trzebiel (Triebel), Breite des Bildausschnittes 10 cm. – Foto: Manfred Kupetz.*

*Abb. 58. Windkanter und kaltzeitliche Verwitterungsformen an Geröllen. **a,** Windkanter mit einem Kernsprung, Länge des Windkanters 70 cm; **b,** konzentrische Abschalung der Oberfläche eines Windkanters, großer Durchmesser 16 cm; **c,** beginnende grusige Verwitterung, großer Durchmesser 18 cm; **d,** grusige Verwitterung im Stadium des völligen Gesteinszerfalls. – Fotos:* Manfred Kupetz.

**Bodenbildung.** Eine charakteristische und überall leicht erkennbare Bodenbildung ist der Podsol. Von der Erdoberfläche her bleichen nährstoffarme, sandige Substrate weißgrau aus. Darunter schließt sich mit scharfer Grenze ein eisenhydroxidhaltiger Ausfällungshorizont an. Bodenhorizonte können im Gelände häufig an den Baumscheiben umgestürzter Kiefern beobachtet werden. 59

*Abb. 59. Podsolierung eines feinkörnigen Sandbodens (miozänes Substrat) in der Kiesgrube Kromlau. – Foto:* Manfred Kupetz.

Literatur: Cepek 1967; Cramer 1928, DSK 2002; Dyjor & Sadowska 1966; Eissmann 1987; Friedrich, Knipping, van der Kroft, Renno, Schmidt, Ullrich & Vollbrecht 2001; Genieser 1955, 1958; Geyh & Müller 2005; Hellwig & Schubert 1979; Hermsdorf & Strahl 2008; Horn, Kühner & Thiele 2005; Hortenbach & Steding 1987; Kühner 2003; Kühner, Strahl, Süssmilch & Thieke 2008; Kupetz, Schubert, Seifert & Wolf 1989; Koch & Alexowsky 1999; Krbetschek, Degering & Alexowsky 2008; Lange 1990; Lippstreu 1995; Lippstreu, Hermsdorf, Sonntag & Thieke 1994; Lippstreu, Sonntag, Horna, Badura & Przybylski 2003; Litt 2007; Lorenz, Piwocki & Kraiński 1996; Milewicz 1986; Nowel 2003; Nowel, Bönisch, Schneider & Schulze 1994; Penck & Brückner 1909; Pillans 2007; Radke 1961; Rzepa & Bożecki 2008; Schanze 2005; Schroeder 2003; Schubert 1979; Sonntag 2006; Stackebrandt, Ehmke & Manhenke 1997; Stackebrandt & Manhenke 2002; Striegler & Striegler 1972; TGL 25 234 1981; Woldstedt 1927; 1930; Wolf & Alexowsky 2008; Wright 1999

## 5. Die Entstehung des Muskauer Faltenbogens

**Vorbemerkung:** Berendt bezeichnete 1881 erstmals die »Stauung« von Grundmoränenmaterial durch einen vorstoßenden Gletscher am Beispiel des Grindelwaldgletschers in der Schweiz als Staumoräne. Der Begriff wandelte sich schnell in Stauchendmoräne (engl.: ›push moraine‹) und hat sich in dem Grundverständnis einer durch horizontalen Schub an der Stirn eines Gletschers oder einer Inlandeismasse zusammengeschobenen Lockergesteinsmasse etabliert. Wie nachfolgend erläutert wird, ist es die Auffassung des Autoren, dass der Muskauer Faltenbogen nicht im Wesentlichen durch horizontalen Schub sondern durch einen tiefreichenden Grundbruch mit bedeutender horizontaler Bewegungskomponente entstanden ist. Deshalb wird in diesem Zusammenhang nicht von Stauchung sondern von glazitektonischer Deformation gesprochen.

**Glazialtektonik (Glazitektonik):** (lat. *glacies:* das Eis, griech. *tektonicós:* die Baukunst betreffend) Bezeichnung für alle durch die Wirkung von bewegten Eismassen (Gletscher, Inlandeis) auf bzw. im Untergrund erzeugten Lagerungsstörungen (Falten, Schuppen, Überschiebungen, Aufpressungs- und Zerrungsstrukturen u. a.). Den Begriff Glazialtektonik prägte G. Slater (1930). G. Keller (1971) verwendete die Bezeichnung Glazitektonik.

Kleinere glazialtektonische Deformationen im Größenbereich von einigen Zentimetern bis etwa 5 m treten in Lockersedimenten relativ häufig auf. Glazialtektonische Großdeformationen mit einer Tiefenreichweite von 50 bis 300 m sind seltenere Erscheinungen. Sie sind von ihrer Entstehung her auch anders zu betrachten als die kleineren.

### Das Erscheinungsbild des Faltenbogens aus dem Kosmos

60 Der Faltenbogen hat eine fast ideal hufeisenförmige, nach Nordnordosten offene Gestalt. Ein wenig außerhalb im Nordnordosten liegt ein territorial sehr kleines, scheinbar abgetrenntes Gebiet, der 68 »Apostroph von Tuplice«. Man erkennt deutlich an den spitzwinklig aufeinander zulaufenden Strukturlinien im Osten und im Westen, dass der Faltenbogen aus »zwei ineinander steckenden Bögen« besteht. Der Apostroph stellt den Rest eines dritten Teilbogens dar, dessen Fortsetzung nach Südwesten bzw. Süden fehlt. Bezogen auf die glazialtektonische (Tiefen-)Struktur umfasst der Faltenbogen auf deutscher Seite eine Fläche von ca. 170 km². Infolge fehlender tiefenstruktureller Abgrenzung kann der polnische Anteil nur grob auf rund 70-80 km² geschätzt werden. Daraus ergibt sich eine Gesamtfläche von etwa 250 km².

### Glazialtektonische Strukturformen des Muskauer Faltenbogens

An Großformen der glazialtektonischen Deformation werden Schuppen, Diapire und Biegefließfalten in der 100-300-Meter-Dimension beobachtet.

Schuppen haben (quer zum Streichen) eine Länge von 100-250 m, im Extremfall 50-800 m. In Längsrichtung erstrecken sie sich mehrere Hundert Meter bis mehrere Kilometer. Sie werden von 61 listrischen (schaufelförmig gebogenen) Scherflächen nach unten hin begrenzt. Aufgrund der gebogenen 62 Form der Scherflächen haben Schuppen eine keilförmige Gestalt. In Abbildung 62 ist dargestellt, dass entlang der Scherflächen die Schuppen nach vorn und oben bewegt wurden, wobei sie gleichzeitig eine Drehung erfahren haben (Rotationsschuppen). Die Schichten innerhalb der Schuppen

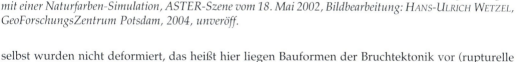

Abb. 60. *Muskauer Faltenbogen. Perspektivische Darstellung von Süden nach Norden gesehen. 3D-Darstellung mit einem digitalen Höhenmodell aus Daten des optischen ASTER-Satelliten, 1,8-fache Überhöhung, überlagert mit einer Naturfarben-Simulation, ASTER-Szene vom 18. Mai 2002, Bildbearbeitung: HANS-ULRICH WETZEL, GeoForschungsZentrum Potsdam, 2004, unveröff.*

selbst wurden nicht deformiert, das heißt hier liegen Bauformen der Bruchtektonik vor (rupturelle Deformation). Am Außenrand des Faltenbogens werden neben einfachen Aufschuppungen auf das undeformierte Vorland auch flache Schichtaufwölbungen beobachtet (Antiklinalen; Abb. 64c; Mulden E-G der Trebendorfer Felder zwischen Halbendorf und Weißwasser).

> 61
> 64c

Als zweite Hauptform steht den Schuppen der Diapir oder die Diapirfalte gegenüber.

> 63

**Diapir:** Griech. *diapeiros*: durchstoßen; geologischer Körper, der von unten her überlagernde Schichten durchstößt und an dessen Rand sich oft Erdöl- und Erdgaslagerstätten bilden. Am bekanntesten sind Salzstöcke, die als Diapire ihr Deckgebirge durchstoßen.

In der älteren Literatur wurden die meist fast senkrecht stehenden Diapire als Antiklinalen (CIUK 1955) oder Schmalsättel bezeichnet (VIETE 1960, u. a.). Wesentlich ist, dass in den Diapiren und ihren

Abb. 61. *Glazialtektonische Schuppenabfolge am südwestlichen Außenrand des Muskauer Faltenbogens bei Weißwasser in einem nahseismischen Profil (Laufzeitdiagramm). – Aus GGD (1994).*

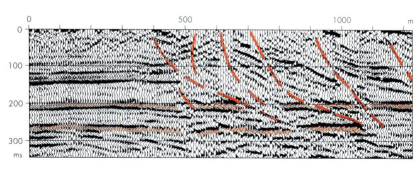

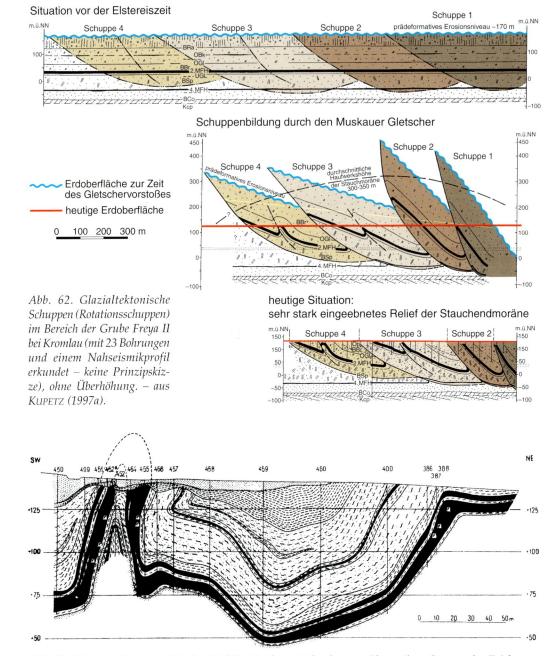

Situation vor der Elstereiszeit

Schuppenbildung durch den Muskauer Gletscher

Erdoberfläche zur Zeit des Gletschervorstoßes

heutige Erdoberfläche

0   100   200   300 m

*Abb. 62. Glazialtektonische Schuppen (Rotationsschuppen) im Bereich der Grube Freya II bei Kromlau (mit 23 Bohrungen und einem Nahseismikprofil erkundet – keine Prinzipskizze), ohne Überhöhung. – aus* KUPETZ (1997a).

heutige Situation:
sehr stark eingeebnetes Relief der Stauchendmoräne

*Abb. 63. Diapirstruktur im polnischen Teil des Muskauer Faltenbogens, Ohne nähere Ortsangabe, Zeichnung ohne Überhöhung. – Aus* CIUK (1955).

benachbarten Senken die Schichten – im Gegensatz zu den Schuppen – stark intern deformiert wurden. Man erkennt das sehr deutlich z. B. am An- und Abschwellen der Flözmächtigkeit in Abb. 63.
    Neben den beiden sehr regelmäßig aufgebauten Deformationsformen der Schuppen gibt es eine Reihe von meist sehr unregelmäßig gestalteten Biegefließfalten. Dazu gehört das extrem in allen

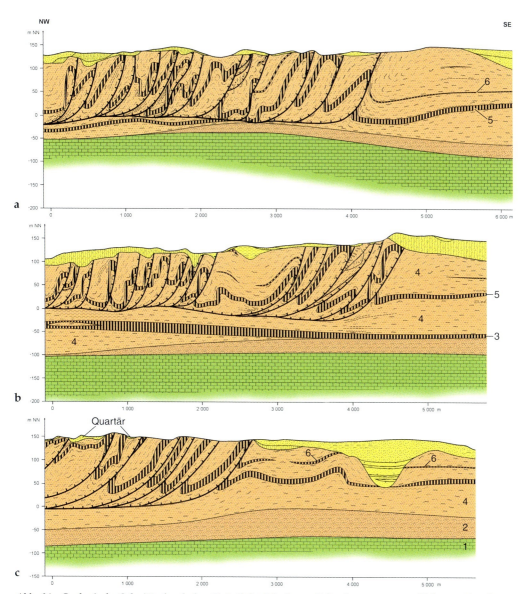

*Abb. 64. Geologische Schnitte durch den Ostteil des Muskauer Faltenbogens. **a**, nördlich von Chwalstowice;*
***b**, bei Żarkie Wieklie; **c**, südlich Nowe Czaple, Überhöhung 6-fach. – Aus KOŻMA & URBAŃSKI (2003). –*
***1**, Kreide und Tertiär; **2**, Oligozän; **3**, Flöz dąmbrowski (4. MHF); **4**, Unter-/Mittelmiozän; **5**, Flöz łużycki;*
***6**, Oberbegleiter.*

drei Raumdimensionen gefaltete Flöz der Grube Mathilde bei Lieskau (s. **C1.1** und Abb. C 4) und
die kofferförmige Falte, die im Tagebau Felix der Grube Felix bei Bohsdorf abgebaut wurde.

    Die Diapire und die meist unregelmäßigen Biegefließfalten sind Formen der plastischen Defor-
mation (duktile Deformation). Jeweils an eine nördlich gelegene, ursprünglich eisrandnahe Zone
mit plastischen Deformationen grenzt eine eisrandfernere Zone mit rupturellen Deformationen.

    Im Einzelnen sind die Lagerungsverhältnisse z. T. sehr viel komplizierter als es hier nur in einer
Übersichtsform dargestellt werden kann.

## Der Bildungsprozess des Muskauer Faltenbogens

Ein Modell zur Erklärung für die Entstehung des Muskauer Faltenbogens muss in der Lage sein,
65 diese beiden Typen der Deformation zu erklären. Abbildung 65 zeigt den Mechanismus, der dies
bewerkstelligt.

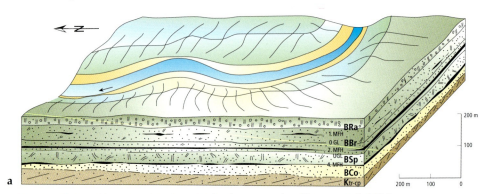

*Abb. 65. Die Entstehung des Muskauer Faltenbogens. – Aus* KUPETZ *et al. 2004.*
*Abb. 65a. Der Muskauer Gletscher traf im Gebiet des späteren Faltenbogens ein relativ ebenes, etwa 40-
100 m höher liegendes Gelände an. Möglicherweise existierte das Tal eines Flusses, der den Weg des späteren
Gletscherausbruchs aus dem Inlandeis vorzeichnete (das ist nicht die heutige Neiße).*

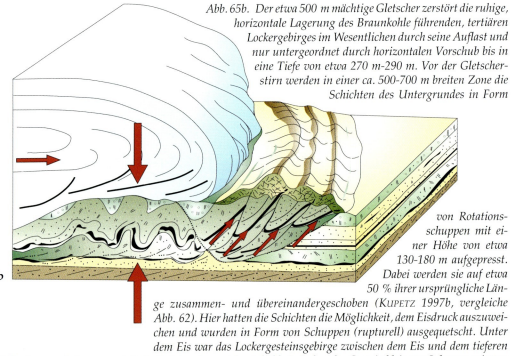

*Abb. 65b. Der etwa 500 m mächtige Gletscher zerstört die ruhige,
horizontale Lagerung des Braunkohle führenden, tertiären
Lockergebirges im Wesentlichen durch seine Auflast und
nur untergeordnet durch horizontalen Vorschub bis in
eine Tiefe von etwa 270 m-290 m. Vor der Gletscher-
stirn werden in einer ca. 500-700 m breiten Zone die
Schichten des Untergrundes in Form
von Rotations-
schuppen mit ei-
ner Höhe von etwa
130-180 m aufgepresst.
Dabei werden sie auf etwa
50 % ihrer ursprüngliche Län-
ge zusammen- und übereinandergeschoben (*KUPETZ *1997b, vergleiche
Abb. 62). Hier hatten die Schichten die Möglichkeit, dem Eisdruck auszuwei-
chen und wurden in Form von Schuppen (rupturell) ausgequetscht. Unter
dem Eis war das Lockergesteinsgebirge zwischen dem Eis und dem tieferen
Erduntergrund eingespannt. Es hatte keine Ausweichmöglichkeit. Indem das Gestein kleinsten Inhomogenitäten
in der Druckverteilung folgte, bildeten sich unregelmäßige Biegefließfalten. In Zonen mit Druckdifferenzen
entwickelten sich Diapire, indem das unter Druck stehende Lockergesteinsmaterial in druckärmere Bereiche
nach oben auswich, z.B. in der Nähe von Eisspalten. Unter dem Eis fanden dementsprechend überwiegend
plastische Deformationen statt.*

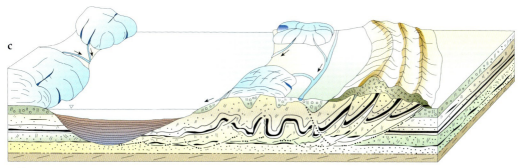

c

*Abb. 65c. Nach dem Abschmelzen des Eises bildet sich im Hinterland ein Eisstausee. Er füllt sich relativ schnell mit Schmelzwassersedimenten. Bereits in der Holsteinwarmzeit muss er aufgefüllt worden sein, denn es sind keine holsteinzeitlichen Ablagerungen bekannt geworden.*

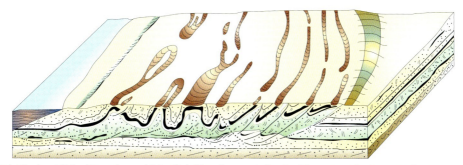

d

*Abb. 65d. Saalezeitliche (Drenthe und Warthe) Gletschervorstöße überfahren den Muskauer Faltenbogen und ebnen ihn ein. Von seiner ursprünglichen Gesamthöhe werden etwa 50 % abgetragen. Über den Braunkohleflözen entstehen sogenannte Gieser. Die Giesergenese hält rezent an. Der Muskauer Faltenbogen liegt heute in der naturräumlichen Einheit des Lausitzer Grenzwalls (Warthestadial, Saalekaltzeit), wurde aber in der Elsterkaltzeit (elster-II-zeitlich) deformiert.*

Ein glazialtektonischer Deformationstyp, den Gletscher verursachen, sind Hindernisstauchungen aus sog. Zungenbecken heraus. Vorrückendes Eis folgt in diesem Fall seiner Schwerkraft, fließt in ein bereits vorher existierendes Becken hinein und staucht seine gegenüberliegende Seite im Wesentlichen durch horizontalen Druck (Stauchendmoräne). Das Becken übernimmt hier die Funktion eines Zungenbeckens. Für den Faltenbogen formulierte RADKE (1961) dieses Genesemodell erstmals, und es wird auch heute noch z. T. vertreten (z. B. NOWEL 2009). Aus geometrischen Gründen müssen sich die Prozesse im Muskauer Faltenbogen jedoch anders abgespielt haben. Aus Abbildung 62 ist ersichtlich, 62 dass bei der Schuppenbildung eine horizontale Schichtenverkürzung um etwa 50 % stattfand. Der Gesamtfaltenbogen besteht aus drei (höchstwahrscheinlich sogar vier) ineinandersteckenden Teil- 67 bögen. Wenn man diese gedanklich ausglättet (d. h. die Deformation rückabwickelt), dann ist das Bahrener Becken vollständig ausgefüllt. Dementsprechend kann es noch gar nicht existiert haben, als der Muskauer Gletscher sein Gebiet erreichte. Damit kehrt sich die Kausalität um. Das Bahrener Becken ist nicht die Ursache für die Bildung des Muskauer Faltenbogens sondern das Ergebnis seiner Entstehung.

Eine Hindernisstauchung an einer im Untergrund verborgenen geologischen Struktur ist im Muskauer Faltenbogen ebenfalls ausgeschlossen. Durch die Ergebnisse eines dichten Netzes von Bohrungen aus der Braunkohlenexploration ist die Tiefenlage der Basis der tertiären Lockersedimente bekannt (Abb. 64; s. auch »Prätertiär«, S. 10 ff. und »Regionalgeologische Schnitte, Abb. 72, S. 70-71). 64<br>72 Danach erreichen die Deformationen den prätertiären Untergrund nicht.

Dementsprechend wurde die glazialtektonische Großstruktur Muskauer Faltenbogen in einem

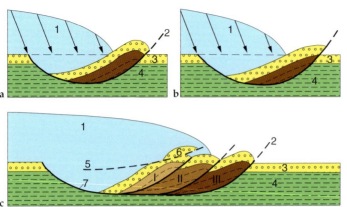

1   Eis
2   Scherflächen im Gestein
3   undeformierte Schichten
4   deformierte Schichten
5   Scherflächen im Eis
6   abgerissene Gesteinsscholle
7   durch das Eis gebildete Senke
I-III zeitliche Abfolge
    der Schuppenbildung

*Abb. 66. Schematische Darstellung glazialtektonischer Schuppen, Prinzipskizze. **a,b**, Erläuterung von zwei Schuppen; **c**, Entstehung des Schuppenbaus. – Aus* LEVKOV 1980.

Gebiet mit relativ ebener Erdoberfläche und ohne Bezug zu einem tektonischen Hindernis angelegt. Als genetischer Wirkungsfaktor tritt im Wesentlichen die vertikal wirkende Eislast des Gletschers auf, so dass es sich hier nicht um eine Stauchendmoräne im Sinne dieses Begriffes sondern um ein eigenständiges Phänomen, eine Eislastdeformation, handelt. In der Geotechnik und in der Ingenieurgeologie ist der Grundbruch (›base failure‹) der der Eislastdeformation adäquate Prozess. In Analogie zu dem mit dem horizontalen Schub verbundenen Begriff Stauchendmoräne wird für glazitektonische Großdeformationen in Superposition der Begriff Grundbruchmoräne verwendet (›base failure moraine‹; KUPETZ 2002).

Außerhalb des Muskauer Faltenbogens hat LEVKOV (1980) diesen Geneseprozess in seinem Lehrbuch »Glazitektonik« dargestellt. In der modernen angloamerikanischen Literatur spielt diese Modellvorstellung keine Rolle. Ein sehr eindruckvolles Beispiel für diesen Schuppenbildungsprozess neben dem Muskauer Faltenbogen ist die Grundbruchmoräne von Gubin. Die Struktur entstand erst im Brandenburger Stadium der Weichseleiszeit und ist deshalb noch morphologisch »sehr frisch«.

Die hier gegebene Übersicht zur Entstehung des Faltenbogens ist eine Zusammenfassung ausführlicherer Darstellungen und Diskussionen (KUPETZ 1997, 2002; KUPETZ & KESSLER 1997). Nicht erörtert werden an dieser Stelle Kleinformen der glazialtektonischen Deformation und die Frage der saalezeitlichen Deformationen. Solche sind vorhanden, spielen aber bezogen auf die Großstruktur nur eine untergeordnete Rolle.

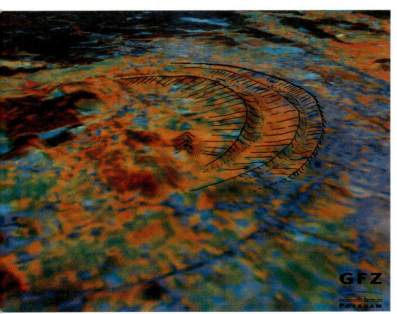

*Abb. 67. Grundbruchmoräne von Gubin (Wojewodschaft Lebuser Land, Polen). Die Gesamtstruktur hat eine Breite von knapp 3 km, die Breite der ebenen Fläche auf der großen Schuppe in der Bildmitte beträgt ca. 400 m. 3D-Darstellung mit einem digitalen Höhenmodell aus Daten des optischen ASTER-Satelliten, 1,5-fache Überhöhung; überlagert mit Bandkombination 3-4-2, ASTER-Szene vom 18. Mai 2002. – Aus* KUPETZ et al. 2004.

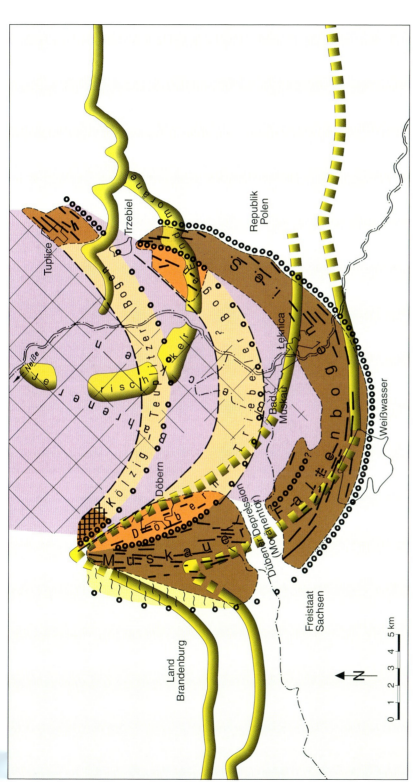

*Abb. 68. Geologische Strukturkarte des Muskauer Faltenbogens.*

## Die saalezeitliche Überprägung

Nach der etwa 200 000 Jahre langen Erosionsphase auf der Kammlage des Faltenbogens während der Holsteinwarmzeit und frühen Saalekaltzeit hatte das warthezeitliche Eis im Faltenbogen und seinem Hinterland seine Haupteisrandlage. Das Eis hielt in mehreren Positionen und setzte dabei Endmoränen und Sander ab. Außerdem wurde der Untergrund am Eisrand geringfügig glazialtektonisch deformiert. Allerdings existieren keine durchgehenden Endmoränenzüge, aus denen sich ein einfaches und verständliches Kartenbild ableiten ließe. NOWEL (2009) erörtert dieses Problem ausführlich und interpretiert auf dem Hauptbogen bei Weißwasser und Bad Muskau die Warthe-1-Haupteisrandlage mit zwei Phasen (WA 1.1 und WA 1.2) und auf der Füllung des Bahrener Beckens einen zweiten Warthevorstoß mit drei Phasen (WA 2.1, WA 2.2 und WA 2.3). Für den Faltenbogenabschnitt östlich der Neiße vertritt URBAŃSKI (2007) eine fast gleiche Auffassung. Nach eigenen Untersuchungen im Gelände und ergänzt durch die Auswertung von ASTER-Daten (mit freundlicher Unterstützung durch Herrn Dr. HANS-ULRICH WETZEL, GeoForschungsZentrum Postdam) wird hier die Interpretation einer vierphasigen Wartheeisrandlage vorgeschlagen. Die glazialtektonischen Tiefenstrukturen des Faltenbogens haben eine etwa halbkreisförmige Gestalt. Die Nord-Süd-Erstreckung des Lobus (22 km) entspricht etwa seinem Durchmesser (20 km). Die bekannten warthezeitlichen Moränenzüge westlich und östlich des Faltenbogens werden hingegen durch eine Kette von sehr flach uhrglasförmigen Loben gebildet (RÓŻYCKI 1972, NOWEL 1987 u. a.). Die Auswertung von Radar- und digitalen Höhenmodelldaten des ASTER-Satelliten weist darauf hin, dass die Phasen der Saaleeisrandlagen im Süden eine flach uhrglasförmige Gestalt besitzen und mit zunehmendem Rückzug des Eises nach Norden in immer stärker halbkreisförmige Loben übergehen.

Die Strukturkarte zeigt, dass im Faltenbogen über drei (oder vier) elsterzeitlichen Grundbruchmoränenbögen (mindestens) vier saalezeitliche Aufschüttungsendmoränen mit Sandern liegen. Dieses Bild zu entwirren ist sehr schwierig. Während die elsterzeitlichen Strukturen als ziemlich sicher gelten können, sind die saalezeitlichen Randlagen lediglich als eine Variante möglicher Interpretationen aufzufassen.

## Die Gieser und ihre Entstehung

Das morphologisch beherrschende Element des Faltenbogens sind langgestreckte abflusslose Täler. Sie werden traditionell als Gieser oder Jeser (wendisch ›jezero‹: Sumpf, See) bezeichnet. Sie bilden sich durch Einsenkung über aufgerichteten bzw. steilstehenden Kohleflözen. Infolge von langsamer Oxidation im Bereich des lufterfüllten Porenraums (d. h. unterhalb der Erdoberfläche aber oberhalb des Grundwasserspiegels) vererdet die Braunkohle und verliert an Volumen. Typischerweise sind die Gieser am Grunde mit einer 0,4-0,5 m mächtigen Torfschicht ausgefüllt. Nach Pollenanalysen an drei repräsentativen Giesern setzte die Vermoorung erst im späten Holozän, und zwar im ausgehenden Subboreal vor mehr als 2500 Jahren ein und endete im Verlauf des Jüngeren Subatlantikums (SEIFERT 1987, unveröff. und STRAHL 2006, unveröff.). Mit dem Älteren Subatlantikum stellten sich regional kühlere und feuchtere Klimabedingungen ein. Im Pollendiagramm wird dies durch einen Waldumbau deutlich, der zum einen durch die Zurückdrängung wärmeliebender Edellaubhölzer, vor allem von Ulme, Linde und Hasel und zum anderen die Herausbildung von Rot- und Hainbuchen-Beständen mit vereinzelten Vorkommen von Fichte und Tanne charakterisiert ist. An trockenen Hangstandorten blieb die Kiefer und auf Feuchtstandorten die Erle vorherrschend. Die Ausbreitung von Torfmoosen deutet auf eine Abtrocknungsphase des Moores und damit schwankende Grundwasserstände hin. Dies legt auch das darauf folgende Übergreifen von Birke und Heidekraut auf den Standort nahe.

Das Ende des Moorwachstum fällt mit dem zunehmenden Eingriff des Menschen in den Landschaftshaushalt durch Rodung und den damit verbundenen Ackerbau zusammen. Die allgemeine Entwaldung und die daraus resultierende stärkere Bodenersion (Einwehung von Sanden) sind vermutlich als die entscheidenden Faktoren für das Ende des Moorwachstums anzusehen (STRAHL 2006, unveröff).

Gieserbildungen sind nicht allein auf den Muskauer Faltenbogen beschränkt. Sie treten auch an anderen Orten auf, an denen durch glazialtektonische Deformationen Braunkohlenflöze an die Erdoberfläche gelangten. Dies ist in der Zeißholzer Stapelendmoräne (südwestlich von Hoyerswer-

*Abb. 69. Die Erscheinungsform von Giesern im Faltenbogen. **a,** bei Schneebedeckung, in den Drachenbergen bei Krauschwitz; **b,** im Herbst mit Birken und abgetrocknetem Pfeifengras als feuchtigkeitsliebende Pflanzen, östlich von Reuthen; **c,** gebogener Gieser im Herbst mit trockenem Pfeifengras; **d,** offener, trockener Gieser unmittelbar nach dem Wiederaufforsten eines Kahlschlages, östlich des Brandberges bei Reuthen; **e,** wassergefüllter Gieser im Sommer mit Flatterbinsenbewuchs; **f,** vollkommen trockener Gieser im Herbst, nordöstlich von Reuthen. – Fotos: MANFRED KUPETZ.*

da, Sachsen), der Drebkauer Flözfaltenzone (südwestlich von Cottbus) und im glazialtektonischen Störungsgebiet von Żary–Sorau (Wojewodschaft Lebuser Land, Polen) der Fall.

Literatur: BERENDT 1881; CIUK 1955; GGD 1994; KOŹMA & URBAŃSKI 2003; KUPETZ 1997, 2002; KUPETZ & KESSLER 1997; KUPETZ, KUPETZ & RASCHER 2004; LEVKOV 1980; NOWEL 1987, 2009; RADKE 1961; RÓŻYCKI 1972; URBAŃSKI 2007; VIETE 1960

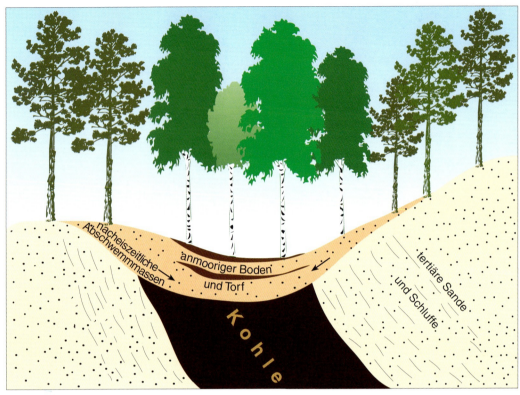

Abb. 70. Querschnitt durch einen Gieser, gezeichnet nach dem Aufschluss im Tagebaurestsee der Mulde VII bei Halbendorf (**F2**). – Entwurf: MANFRED KUPETZ, Grafik NORBERT ANSPACH.

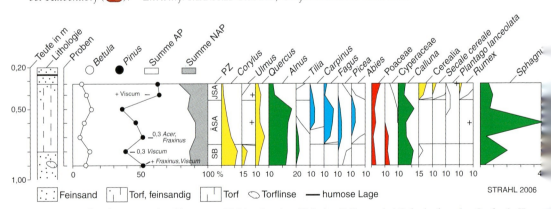

Abb. 71. Pollendiagramm des Giesers am Kohleschurf südlich des Felixsees bei Bohsdorf an der Geologie-Tour (**C2.1**, Abb. C17, C18). **SB,** Subatlantikum; **ÄSA,** Älteres Subatlantikum; **JSA,** Jüngeres Subatlantikum. – Autorin: JAQUELINE STRAHL (2006, unveröff.).

# 6. Der Bergbau und die Industriegeschichte

Durch die glazialtektonische Deformation treten die normalerweise in der Lausitz horizontal und in der Tiefe liegenden Schichten im Muskauer Faltenbogen auf engem Raum an die Erdoberfläche. Neben dem Holzreichtum des Gebietes waren es die Rohstoffe, die hier Mitte des 19. Jahrhunderts zur Herausbildung einer relativ geschlossenen, geologisch bedingten, bodenständigen Braunkohlen-, Glas-, Holz- und Textilindustrie führten.

Der älteste Bergbau war der auf Raseneisenerz mit einer seit 1366 nachweisbaren Verhüttung. Bereits seit dem Ende des 16. Jahrhunderts (erster urkundlicher Nachweis 1595) hatte sich eine bedeutende Alaunproduktion mit überregionaler Bedeutung herausgebildet. Die Glasindustrie nutzte seit ihren Anfängen 1767 in Friedrichshain den Glassand und als Brennstoff das Holz. Für die weitere Entwicklung der Textilindustrie und der sehr bedeutenden Glasindustrie in Weißwasser war die Brennstoffversorgung mit Braunkohle und Briketts (Brikettfabriken) eine existenzielle Voraussetzung. Auf die beim Aufschluss der Kohlegruben angetroffenen Tonvorkommen baute eine umfangreiche Ziegel- und keramische Industrie auf. Sie umfasste nicht nur Ziegeleien, die normale Mauersteine und Hohlsteine herstellten, sondern auch Dachsteinwerke und Steinzeugröhrenfabriken. Es wurden darüber hinaus keramische Erzeugnisse als Ausrüstungen für die chemische Industrie und Hochspannungsisolatoren produziert. Töpfereien und Buntgeschirrfabriken verarbeiteten die besten Tonqualitäten.

Torfstiche lieferten, nachgewiesen für das 19. Jahrhundert, preiswertes Brennmaterial für den Hausbrand. Moor, als Vorstufe des Torfes, in Verbindung mit den Mineralquellen bildete die Grundlage für den im Jahre 1822 beginnenden Kurbetrieb und den Kurortstatus von Bad Muskau. Kiese und Sande waren schließlich eine, wenn auch wenig spektakuläre Grundlage, für die private und gewerbliche Bauwirtschaft.

Von 1945 bis 1970 hatte die Kohlegewinnung (Abbaufelder Conrad, Julius, Notzeit, Trebendorfer und Przyjaźń Nadrodów (Völkerfreundschaft = Babina) auch überörtliche Bedeutung. Insgesamt existierten im Muskauer Faltenbogen zwischen 1843 und 1973 ca. 80-90 bergrechtlich verliehene Braunkohlenfelder, von denen etwa 50-60 produzierten und etwa 30 wirtschaftliche Relevanz besaßen.

Die Herausbildung einer leistungsfähigen Infrastruktur (Straßen, Eisenbahn) hatte eine Industrialisierung in Form eines rohstoffgebundenen, regionalen Wirtschaftsaufschwungs zur Folge. In den 1950er-Jahren begann sich im benachbarten Niederlausitzer Braunkohlenlagerstättenrevier des Bezirkes Cottbus das überregional bedeutende Kohle- und Energiezentrum der DDR zu entwickeln. Damit endete im Muskauer Faltenbogen eine etwa 100- bis 130-jährige Periode rohstoff- und standortgebundener Wirtschaftsgeschichte. Heute ist er Altbergbaugebiet. Es existieren ca. 300, meist kleinere Bergbaurestgewässer, die der Landschaft mit weit verbreiteten lichten Kiefernwäldern einen besonderen Reiz verleihen.

Weiterführende Informationen zur Thematik wirtschaftliche Entwicklung der Standesherrschaft Muskau vermitteln im umfassenden Sinne ARNIM & BOELCKE (1978/1992). Einen Überblick zu den Themen Rohstoffe und ihre Verwendung sowie allgemeine Fragen der örtlichen Entwicklung geben eine Autorengemeinschaft (2003) des Museums Sagar, BARUFKE et al. (2004), HEYDUK et al. (2005) für den polnischen Teil des Gebietes sowie KUPETZ et al. (2004). Darstellungen zum Braunkohlenbergbau vermitteln SCHOSSIG & KULKE (2006), zur Glasindustrie um Weißwasser ein Autorenkollektiv des Fördervereins »Glasmuseum Weißwasser« e.V. (2005), zur Eisenverhüttung KOSCHKE (2002) und zur historisch Waldeisenbahn TISCHER (2003).

**Literatur:** ARNIM & BOELCKE 1978/1992; BARUFKE, HARASZIN, KOLLEWE, KOSCHKE & KRAUSE 2004; Förderverein »Glasmuseum Weißwasser« 2005; SCHOSSIG & KULKE 2006; HEYDUK, JERZAK, KÓZMA & SOBERA 2005; KOSCHKE 2002; KUPETZ, KUPETZ & RASCHER 2004; SCHOSSIG & KULKE 2006; TISCHER 2003

# 7. Regionalgeologische Schnitte im Gebiet des Muskauer Faltenbogens

Werner Nowel

In den 1980er und 1990er-Jahren wurden in Verantwortung des Braunkohlebergbaus zwischen der westlichen Niederlausitz und der Lausitzer Neiße eine Reihe von regionalgeologischen Schnitten angefertigt, um einen notwendigen Überblick zu den Flözzusammenhängen und zur Verteilung der Grundwasserleiter im gesamten Kohlerevier zu erhalten. Diese Schnitte verlaufen mit jeweils 75 km Länge von Süd nach Nord und gestatten so einen Einblick in die gesamte känozoische Schichtenfolge der Niederlausitz. Die beiden östlichsten Darstellungen z. B. beginnen beim nordsächsischen Mücka und erstrecken sich bis in den Raum Guben. Pro Schnitt wurden etwa 250 unterschiedlich tiefe Bohrungen ausgewertet. In der Abbildung 72 sind vereinfachte Teile dieser zwei Schnitte, die das Gebiet des Muskauer Faltenbogens berühren, zusammengestellt. Sie enthalten in stark zusammengedrängter Form zahlreiche Informationen, die auch für das Verständnis der Thematik dieses Exkursionsführers von Interesse sind. Aus Platzgründen ist die Darstellung 25-fach überhöht. Störungsformen und Rinnenflanken erscheinen deshalb unnatürlich steil, was bei der Betrachtung immer zu beachten ist. Die über den Zeichnungen angegebenen geomorphologischen Großformen (Niederlausitzer Grenzwall, Baruther Urstromtal usw.) findet man in der »Geologischen Übersichtskarte des Niederlausitzer Braunkohlereviers« (NOWEL 1992, siehe auch SEBASTIAN & SUHR 2004, Tafel 3) wieder. Die stratigraphischen Einschreibungen in der quartären Schichtenfolge entsprechen denen der Lithofazieskarte Quartär (CEPEK 1999, NOWEL 2007)

Der Schnitt 1 (oben) berührt den Muskauer Faltenbogen nur geringfügig im Südwesten, weist aber trotzdem auf einige bemerkenswerte Phänomene hin. Das tertiäre Gebirge umfasst hier die oberoligozäne Cottbuser Folge (rosa) sowie die zum Miozän gehörende Spremberger Folge (dunkelgrün) mit dem 4. Lausitzer Flözhorizont (Mf4), die Briesker Folge (gelb) mit dem 2. Lausitzer Flözhorizont (Mf2) und die Raunoer Folge (hell-grün) mit geringmächtiger Kohle des 1. Lausitzer Flözhorizontes (Mf1). Die Mächtigkeit der Spremberger und der Raunoer Folge, die aus dem Süden in das Niederlausitzer Tertiärbecken eingeschüttet wurden, ist im Süden am größten und nimmt nach Norden kontinuierlich ab. Bei der Cottbuser und der Briesker Folge, die von Nord nach Süd transgredierten, ist es genau umgekehrt. Am südlichen Ende des Schnittes, im Gebiet der Trebendorfer Hochfläche, ist die tertiäre Schichtenfolge zunächst völlig frei von glazitektonischer Beeinflussung. Oberflächennah anstehender Flaschenton in völlig ruhiger Lagerung wurde hier in den 1960er bis 1980er-Jahren in der Tongrube Mühlrose abgebaut und per Waldeisenbahn zur Ziegelei Weißwasser transportiert. Dann schließt sich die gewaltige endogen-tektonische Struktur des Weißwasser-Grabens an, in dem die gesamte tertiäre Schichtenfolge mit den unterlagernden Triasschichten staffelbruchartig um beachtliche Beträge eingesenkt worden ist. Diese großartige endogene Bruchstruktur verläuft aus dem Raum Schleife–Trebendorf mit herzynischem Streichen am südlichen Stadtrand von Weißwasser vorbei mit rund 14 km Länge bis zur nordöstlichen Markscheide des Tagebaus Nochten und markiert dessen Abbaugrenze. Durch zahlreiche tiefe Bohrungen und geophysikalische Messungen wurden die Verwerfungen dieses Grabenbruches bis heute eingehend erkundet (s. auch Exkursion **E3**, Abb. E 32).

Bereits VIETE (1960) stellte fest: »*Wenn Hebungen, Senkungen oder Kippungen von Krustenschollen stattgefunden haben, so ist nicht zu bezweifeln, dass dadurch die Ausbreitung des Inlandeises mehr oder weniger stark beeinflusst werden konnte und diese tektonischen Hindernisse auch zu Ansatzpunkten für glazigene Untergrundbeanspruchungen werden konnten.*« Und so erstaunt es auch nicht, dass sich direkt nördlich des endogen-tektonischen Weißwasser-Grabens die glazitektonischen Stauchungsstrukturen mit den Flözstörungen des Muskauer Faltenbogens anschließen. Diese Situation beschränkt sich nicht auf den geologischen Schnitt 1, auch die Flözmulden der ehemaligen Trebendorfer Felder (als südlichste Strukturen des Faltenbogens) sind der Nordrandstörung des Weißwasser-Grabens direkt vorgelagert. Eine weitere interessante endogen-tektonische Störung schneidet den Schnitt 1 im Raum Lieskau. Hier wurde eine nördliche Randstörung der Struktur Mulkwitz reaktiviert und weist an der

Tertiärbasis einen Verwerfungsbetrag von fast 30 m auf. Elstereiszeitliche Schmelzwässer nutzten die vorgezeichnete Schwächezone offenbar zu intensiver Erosion, so dass hier heute eine sehr tiefe, schmale Erosionsstruktur vorliegt. Unmittelbar nördlich schließt sich ein geologisch recht komplizierter Bereich an. Da sind zunächst die elsterzeitlich aufgestauchten imposanten Tertiärschuppen, wo das Braunkohleflöz bis direkt unter die Geländeoberfläche hinaufreicht und in den Gruben »Mathilde« bei Lieskau und »Anna« bei Reuthen schon ab 1867 zum Bergbau Anlass bot. Da sind zwischen den Flözschuppen auch glaziale Sedimente der Glazialfolgen Drenthe 1 (SI) und Drenthe 2 (SII), und da ist schließlich der Galgen-Berg als typische Endmoräne der Haupteisrandlage Warthe 1 (geSIII). Es ist anzunehmen, dass das warthezeitliche Inlandeis hier im Südosten des Spremberger Lobus auf die elsterzeitlichen Strukturen Druck ausübte und zu Überstauchungen führte. Bei NOWEL (2009) werden die Lagerungsverhältnisse im Einzelnen diskutiert.

Zwischen Klein Loitz und Bohsdorf quert der Schnitt die zweite Endmoränenstaffel des Niederlausitzer Grenzwalls, hier schon außerhalb der Einflüsse des Muskauer Faltenbogens. Weiter nördlich folgt die gut erkundete Quartärfolge im Gebiet des Kohlefeldes Jänschwalde-Süd (NOWEL 2007) bis hin zum Südrandschlauch des Tagebaus Jänschwalde mit dem berühmten Eem von Klinge (STRIEGLER 2007).

Die Spurlinie für den Schnitt 2 (unten) wurde bereits 1996 so gewählt, um einen zusammenhängenden Einblick in die Stirnzone des Muskauer Faltenbogens und sein Hinterland mit den mehr als 200 m mächtigen Quartärschichten und der Jerischker Endmoräne zu erhalten. Während RADKE (1964) nur auf wenige tiefe Bohrungen zurückgreifen konnte, standen solche nun in ausreichender

*Abb. 72. Regionalgeologische Schnitte 1 und 2 aus dem Gebiet des Muskauer Faltenbogens. 25-fach überhöht.* ▷
*– Entwurf: W. NOWEL 1996, ergänzt 2005.*

**1,** *prätertiäre Gesteinsoberfläche, dabei:* **T1,** *untere Trias (Buntsandstein);* **T2,** *mittlere Trias (Muschelkalk);* **T3,** *obere Trias (Keuper);* **K2,** *Oberkreide.*

**2-6** *Tertiär:* **2,** *Braunkohle, dabei:* **Mf1,** *1. Lausitzer Flözhorizont;* **Mf2,** *2. Lausitzer Flözhorizont;* **Mf2o,** *Oberbegleiter des Mf2;* **Mf2u,** *Unterbegleiter des Mf2;* **Mf3,** *3. Lausitzer Flözhorizont;* **Mf4,** *4. Lausitzer Flözhorizont;* **3,** *überwiegend tonige Sedimente;* **4,** *überwiegend schluffige Sedimente;* **5,** *überwiegend feinsandige Sedimente;* **6,** *Grenze Tertiär/Quartär.*

**7-17** *Quartär:* **7,** *Mittel- bis Grobsand, Kiessande und Kiese (glazifluviatil, fluviatil);* **8,** *Feinsande (glazilimnisch, fluviatil);* **9,** *desgl., stark schluffig;* **10,** *Tone und Schluffe (glazilimnisch);* **11,** *Grundmoräne Warthe 1 (Saale III);* **12,** *Grundmoräne Drenthe 2 (Saale II);* **13,** *Grundmoräne Drenthe 1 (Saale I);* **14,** *Grundmoränen Elster I und Elster II;* **15,** *Steine (ausgewaschene Grundmoräne, Endmoräne);* **16,** *Torf und Mudde (Interglazial?);* **17,** *Holozäne Aue (Torf, Moorerde).*

**18-19** *Sonstiges:* **18,** *endogen-tektonische Verwerfungen;* **19,** *glazigen-tektonische Aufschiebungen.*

*Die großen Buchstaben ohne oder in Verbindung mit römischen Ziffern geben die stratigraphische Position (Stufe, Folge) an, dabei:* **QF,** *Frühpleistozän, ungegliedert (hier:* **BZ,** *Bautzener Elbelauf);* **E,** *Elster-Kaltzeit(-Komplex) ungegliedert (qe);* **E I,** *Glazialfolge (Vereisung) Elster I (qe1);* **E II,** *Glazialfolge (Vereisung) Elster II (qe2);* **i H,** *Hostein-Warmzeit(-Interglazial) (qhol), z. T. auch verwendet für den Holstein-Komplex (Holstein-Warmzeit i. e. S., Fuhne-Kaltzeit und Dömnitz-Warmzeit ungegliedert);* **S,** *Saale-Kaltzeit (-Komplex) ungegliedert (qs);* **S I,** *Glazialfolge (Vereisung) Saale I (qsD1);* **S II,** *Glazialfolge (Vereisung) Saale II (qsD2);* **S III,** *Glazialfolge (Vereisung) Saale III (qsWA1);* **S IIIj,** *Jerischker Staffel (qsWAII?);* **i Ee,** *Eem-Warmzeit(-Interglazial) (qee);* **W,** *Weichsel-Kaltzeit ungegliedert (qw);* **Ho,** *Holozän (qh).*

*Die kleinen Buchstaben am Anfang des Symbols geben die Genese bzw. Fazies an, dabei:* **g,** *glazigene (Grundmoränen-)Ablagerung;* **gf,** *glazifluviatile (Schmelzwasser-)Ablagerung;* **ge,** *Endmoränenbildungen;* **gl,** *glazilimnische (Eisstausee-)Ablagerung;* **f,** *fluviatile (Fluss-)Ablagerung;* **l,** *limnische (See-)Ablagerung;*

*Die kleinen Buchstaben am Ende des Symbols geben Zusatzinformationen zur stratigraphischen Folge, dabei:* **v,** *Vorschüttfolge einer Glazialfolge (vor der Inlandeisbedeckung);* **n,** *Nachschüttbildung einer Glazialfolge (mit dem Abschmelzen des Inlandeises);* **f,** *frühglaziale Bildung (zu Beginn einer Kaltzeit nach dem Ende einer Warmzeit);* **s,** *spätglaziale Bildung (am Ende einer Kaltzeit bis zum Beginn einer Warmzeit);* **u,** *Urstromtalbildung;* **sa,** *Sanderbildung.*

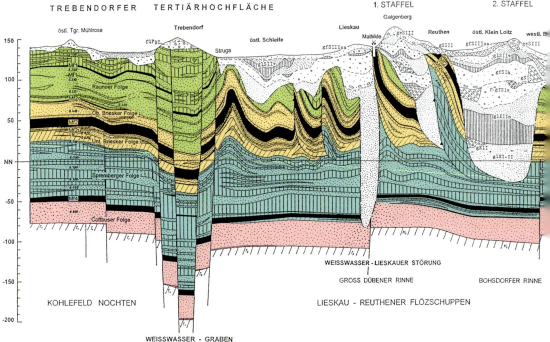

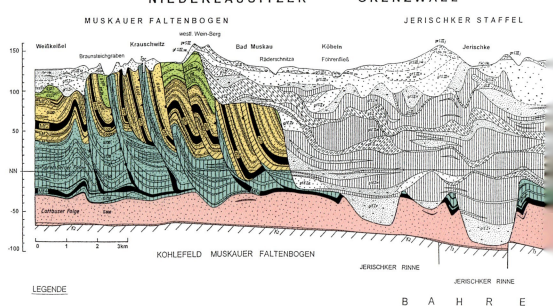

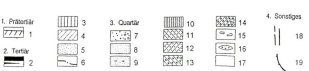

N

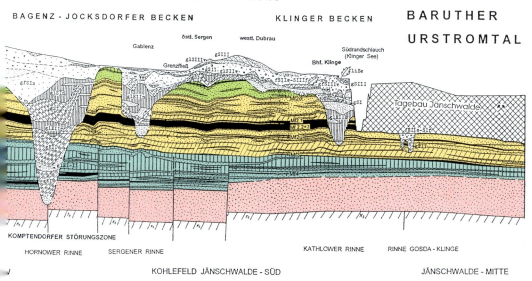

DUBRAUER HÖHE

BAGENZ - JOCKSDORFER BECKEN

KLINGER BECKEN

**BARUTHER URSTROMTAL**

Gablenz
östl. Sergen
westl. Dubrau
Grenzfließ
Bhf. Klinge
Südrandschlauch
(Klinger See)
Tagebau Jänschwalde

KOMPTENDORFER STÖRUNGSZONE

HORNOWER RINNE    SERGENER RINNE

KATHLOWER RINNE    RINNE GOSDA - KLINGE

KOHLEFELD JÄNSCHWALDE - SÜD

JÄNSCHWALDE - MITTE

NW | S

N

BAGENZ - JOCKSDORFER BECKEN

**BARUTHER    URSTROMTAL**

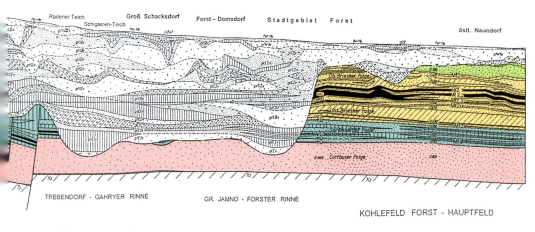

Radener Teich    Groß Schacksdorf    Forst – Domsdorf    Stadtgebiet    Forst
Schigarren-Teich    östl. Naundorf

Ob. Briesker Folge
Unt. Briesker Folge
Sprembergel Folge
Cottbuser Folge

TREBENDORF - GAHRYER RINNE

GR. JAMNO - FORSTER RINNE

KOHLEFELD FORST - HAUPTFELD

B    E    C    K    E    N

W. NOWEL 1996, erg. 2005
Alle Urheberrechte beim Autor

Menge zur Verfügung, um zu einer wirklichkeitsnahen Darstellung zu kommen. Das tertiäre Gebirge umfasst auch hier die oberoligozäne Cottbuser Folge sowie die zum Miozän gehörende Spremberger Folge (mit dem Mf4), Briesker Folge (mit dem Mf2) und Teile der Raunoer Folge (mit Resten des Mf1 und Lausitzer Flaschenton). Infolge quartärer Aufstauchung und Erosion sind die Mächtigkeiten z.T. stark reduziert. Mit der Jerischker Rinne (hier infolge eines bogigen Verlaufs in der Abbildung zweimal geschnitten) reicht die Quartärbasis bis in die Cottbuser Folge hinein, teilweise wohl bis zur prätertiären Festgesteinsoberfläche.

In den das 4. Lausitzer Flöz (Mf4) begleitenden Tonen der tieferen Spremberger Folge sind Gleitbahnen ausgebildet, auf denen die tertiäre Schichtenfolge zusammengeschoben, gefaltet und aufgeschuppt wurde. Zahlreiche großflächige Harnische sind nachgewiesen. Für die Entstehung dieser Strukturen reicht die von KUPETZ (1997 u. a.) favorisierte Grundbruchtheorie allein nicht aus, es sind auch wesentliche Schubkomponenten zu berücksichtigen. Ein deutlicher Hinweis auf vorherrschende Schubwirkung am südlichen Außenrand der glazitektonischen Störungszone des Muskauer Faltenbogens ist die Tatsache, dass sich im Übergangsbereich zum ungestörten Gebirge keine Aufschuppung, sondern eine ausgeprägte Sattelstruktur befindet.

An die südliche Sattelstruktur schließt sich nach Norden eine Zone sehr intensiver Überschiebung und Aufschuppung an. Hier sind sogar Tone der Spremberger Folge bis zur Geländeoberfläche gelangt. Das erklärt, weshalb in der Tongrube der Steinzeugwerke Krauschwitz jahrzehntelang hochwertige (feuerfeste) Tone abgebaut wurden, während die benachbarten Tone aus der Raunoer Folge nur für Ziegel geeignet waren. Im südlichen Profilteil, südlich des Wein-Berges, sind die Strukturen rein elsterzeitlichen Ursprungs.

Ab dem Wein-Berg ist eine warthezeitliche Beeinflussung erkennbar. Warthe-Grundmoräne (gSIII) ist von hier aus über Gablenz bis Kromlau verbreitet, östlich der Neiße (nach KAUENHOWEN et al. 1928) bis Bronowice und Żarki Wielkie. Innerhalb der großen, von Tertiär weitgehend freien Ausräumungszone zwischen Bad Muskau und dem südlichen Stadtrand von Forst, die RADKE (1961) als »Bahrener Becken« bezeichnete, erreichen quartäre Sedimente der Elster-Eiszeit maximal 140 m und Ablagerungen der Saale-Eiszeit 50-110 m Mächtigkeit. Es sind zwei Elster-Grundmoränen (gEI, gEII), zwei Drenthe-Grundmoränen (gSI, gSII) und eine Warthe-Grundmoräne (gSIII) nachgewiesen. Bereits eine mächtige Grundmoräne Drenthe 1 (gSI) greift im Stadtgebiet von Bad Muskau über elsterzeitlich aufgestauchtes Tertiär hinweg.

Die stratigraphische Einstufung der Grundmoränen und ihrer Begleitschichten ist innerhalb des Bahrener Beckens recht sicher, da der Quartäranteil der zahlreichen Bohrungen des Objektes »Braunkohle Jerischke 1976-77« ganz speziell bearbeitet wurde (HELLWIG 1978). 4300 Bohrmeter aus 28 Bohrungen wurden interpretiert, beprobt und dokumentiert sowie 131 Geschiebemergelproben geschiebeanalytisch nach der Methode von CEPEK (TGL 25 232) untersucht. Aufgrund der Geschiebeanalysen und der sedimentologischen Untersuchungen von glazilimnischen und glazifluviatilen Schichten aus den Bohrkernen lassen sich die Ablagerungen der einzelnen Glazialfolgen gut genetisch interpretieren und auch bei mitunter gestörter Lagerung in der Gesamtabfolge lithologisch parallelisieren. Übereinstimmende Ergebnisse teilt URBAŃSKI (2007) aus tiefen Erkundungsbohrungen im Gebiet Olszyna östlich der Neiße mit. Hier sind in den unteren 65 m zwei unterscheidbare Geschiebemergel der Südpolnischen Vereisung (= Elster I und II) und darüber ein Geschiebemergel der Odravereisung (= Drenthe) nachgewiesen. Auffällig ist, dass die elster- und drenthezeitlichen Glazialfolgen neben den Grundmoränen fast ausschließlich glazilimnische Schluffe und Feinsande enthalten, bedingt durch Ruhigwasserfazies in einem immer wieder aktiven Stausee.

Die Jerischker Endmoräne, das sieht man im geologischen Schnitt ganz deutlich, hat mit dem elsterzeitlichen Geschehen nichts zu tun. Sie befindet sich in einem höheren Stockwerk und offenbart sich eindeutig als Bildung der Warthevereisung. Bis zu 40 m mächtige glazifluviatile Sande und Kiese weisen auf sehr aktive Schmelzwässer hin. Nur lokal gelangen aufgestauchte glazilimnische Bildungen der Glazialfolge Drenthe 2 (glSIIn) in Oberflächennähe. Geringe Reste der oberflächennahen Warthe-Grundmoräne (gSIII) sind entkalkt und verlehmt. Am südlichen und südwestlichen Rand der morphologisch deutlichen Endmoränenbildungen (geSIIIj) sind Sanderflächen ausgebildet (gfSIIIjsa). Das Bahrener Becken ist keine allseitig geschlossene Hohlform, das wird nur durch den Verlauf des geologischen Schnittes suggeriert. Wie bereits RADKE (1961) vermutete, befindet sich unmittelbar östlich der Neiße im polnischen Gebiet eine Öffnung. Eine Verbindung von der Je-rischker Rinne zu den tiefen Erosionsstrukturen des Gubener Raumes ist hier nachweisbar (NOWEL 2009). Nördlich des Bahrener Beckens sind die tertiären Schichten wieder bis zur Oberen Brieser Folge entwickelt und enthalten auch das z. T. in drei Bänke gegliederte 2. Lausitzer Flöz. Wegen der städtischen Bebauung ist eine bergbauliche Nutzung hier nicht vorgesehen.

Literatur: CEPEK [†] 1999; HELLWIG 1978; KAUENHOWEN & ISERT 1928; KUPETZ 1997; NOWEL 1992, 2007, 2009; RADKE 1961, 1964; SEBASTIAN & SUHR 2004; STRIEGLER 2007; TGL 25 232 1971; URBAŃSKI 2007; VIETE 1960

# 8. Exkursionen

## Cottbus und sein Umland

**Exkursionspunkte:** ① Der Tertiärwald und Findlingsallee im Spreeauenpark Cottbus (BUGA-Park 1994). ② Der Aussichtspunkt Merzdorf am Braunkohlentagebau Cottbus-Nord. ③ Das Hüttenwerk Peitz in Peitz. ④ Der Erlebnispark Teichland auf der Bärenbrücker Höhe in der Gemeinde Teichland, OT Neuendorf. ⑤ Der Findling am Eingang der Betriebsdirektion Jänschwalde/Cottbus-Nord der Vattenfall Europe Mining AG. ⑥ Das Eem von Klinge im Freilichtmuseum »Zeitsprung« in Klinge. ⑦ Das Mammut von Klinge im Kreishaus des Landkreises Spree-Neiße in Forst.

**Fahrtroute:** Cottbus, Merzdorf – Peitz – Bärenbrücker Höhe in der Gemeinde Teichland, OT Neuendorf – Betriebsdirektion Jänschwalde/Cottbus-Nord von Vattenfall Europe Mining an der B97 – Klinge – Forst

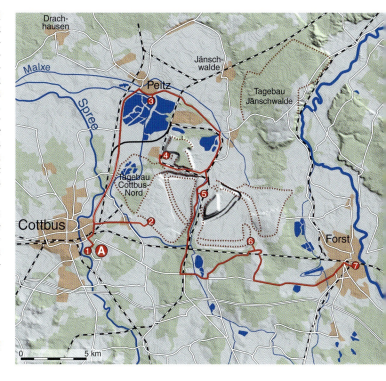

*A1. Lage der Exkursionspunkte und Verlauf der Fahrtroute.*

# Der Niederlausitzer Tertiärwald und die Findlingsallee im Spreeauenpark Cottbus

URSULA STRIEGLER, ROLF STRIEGLER und KONRAD GRUNERT†

**Anfahrt:** Auf dem Cottbuser Stadtring (B 168) in Richtung Forst abbiegen, nach 600 m die Hauptstraße nach rechts in Richtung Branitz verlassen, nach weiteren 500 m erreicht man den großen Parkplatz des Spreeauenparks.

## Geschichte

Der »Niederlausitzer Tertiärwald« ist Teil des Cottbuser Spreeauenparks. Er wurde in seiner heutigen Gesamtgestaltung als Park der Bundesgartenschau 1995 angelegt. Zu der Anlage des Niederlausitzer

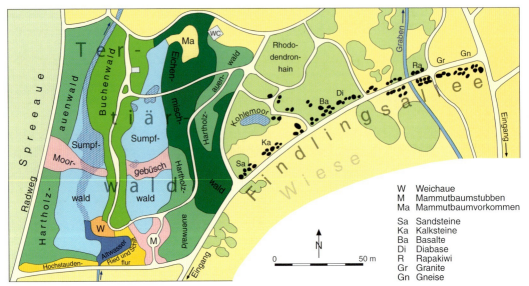

A2. Der Niederlausitzer Tertiärwald mit Mammutbaumstubben, Kohlemoor und Findlingsallee. – Umgezeichnet nach SILVA STRIEGLER & ROLF STRIEGLER (Quellen: Vermessungsbüro SCHULTZ, W. (2006): Gemarkung Cottbus, Lage- und Höhenkarte Tertiärwald; gemessen und gezeichnet W. DANNAT, Cottbus, unveröff.; GRUNERT 1995).

Tertiärwaldes gehören der Tertiärwald (i. e. S.), das Kohlemoor, der fossile Mammutbaumstubben, die Mooreichen sowie die Findlingsallee. Der Tertiärwald wurde 1987 durch U. & R. STRIEGLER als Außenanlage des Museums der Natur und Umwelt Cottbus (MNU) konzipiert und mit der Einrichtung begonnen. 1995 wurde er Teil des BUGA-Parks und in diesem Kontext nach den vorhandenen Plänen weiter gestaltet. Außerdem entstand das Kohlemoor (Konzeption Dr. W. SCHNEIDER). Der 1982 geborgene Stubben eines Mammutbaumes, das größte Exponat des Museums, wurde aus dem Branitzer Park in die Anlage umgesetzt. Die 1992 mit Unterstützung der ehemaligen Lausitzer Braunkohle AG (LAUBAG) begonnene Findlingsallee wurde für die Gartenschau fertiggestellt. Dazu wurden von K. GRUNERT und R. STRIEGLER die Findlinge auf der Findlingsdeponie Jänschwalde ausgewählt.

### Tertiärwald und Kohlemoor

Der Tertiärwald und das Kohlemoor sind auf wissenschaftlicher Basis rekonstruierte Tertiärlandschaften. Das Einmalige und Besondere ist die Nachgestaltung von Floren konkreter Niederlausitzer Fossilfundstellen mit heute wachsenden verwandten Pflanzen. Als Grundlage für den **Tertiärwald** dienten Funde aus dem sog. Blätterton von Wischgrund bei Lauchhammer in Brandenburg (Miozän, Rauno-Formation, Florenkomplex Schipkau nach MAI), einer Altwasserbildung innerhalb der Flusssande der Ur-Elbe auf der heutigen Klettwitzer Tertiärhochfläche. Eine umfangreiche Sammlung von Pflanzenfossilien (Blätter, Samen, Früchte, Zapfen, Pollen, Sporen und Holz) im Museum ist der Beleg für unterschiedliche Pflanzengesellschaften wie Wasserpflanzengesellschaften im Altwasser mit Ried- und Schilfgürtel, Sumpfwald, Moorgebüsch, Mammutbaumvorkommen, Auwald, Buchenwald und Eichenmischwald an den Ufern der Ur-Elbe. Es sind überwiegend Pflanzen des sommergrünen Waldes im gemäßigten Klima. Es gibt aber auch einige Arten des immergrünen Regenwaldes des subtropischen Klimas. Diese fossilen Waldgesellschaften werden im Tertiärwald mit über 100 rezenten Gehölzarten in 800 Exemplaren vor allem aus dem östlichen Nordamerika und Ostasien rekonstruiert. Im Sumpfwald liegen zahlreiche Stämme von fossilen Eichen (**Mooreichen**), die während der Anlage des BUGA-Parks bei Ausbaggerungsarbeiten aus nacheiszeitlichen Spreesanden geborgen wurden. Sie sind einerseits museale Objekte. Andererseits dienen sie der Gestaltung des Tertiärwaldes und stellen

A3. Sehr beeindruckend ist der Sumpfwald mit einem Bestand von ca. 200 Sumpfzypressen (Taxodium disti-chum), eine der typischsten Pflanzen des jüngeren Tertiärs. – Foto: Iris Zachow.

A4. Fossiles Blatt des Amberbaumes (Liquidambar europaea) und Nadeln der Sumpfzypresse (Taxodium dubium) aus dem Blätterton von Wischgrund (Mio-zän). – Städtische Sammlungen Cottbus (MNU), Foto: Iris Zachow.

A5. Der Amerikanische Amberbaum (Liquidambar styraciflua) ist ein Repräsentant des Hartholz-Au-enwaldes. Die typische Färbung seiner Blätter zeigt, welche Farbenpracht sich im Herbst im Tertiärwald entwickelt. – Foto: Iris Zachow.

angedriftete Baumstämme dar. Die Mooreiche ist keine eigene Holzart. Es handelt sich hierbei um Eichenstämme, die über Jahrhunderte oder Jahrtausende unter Wasserabschluss in der Erde lagen. Dabei färbte die Gerbsäure des Eichenholzes mit Eisensalzen die Mooreiche dunkelbraun.

*A12*

Das **Kohlemoor** spiegelt die Entwicklungsetappen des 2. Miozänen Flözkomplexes vom Sumpf-wald über Moorgebüsch, Riedmoor, Kiefern-Waldmoor bis zum Schirmtannen-Hochmoor wider. Die Pflanzenreste aus dem Kohlemoor stammen von Vertretern des subtropischen immergrünen Regenwaldes, wie z. B. Palmen, Lorbeer- und Zimtbäumen. Da die Gehölze in unserem Klima meist nicht winterhart sind, ist ein Teil der Gehölze als Kübelpflanze vertreten. Zum Kohlemoor gehören über 100 Gehölze in ca. 40 Arten, davon ca. 40 Kübelpflanzen. Heimat der Gehölze ist vor allem das östliche bis südöstliche Nordamerika und Ost- bis Südostasien.

A6. Mammutbaum-Stubben (Sequoioxylon gypsace-um) aus dem 1. Miozänen Flözkomplex (Miozän), 1982 im Tagebau Klettwitz geborgen. – Foto Iris Zachow.

Der fossile **Mammutbaum-Stubben** *(Sequoio-xylon gypsaceum)* aus dem 1. Miozänen Flözkom-plex des Tagebaus Klettwitz mit 5 m Durchmesser veranschaulicht deutlich, welche Baumriesen im tertiären Urwald wuchsen. Nach Jahresringen hatte er ein Lebensalter von 1200 Jahren erreicht (Striegler & Süss 1984). Dieser Nadelbaum ist mit dem Küstenmammutbaum *(Sequoia sem-pervirens)* Kaliforniens verwandt, der auch im Tertiärwald anzutreffen ist. Außerdem sind die beiden anderen rezenten Mammutbäume, der Riesenmammutbaum *(Sequoiadendron giganteum)* ebenfalls aus Nordamerika und der Urweltmam-mutbaum *(Metasequoia glyptostroboides)* aus China im Tertiärwald vertreten.

Der Tertiärwald wird vom Naturwissen-schaftlichen Verein der Niederlausitz e.V. (NVN) gemeinsam mit dem Museum der Natur und Umwelt Cottbus und der Cottbuser Gartenschau-gesellschaft 1995 mbH betreut.

Für Schüler wurde zur Ergänzung des Unterrichts ein Lehrpfad für paläobotanische, botanische und ökologische Studien mit mehreren Lernstationen eingerichtet. Informationen dazu und Anmeldung von Führungen am Informationsstützpunkt im Tertiärwald (in der Saison von Mai bis September Di u. Do 14-17 Uhr, So 13-18 Uhr besetzt) oder über den Naturwissenschaftlichen Verein der Niederlausitz e. V. (**www.nvn-cottbus.de**).

Die **Findlingsallee** präsentiert auf 150 m Länge 77 Findlinge (Tabelle 2). Mit Unterstützung der Lausitzer Braunkohle Aktiengesellschaft erfolgte ihre Einrichtung in der Zeit von 1992 bis 1995. Die Findlinge stammen bis auf eine Ausnahme aus dem pleistozänen Deckgebirge des Braunkohlen-tagebaus Jänschwalde. Die Fundhorizonte sind elster- und saalezeitliche Glazialfolgen (s. auch Abb. A36, S. 94), ohne dass die Herkunft für den Einzelfindling dokumentiert ist. Die Auswahl und

A7. Die Findlingsallee. – Foto: Manfred Kupetz.

*A8. Ignimbrit von Lönneberga, Schweden (Nr. 53). Bildbreite 9,7 cm. – Foto:* Manfred Kupetz.

*A9. Ytö-Granit aus Finnland (Nr. 8). Bildbreite 9,4 cm. – Foto:* Manfred Kupetz.

*A10. Påskallavik-Porphyr aus Småland in Schweden (Nr. 25). Bildbreite 9,7 cm. – Foto:* Manfred Kupetz.

*A11. Särna-Diabas aus Dalarna, Schweden (Nr. 35). Bildbreite 9,4 cm. – Foto:* Manfred Kupetz.

Bestimmung erfolgte durch K. Grunert unter Mitwirkung zahlreicher Kollegen. Um die Gesteinsstruktur und -farbe deutlich sichtbar zu machen, ist der überwiegende Teil der Gesteine mit einem 20 × 20 cm großen polierten Anschliff versehen worden.

Aufgrund der enormen Anzahl von Findlingen, die im Lausitzer Braunkohlenbergbau anfällt, bestanden große Auswahlmöglichkeiten. Dementsprechend erfolgte die Selektion und Anordnung der Findlinge nach thematischen Gesichtspunkten. Die Allee beginnt mit den Metamorphiten (Granat- und Amphibolgneise) und Magmatiten (Granite, Diorite, Rapakiwi). Es folgen die Vulkanite (Porphyre, Diabase und Basalte) sowie einige seltenere Gesteine (Syenitgabbro, Larvikit, Ignimbrit. *A8* Den Abschluss bilden die Sedimentgesteine vertreten durch Sandsteine (Dala-Sandstein, Scolithus-Sandstein) und paläozoische Kalksteine (Orthocerenkalk, Paläoporellenkalk, Korallenkalk). Unter den Findlingen befinden sich auch einige in der Niederlausitz ausgesprochen selten anzutreffende Exemplare:

- Ytö-Granit (Nr. 8): biotitischer, porphyrischer Rapakiwi-Granit mit auffällig glänzenden Kalifeldspat-Einsprenglingen aus Finnland *A9*
- Digerberg-Konglomerat (Nr. 17): ein sehr fester konglomeratischer Sandstein mit größeren Feldspateinlagerungen aus Dalarna, Schweden
- Påskallavik-Porphyr (Nr. 25): ein Quarz führender Vulkanit mit großen zonierten Kalifeldspat-einsprenglingen aus Småland in Schweden *A10*

A11

- Särna-Diabas (Nr. 35): ein basischer Vulkanit mit großen Augiteinsprenglingen aus Dalarna, Schweden
- Öje-Diabasporphyrit (Nr. 36, 37): ein basischer bis intermediärer Vulkanit mit Plagioklasein-sprenglingen
- Larvikit (Nr. 51, 52): das Tiefengesteinsäquivalent des bekannten Rhombenporphyrs aus dem Gebiet um Oslo, Norwegen
- Prehnitmandelstein (Nr. 46): ein basischer Vulkanit mit knoten- und schlauchförmigen Prehnit- und Kalzitmandeln vom Grunde der Ostsee

A12 **Tipp**: Am Hauptbahnhof in Cottbus stehen zwei aufgerichtete Mooreichenstämme gestaltet als Kunstwerk.

**Zugänglichkeit:** Der Tertiärwald ist Teil des Spreeauenparks und nur über diesen zugänglich (kostenpflichtig). **www.cmt-cottbus.de/spreeauenpark.html**

*Tabelle 2. Findlingsbestand der Findlingsallee im Spreeauenpark Cottbus.*

| | |
|---|---|
| 1. Gneispegmatit mit Granat (Schweden) | 40. Kinne-Diabas (Schweden) |
| 2. Granatgneis (Schweden) | 41. Sjunnaryd-Diabas (Schweden) |
| 3. Granatgneis (Ångermanland/Schweden) | 42. Åsby-Diabas, feinkörnig (Schweden) |
| 4. Granat-Amphibolitgneis (Halland/Schweden) | 43. Hällefors-Diabas (Schweden) |
| 5. Perniö-Granit mit Granat (Finnland) | 44. Basalt (Schonen/Schweden) |
| 6. Gneisgranit (Bornholm) | 45. Basalt (Schonen/Schweden) |
| 7. Hornblendediorit (Schweden) | 46. Prehnitmandelstein (Ostsee) |
| 8. Ytö-Granit (Finnland) (A 9) | 47. Basaltähnlicher Ostsee-Diabas (Ostsee) |
| 9. Uppsala-Granit (Schweden) | 48. Basalt (Schonen/Schweden) |
| 10. Arnö-Gneisgranit (Schweden) | 49. Augenartiger Gneis, migmatitisch (Skandinavien) |
| 11. Uppsala-Granit (Schweden) | 50. Syenogabbro (Ångermanland/Schweden) |
| 12. Rønne-Gneisgranit (Bornholm) | 51. Larvikit (Oslo-Gebiet/Norwegen) |
| 13. Diorit mit Gabro-Xenolithen (Ornö/Schweden) | 52. Larvikit (Oslo-Gebiet/Norwegen) |
| 14. Åland-Granit, grobkörnig (Åland-Inseln) | 53. Ignimbrit von Lönneberga (Schweden) (A 8) |
| 15. Virbo-Granit (Småland/Schweden) | 54. Zweiglimmergneisgranit (Ångermanland/Schweden) |
| 16. Åland-Granit, grobkörnig (Åland-Inseln) | 55. Raseneisenstein (Lokalgeschiebe) |
| 17. Digerberg-Konglomerate (Schweden) | 56. Paläoporellenkalk (Gotland) |
| 18. Jungfrun-Granit (Småland/Schweden) | 57. Korallenkalk (Gotland) |
| 19. Granitpegmatit mit Turmalin (Skandinavien) | 58. Grauer Orthocerenkalk (Schweden) |
| 20. Garberg-Granit (Schweden) | 59. Grauer Orthocerenkalk (Schweden) |
| 21. Åland-Rapakiwi (Åland-Inseln) | 60. Paläoporellenkalk (Gotland) |
| 22. Rödö-Rapakiwi (Schweden) | 61. Grauer Orthocerenkalk (Schweden) |
| 23. Åland-Rapakiwi (Åland-Inseln) | 62. Paläoporellenkalk (Gotland) |
| 24. Emarp-Porphyr (Schweden) | 63. kristalliner Kalk (Schweden) |
| 25. Påskallavik-Porphyr (Schweden) (A 10) | 64. Scolithus-Sandstein (Schweden) |
| 26. Åland-Granit, feinkörnig (Åland-Inseln) | 65. Sandstein, quarzitisch (Skandinavien) |
| 27. Åland-Quarzporphyr (Åland-Inseln) | 66. Dala-Sandstein (Dalarne/Schweden) |
| 28. Brauner Ostseeporphyr (Ostsee) | 67. Jotnischer Sandstein, quarzitisch, konglomeratisch (Skandinavien) |
| 29. Brauner Ostseeporphyr (Ostsee) | |
| 30. Siljan-Granit Schweden) | 68. Dala-Sandstein, quarzitisch (Dalarne/Schweden) |
| 31. Roter Porphyrit (Gröklitt/Schweden) | 69. Grauer Orthocerenkalk (Schweden) |
| 32. Öje-Diabasporphyrit (Schweden) | 70. Spinkamåla-Gneisgranit (Schweden) |
| 33. Rätan-Gneisgranit (Schweden) | 71. Stockholm-Granit (Schweden) |
| 34. Venjan-Porphyrit (Schweden) | 72. Ostseekalk (Ostsee bei Gotland) |
| 35. Särna-Diabas (Schweden) (A 11) | 73. Sjögeras-Gneisgranit (Schweden) |
| 36. Öje-Diabasporphyrit (Schweden) | 74. Grauer Revsund-Granit (Schweden) |
| 37. Öje-Diabasporphyrit (Schweden) | 75. Roter Revsund-Granit (Schweden) |
| 38. Sternö-Diabas (Schweden) | 76. Jerbo-Leptitgneis (Schweden) |
| 39. Hunne-Diabas (Schweden) | 77. Biotitgneis, migmatitisch (Skandinavien) |

**Weitere Sehenswürdigkeiten:** In unmittelbarer Nachbarschaft befinden sich

- der Pückler-Park Branitz
  **www.pueckler-museum.de**,
- der Tierpark Cottbus
  **www.zoo-cottbus.de**
- und die Parkeisenbahn Cottbus (600 mm-Schmalspurbahn)
  **www.parkeisenbahn-verein.de**.

Literatur: GRUNERT 1995, 1996; SCHNEIDER 2002; STRIEGLER 1996, 2002

*A12. Kunstwerk »Energetische Reflexionen« von HEINZ GARDZELLA und MANFRED VOLLMERT, zwei Mooreichen und Edelstahl 1985-1988. Die Mooreichen stammen aus dem Deckgebirge des Braunkohlentagebaus Goitsche bei Bitterfeld, Sachsen-Anhalt. Ihr Alter wird mit ca. 7000 Jahren angegeben. – Foto: MANFRED KUPETZ.*

# Der Aussichtsturm Merzdorf am Tagebau Cottbus-Nord

RALF KÜHNER und RAINER THIELE

**Anfahrt:** An der Landstraße Cottbus – Haasow in Dissenchen an der 90°-Kurve in Richtung Westen der Ausschilderung bis zum Parkplatz folgen.

## Der Tagebau im Überblick

Der Tagebau Cottbus-Nord (Vattenfall Europe Mining AG) befindet sich im Nordosten der Stadt Cottbus und versorgt zusammen mit dem benachbarten Tagebau Jänschwalde das gleichnamige Kraftwerk mit Rohbraunkohle. Den besten Blick über den Tagebau hat man vom Aussichtsturm Merzdorf aus. Die bergmännischen Aktivitäten setzten 1975 mit der Grundwasserabsenkung ein. 1981 verließ der erste Zug mit Rohbraunkohle den Tagebau. Die Kohleförderung lag 2006 bei 5 Mio. t (im Vergleich 1986: 13 Mio. t), dazu mussten 20 Mio. m³ Abraum bewegt und rund 63 Mio. m³ Wasser gehoben werden.

Der 32 m bis 45 m mächtige Abraum wird durch eine Förderbrücke vom Typ F34 mit zwei angeschlossenen Eimerkettenbaggern Es 1120.2 bewältigt. Sie transportiert ihn auf kürzestem Wege auf die Kippenseite und verstürzt ihn dort. Die Förderleistung des rund 300 m langen Geräteverbandes beträgt 8100 m³/h. Das 8 bis 10 m mächtige Flöz wird im Grubenbetrieb durch Schaufelradbagger im Kohlehochschnitt und durch Eimerkettenbagger im Kohletiefschnitt abgebaut. Die Kohle wird direkt in Waggons verladen und mit Zügen

*A13. Der Aussichtsturm am Rande des Tagebaus Cottbus-Nord. – Foto: Vattenfall Europe Mining AG.*

*A14. Blick über den Tagebau Cottbus-Nord zum Kraftwerk Jänschwalde. – Foto: Vattenfall Europe Mining AG.*

ins Kraftwerk Jänschwalde gefahren. Die geförderte Rohbraunkohle besitzt einen Heizwert von 8350 kJ/kg und einen Wassergehalt von 51,5 %. Der Aschegehalt liegt bei 11,5 %, der Schwefelgehalt bei 1,1 %.

Zur Gewährleistung eines sicheren Tagebaubetriebes werden pro Minute etwa 120 m³ Wasser mittels Unterwasserpumpen aus Filterbrunnen gehoben. Es wird zum überwiegenden Teil als

*A15. Schematische Darstellung des Tagebaubetriebes in Cottbus-Nord. – Grafik: Vattenfall Europe Mining AG.*

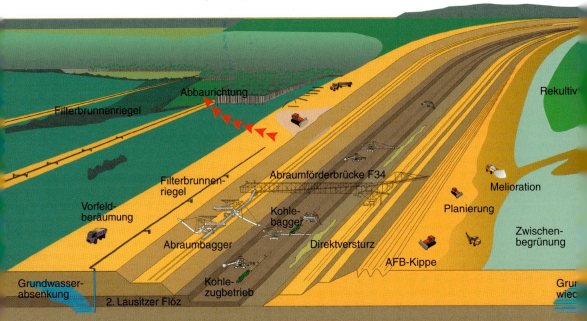

Brauchwasser im Kraftwerk Jänschwalde genutzt, aber auch nach entsprechender Reinigung in die Spree oder in zu schützende Feuchtgebiete geleitet. Im Süden und Westen des Tagebaus verhindern Dichtwände bis in eine Tiefe von 70 m die Beeinflussung des angrenzenden Umlandes durch Grundwasserabsenkung.

### Geologische Verhältnisse

Die tertiär-quartäre Lockergesteinsfolge hat im Tagebaubereich eine Mächtigkeit von 170 m. Sie lagert über bruchtektonisch überprägten Festgesteinen aus oberkretazischen Ton- und Kalkmergelsteinen (Ostbrandenburger Kreidemulde), lokal auch über Sandsteinen des Mittleren Keuper. Im tieferen Untergrund treten Salz- und Karbonatgesteine des Zechsteins auf, an die im Umkreis von Cottbus mehrere kleine Erdöl-/Erdgas-Vorkommen gebunden sind.

Die Tertiärfolge beginnt mit marinen Sedimenten der oberoligozänen Cottbus-Formation, die sich aus 50-60 m mächtigen, zum Teil Glaukonit führenden Sanden mit vereinzelten Schluffbänken zusammensetzt. Sie werden durch 15-20 m mächtige untermiozäne Ablagerungen der Spremberg-Formation überdeckt, an deren Basis im Südostteil der Lagerstätte der 4. Miozäne Flözkomplex (4. MFK) in Mächtigkeiten von max. 1,9 m entwickelt ist. Im Hangenden schließen sich terrestrisch gebildete Schluffe, Tone und Sande des sog. Älteren Lausitzer Schuttfächers an.

Eine Transgression von Nordwesten leitete die Sedimentation der 40-70 m mächtigen Brieske Formation ein, die basal mit einem geringmächtigen, nur lokal entwickelten Braunkohleflöz (3. MFK) beginnen kann und im Liegenden überwiegend schluffig, zum Hangenden verstärkt sandig ausgebildet ist. Generell dokumentiert sich in dieser zwischen marin-brackischer bzw. lagunärer Schluff-Feinsand-Sedimentation und mariner Sand-Sedimentation wechselnden Schichtenfolge die häufige Veränderung der Küstenposition des miozänen Meeres. In seinem Randbereich entwickelten sich weiträumige Braunkohlenmoore, die zur Bildung des gegenwärtig im Abbau stehenden 2. Miozänen Flözkomplexes führten. Er umfasst drei Flözbänke und einen ca. 10-15 m unter der 3. Flözbank lagernden, aushaltenden und annähernd niveaukonstanten Unterbegleiter mit geringer Mächtigkeit. Zwischen Unterbegleiter und 3. Flözbank sedimentierte ein kurzzeitiger Meeresvorstoß einen mittelsandigen Feinsandho-

*A 16. Stratigraphisches Normalprofil der tertiären Schichtenfolge im Raum Dissenchen. – Grafik: Vattenfall Europe Mining AG.*

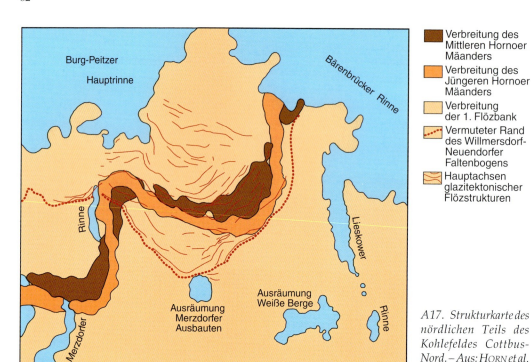

Verbreitung des Mittleren Hornoer Mäanders

Verbreitung des Jüngeren Hornoer Mäanders

Verbreitung der 1. Flözbank

Vermuteter Rand des Willmersdorf-Neuendorfer Faltenbogens

Hauptachsen glazitektonischer Flözstrukturen

*A17. Strukturkarte des nördlichen Teils des Kohlefeldes Cottbus-Nord. – Aus: HORN et al. 2005, umgezeichnet.*

rizont, den GWL 500 (GWL = Grundwasserleiter). Die Flözbänke 1, 2 und 3 (nach bergmännischer Tradition werden die Flöze von oben nach unten gezählt) sind durch Zwischenmittel getrennt, die im Kontaktbereich zu den Flözbänken schluffig-tonig (Hangend- bzw. Liegendschluffe) und in ihren Zentralbereichen auch sandig entwickelt sind (GWL 453). Im Tagebau werden gegenwärtig nur die Flözbänke 1 und 2 gewonnen.

Innerhalb des 2. MFK treten als fazielle Sonderentwicklungen lineare Verschluffungszonen mit mäandrierendem Verlauf in Erscheinung. Sie werden als Jüngerer, Mittlerer und Älterer Hornoer Mäander bezeichnet und setzen sich petrographisch aus Schluffen mit wechselndem Kohle- und Tongehalten und meist geringen Sandgehalten zusammen (s. »Tertiär«, Abb. 22, S. 27).

### Glazigene Lagerungsstörungen

Die tertiäre Schichtenfolge ist über große Bereiche bis in das Liegende des 2. MFK von glazigenen Prozessen betroffen. Unterschieden werden pleistozäne Erosionsstrukturen sowie glazitektonische Störungsgebiete einschließlich der mit ihnen in Verbindung stehenden Flözausräumungszonen.

*A18. Großflächige Überschiebungen im Bereich einer verschuppten Flözfalte des Willmersdorf-Neuendorfer Faltenbogens. **1.FB**, 1. Flözbank; **2.FB**, 2. Flözbank; **1.ZM**, 1. Zwischenmittel; **2.ZM**, 2. Zwischenmittel Tagebau Cottbus-Nord. – Foto: Vattenfall Europe Mining AG, 2007.*

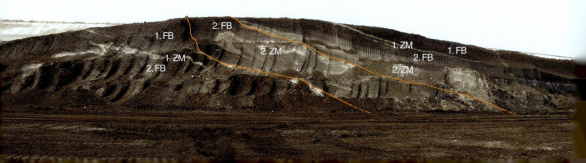

Gegenwärtig ist im zentralen Teil der Strosse das Störungsgebiet »Am Hammerstrom« aufgeschlossen, dessen lobenförmige Begrenzung durch den Willmersdorf-Neuendorfer Faltenbogen gebildet wird. Er ist durch vielfältige Faltenstrukturen, Überschiebungen und Zerrungserscheinungen geprägt, die den 2. MFK einschließlich seiner Begleitschichten bis in das Niveau des GWL 500 beeinflussten (HORN et al. 2005).

Die quartäre Schichtenfolge (Lage der Quartärbasis im Niveau der Brückenarbeitsebene) wird durch weichselzeitliche Sedimente des Baruther Urstromtals dominiert, die diskordant in weiten Bereichen die marin-brackische Folge der Brieske-Formation überlagern. Ältere pleistozäne Bildungen sind nur lokal erhalten und treten als Füllung rinnen- oder wannenförmiger Erosionsstrukturen auf. Außerhalb des Kohlefeldes kann die Quartärbasis bis −150 m ü. NN absinken, wodurch das ehemals flächendeckend ausgebildete Braunkohlenflöz in zahlreiche Einzelfelder zerschnitten wird. Als Rinnenfüllung treten glazilimnische Beckensedimente, Schmelzwassersande, Geschiebemergel und umgelagerte Tertiärmaterialien auf,

A19. Faltenstruktur im 2. MFK mit 1. Flözbank, 1. Zwischenmittel, 2. Flözbank und sandig-schluffig ausgebildetem 2. Zwischenmittel (von links oben nach rechts unten). – Foto: Vattenfall Europe Mining AG, 2005.

die bei meist komplizierten Lagerungsverhältnissen in unterschiedlicher Mächtigkeit und Dominanz ausgebildet sein können.

Im Drehpunktbereich des Tagebaus ist gegenwärtig ein Teil der Lieskower Rinne aufgeschlossen, eine insgesamt 5,5 km lange und bis 300 m breite, bereits elsterzeitlich angelegte Struktur (KÜHNER 1991). Ihre Füllung wird durch eine Vielzahl abgerutschter Schollen der Rauno-Formation mit Sanden, Kiesen und Tonen, vereinzelt auch Resten des 1. MFK charakterisiert. Sie sind in sandig-schluffige _A20_ Sedimente mit vorwiegend turbulenter Schichtung eingebettet. Sandig-kiesige Bildungen beschränkten sich auf grobe, steinreiche Schotter in kolkartigen Ausspülungen des Basis- und Flankenbereiches sowie auf einen zentral zum Streichen der Rinne gelegenen Kiessandkörper.

Dagegen dominieren in der saalezeitlichen Merzdorfer Rinne im Westen des Tagebaus in erster Linie Geschiebemergel und grobe Schmelzwassersande. Die Geschiebemergel wurden vorrangig unter subaquatischen Verhältnissen sedimentiert und zeichnen sich durch eine schwache Schichtung, Fließstrukturen und Einschaltungen von schluffig-tonigen Beckensedimenten aus. Andere, in der Vergangenheit bereits überbaggerte, aber gleichaltrige Strukturen zeigten im Hangenden des Geschiebemergels eine Weiterentwicklung der Sedimentation über regelmäßig geschichtete Bändersande und Bänderschluffe/-tone bis zu den interglazialen Schluff- und Diatomeen-Mudden der folgenden Eem-Warmzeit (KÜHNER 1991).

Während der Weichsel-Kaltzeit erreichten die Gletscher des Brandenburger Stadiums ihre Maximalausdehnung auf der Linie Guben – Tauer, dabei konnte sich ein Lobus kurzzeitig noch bis in das Gebiet des heutigen Tagebaus ausbreiten.

A 20. Schmelzwasserkiese und durch pleistozäne Schluffe »verbackene« Tertiärschollen in der Lieskower Rinne. – Foto: Vattenfall Europe Mining AG, 1987.

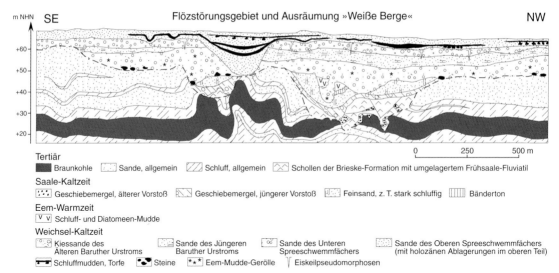

A21. *Geologischer Schnitt durch das Baruther Urstromtal. – Nach* KÜHNER *1991, ergänzt u. verändert; Grafik: Vattenfall Europe Mining AG.*

An ihn ist die Merzdorfer Ausräumung gebunden, eine kesselförmige Erosionsstruktur von 300 m Durchmesser, deren Basis bis unter das Liegende des 2. MFK reicht. Ihre Füllung besteht ausschließlich aus sandig-kiesigen Schmelzwasserablagerungen, in denen als wichtige stratigraphische Zeitmarken zahllose Eem-Gerölle eingelagert sind (HORN, KÜHNER & THIELE 2005).

Die im Baruther Urstromtal abfließenden Schmelzwässer schütteten eine mehr als 20 m mächtige, sandig-kiesige Serie auf, deren differenzierter Aufbau unterschiedliche Rückzugsstaffeln des Weichsel-Gletschers widerspiegelt und sich mit einem Älteren und einem Jüngeren Baruther Urstrom (MARCINEK 1961) korrelieren lässt. Im Hangenden der Schmelzwassersedimente folgen fluviatile Ablagerungen der Spree, die vor 20000 Jahren, zeitgleich zur Maximalausdehnung des Weichsel-Eises, den südlich gelegenen Niederlausitzer Grenzwall durchbrach (CEPEK 1965) und seitdem einen ausgedehnten Schwemmfächer in das Urstromtal schüttete. Die ältesten Spreesedimente werden durch eine Wechselfolge dezimeterstarker Lagen aus kiesigen Mittel- bis Grobsanden charakterisiert und entsprechen den Ablagerungen eines ungeregelten, verwilderten Fluss-Systems (›braided river‹). Innerhalb der ca. 5 m mächtigen Serie treten zahlreiche Eiskeilpseudomorphosen mit Längen bis 4 m in Erscheinung. Sie sind vielfach durch intraformationelle Erosionen gekappt und deuten auf noch hochglaziale Bildungsbedingungen hin. Mit dem Einsetzen deutlich feinkörnigerer Schüttungen beginnt im Weichsel-Spätglazial ein neuer Sedimentationszyklus (Oberer Spreeschwemmfächer) aus vorwiegend limnisch-fluviatilen Sanden mit kryogen deformierten Mudde-Lagen und eingeschalteten äolischen Bildungen. Er dokumentiert die Entwicklung aus dem ›braided river system‹ des vegetationslosen Hochglazials zu einem mäandrierenden Fluss-System im Zuge der dichter werdenden Pflanzendecke und umfasst nahezu die komplette Abfolge des Spätglazials. Trotz der geringen Dauer von ca. 3000 Jahren wurde dieser Abschnitt durch mehrfache Klimaschwankungen zwischen stadialen und interstadialen Verhältnissen geprägt, die sich deutlich in der aufgeschlossenen Schichtenfolge widerspiegeln. Zahlreiche Pollenanalysen und [14]C-Datierungen zwischen $12310 \pm 80$ und $10215 \pm 70$ v. heute an Holzresten und Torfen erlauben hier eine sehr detaillierte Rekonstruktion der vegetations- und landschaftsgeschichtlichen Entwicklung (BITTMANN & PASDA 1999, KÜHNER et al. 1999).

Der Beginn des Holozäns (11590 Jahre v. heute) wurde durch ein kurzzeitiges Aufleben der fluviatilen Erosion charakterisiert, wobei sich die Spree nochmals unter Ausbildung flacher Rinnenstrukturen in den Untergrund einschnitt. Während der sich anschließenden Entwicklung zu ruhigeren, mäandrierenden Abflussverhältnissen erfolgte eine relativ rasche Verfüllung der einzelnen Rinnen mit Fein- und Mittelsanden und/oder limnisch-sedentären Ablagerungen (Moorbildungen). Außerhalb der Flussrinnen lagerten sich im Zuge temporärer Hochwasserereignisse mittelkörnige Sande, Auelehme sowie organogene Sedimente (Torfe, Mudden, humose Sande) ab.

In geschichtlicher Zeit hat die Entblößung der leichten Sandböden des Schwemmfächers durch großflächige Rodungsaktivitäten wiederholt intensive äolischen Aktivitäten ausgelöst. Sie führten von der späten Bronzezeit über das Mittelalter bis in das heutige Industriezeitalter neben der Anwehung dünner Flugsanddecken vor allem auch zur Um- und Neubildung ausgedehnter Dünenfelder, in denen einzelne Dünen eine Höhe bis zu 15 m erreichten (Nowel et al. 1972).

Literatur: BITTMANN & PASDA 1999; BÖNISCH & GRUNERT 1985; BÖNISCH & LISKOW 1988; CEPEK 1965; HORN, KÜHNER & THIELE 2005; KÜHNER, HILLER & JUNGE 1999; MARCINEK 1961; NOWEL 1983; NOWEL, ATANASOW & ERD 1972; SCHNEIDER 1978; STANDKE 2006

A22. Kryogene Deformationen (Brodelboden) einer Muddelage im Oberen Spreeschwemmfächer. – Foto: Vattenfall Europe Mining AG, 1992.

 **A3**

# Das Hüttenwerk Peitz

DIRK REDIES

**Anfahrt:** Am Kreisverkehr in Peitz in Richtung Heinersbrück abbiegen. Das Hüttenwerk ist ausgeschildert. Adresse: Hüttenwerk 1, D-03185 Peitz; **www.peitzer-huettenwerk.de.**

**Öffnungszeiten:** Mo-Fr 10-16 Uhr, Sa-So 10-18 Uhr.

Das Gelände des Hüttenwerkes beherbergt ein Museum, das aus zwei Abteilungen besteht, dem Hüttenwerk Peitz und dem Fischereimuseum. In der Hochofenhalle steht eine der ältesten noch A23 funktionierenden Hüttenanlagen Europas.

## Die Gründung des Hüttenwerks

Mitte des 16. Jahrhunderts rücken das Amt und die Stadt Peitz in den Interessenbereich des Markgrafen von Brandenburg-Neumark, auch Hans von Küstrin genannt. Er plant in seiner, von böhmischem Territorium umgebenen, Exklave einen bedeutenden Festungsbau. Gleichzeitig wird ein Eisenhüttenwerk errichtet und in unmittelbarer Nähe dazu werden Fischteiche angelegt. Der bedeutende Kupferstecher und Geograf MATTHÄUS MERIAN (1. Häfte des 17. Jahrhunderts) beschreibt in seinem Werk »Beschreibung der Vornembsten und bekantisten Stätte und Plätz

A23. Das Hüttenwerk in Peitz. – Foto: DIRK REDIES.

*in dem hochlöblichsten Chur-Fürstenthum und March Brandeburg; und dem Herzogthum Pommern«* die Peitzer Gegend wie folgt:

> *» … Das Land herumb ist eben und meistentheils morastig, derhalben hat Marggraff Hanß von Cotbus her, zwischen Tämmen einen Canal auß der Spree bis Peitz geführet, der bringet der Vestung frisch Wasser, und ligen darauff stattliche Mühlen, und ein Eysenhammer, auff welchem durchs Jahr eine grosse Anzahl Eysen gemachet wird, und dann werden unterschiedene grosse Teiche mit Wasser darauß versehen, aus denen der Churfürst zu Brandeburg jährlich etliche tausent Thaler von Carpen einnimmet …«*

### Rohstoffe und Energie

Der einheimische Raseneisenstein bildete eine Grundlage für den Betrieb des Eisenhütten- und Hammerwerks Peitz. Der auch als Wiesenerz oder Kaulstein bezeichnete Rohstoff wurde vorwiegend im Vorspreewald, im Gebiet der Spree- und Malxeniederung, zwischen Peitz und Burg abgebaut. Das Erz lag in geringer Tiefe, war leicht im Tagebauverfahren abzubauen und enthielt ca. 25 bis 35 Prozent reines Eisen. Als Brennmaterial für die Öfen diente Holzkohle, die in den Wäldern nördlich von Peitz hergestellt wurde. Der zur Verhüttung von Eisenerz notwendige Kalkstein kam aus Rüdersdorf östlich von Berlin. Die benachbarten Peitzer Teiche sind entgegen der landläufig verbreiteten Meinung keine ehemaligen Eisenerzabbaue sondern künstlich angelegte Fischzuchtanlagen (»Peitzer Karpfen«) und hatten gleichzeitig eine strategische Schutzbedeutung für die Festung Peitz.

Die notwendige Energie für die Wasserräder, welche Gebläse, Hämmer, Aufzüge und andere Maschinen betrieben, lieferte der Hammerstrom. Dieser künstliche Kanal, der im Oberlauf mit seiner Sohle zum Teil 2 bis 3 Meter über dem umliegenden Wiesen- und Teichhorizont liegt, zweigt in Cottbus von der Spree ab und vereint sich im Oberspreewald wieder mit ihr. Der Hammergraben dient bis zum heutigen Tag auch zur Flutung der Teiche und bildet mit diesen eine einmalige, hochkomplizierte Kulturlandschaft. Durch die Nutzung des natürlichen Gefälles können sämtliche Teiche ohne Pumpwerke geflutet (bespannt) und auch wieder abgelassen werden.

### Die Geschichte des Werkes bis zur Stilllegung

Im Laufe der Zeit erfolgten viele Um- und Neubauten der Hüttenwerksgebäude unter Beachtung technischer Neuerungen. Im Jahr 1660 wurde hier der erste Hochofen Brandenburgs in Betrieb genommen. In der Zeit von 1809 bis 1839 entstand die noch heute fast vollständig erhaltene Werksanlage mit Hochofen- und Gießereihalle, Formereigebäude, mechanischer Werkstatt, Produktenmagazin, *A24* Emaillierwerk, Stabhammerhütte sowie Beamten- und Arbeiterwohnhäusern. Viele der Baumaßnahmen dieser Zeit wurden von dem bedeutenden Architekten Karl Friedrich Schinkel begleitet.

Bedingt durch die Abschaffung des Dienstzwangs der bis dahin dienstverpflichteten Amtsbauern sowie durch das Aufblühen der preußischen Industriestandorte in Berlin, Schlesien und im Ruhrgebiet erfolgte im zweiten Drittel des 19. Jahrhunderts der wirtschaftliche Rückgang der Peitzer Hütte *A25* bis zur Bedeutungslosigkeit, so dass es im Jahr 1856 zur Stilllegung des Hochofenbetriebes kam. Bis 1898 betrieb ein Pächter die Gießerei mit zwei Kupolöfen weiter.

### Das Werk im 20./21. Jahrhundert

Im 20. Jahrhundert entwickelte sich das Werksgelände zum größten Binnenfischereibetrieb Deutschlands. Trotz der Umnutzung blieben die meisten Werksgebäude zumindest in ihrer historischen Grundsubstanz erhalten. Das Kernstück des Hüttenwerks, die Hochofen- und Gießereihalle aus dem Jahr 1810, blieb wie durch ein Wunder einschließlich der technischen Ausstattung bewahrt. Mit ihrer besonderen Dachkonstruktion, einer geschweiften Bohlenbinderkonstruktion, gilt die Halle in der Fachwelt als technisches Denkmal von europäischem Rang. Seit 1973 ist hier das Hüttenmuseum untergebracht. Umfangreiche Restaurierungs- bzw. Rekonstruktionsarbeiten an der Halle wurden schon vor der politischen Wende eingeleitet. Im Jahr 2001 wurde das Gebäude der »Mechanischen Werkstatt« rekonstruiert und damit das Museum um einen großzügigen Ausstellungsbereich erweitert. Nach der baulichen Rekonstruktion der alten Formerei konnte hier im Jahr 2006 die Abteilung »Fischereimuseum« eröffnet werden.

*A24. Die historische Ofenhalle mit dem Kupolofen von 1868. – Foto: Dirk Redies.*

*A25. Abstich am historischen Kupolofen. – Foto: Dirk Redies.*

**Tipp**: Zu besonderen Anlässen findet ein Schaugießen statt. Dazu wird der Kupolofen von 1868 in originaler Funktionsweise in Betrieb genommen. Jährlich im August findet in Peitz das traditionelle Fischerfest statt (**www.peitz.de**).

**Weitere Sehenswürdigkeiten:** Kahnfahrten, ein Teichlehrpfad, ein Angelteich sowie die Fischgastronomie (Peitzer Karpfen) vervollständigen das touristische Angebot.

Literatur: Redies, Reichmuth & Gahler 1997, Redies 2001

## A4 Die Bärenbrücker Höhe – ein bergbauliches Landschaftsbauwerk

Manfred Kupetz und Thomas Neumann

**Anfahrt:** An der B 97 zwischen Cottbus und Peitz bei Möbel Höffner in Richtung Neuendorf abbiegen, dann der Ausschilderung zum Parkplatz des Erlebnisparks Teichland folgen.

Der moderne Braunkohlenabbau in der Niederlausitz erfolgt mit Hilfe der Förderbrückentechnologie. Dies erfordert beim Aufschluss eines Tagebaus das Anlegen einer sogenannten Aufschlussfigur. Das ist ein schlauchförmiger Initialtagebau von ca. 1,5-2,0 km Länge und ca. 300-500 m Breite. Im nachfolgenden Gewinnungsbetrieb arbeitet die Förderbrücke quer über dem »Tagebauschlauch« stehend *A15* (Abb. A 15, S. 80). Die Bärenbrücker Höhe ist die ehemalige Außenhalde, die zur Ablagerung der Abraummassen aus den Aufschlussfiguren der beiden Tagebaue Jänschwalde und Cottbus-Nord diente. Sie wurde beim Tagebauaufschluss im Zeitraum von 1974 bis 1982 angelegt, hat eine Größe von 435,2 ha und besteht aus 79,2 Mio. m³ Aufschlussabraum sowie 6,0 Mio. m³ Braunkohlenasche des Kraftwerkes Jänschwalde. Das Landschaftsbauwerk liegt in der flach nach Norden ansteigenden

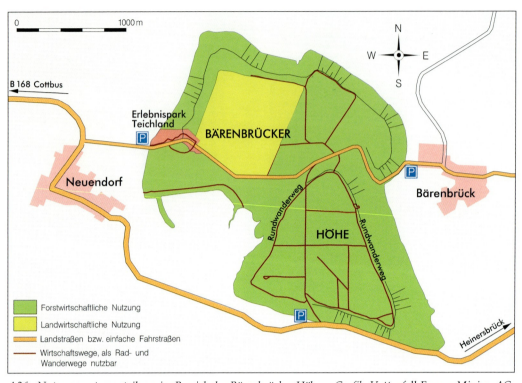

*A26. Nutzungsartenverteilung im Bereich der Bärenbrücker Höhe. – Grafik: Vattenfall Europe Mining AG.*

*A26* Ebene des Baruther Urstromtals. Es überragt dieses um ca. 23 bis 33 m und hat eine maximale Höhe von 73 m ü. NN.

Nachdem bei der Flächenschüttung ein entsprechender Vorlauf erreicht war, begann unmittelbar darauf die Wiedernutzbarmachung*. Bereits ein Jahr nach Aufschlussbeginn im Tagebau Jänschwalde (1975) wurde die erste Fläche von 15 ha und 1987 die letzten Flächen zur Aufforstung an den Staatlichen Forstwirtschaftsbetrieb übergeben.

Der Aufschlussabraum der beiden Tagebaue bestand aus 25-35 m mächtigen quartären Sanden und untergeordnet aus Geschiebemergel, Bänderschluff und Bänderton. Das 15-20 m mächtige darunterliegende tertiäre Lockergestein setzte sich aus Sanden und kohligem Hangendschluff zusammen. Der Transport des Abraums erfolgte aus dem Tagebau heraus mit einer Bandanlage auf einer ansteigenden Ebene. Verkippt wurde mit zwei Absetzern jeweils in Hoch- und Tiefschüttung ($A_2RsB$ 12 500, 2,25 m Bandbreite), die Oberflächengestaltung erfolgte mit zwei Kippenpflügen.

Zwischen 1975 und 1986 wurden entsprechend des Kippfortschrittes mehrere sog. Kippengutachten erstellt. Grundlage hierfür waren bodenkundliche Untersuchungen. Hierzu wurden Rohbodenkartierungen mittels 1 m tiefer Peilstangensondierungen im Abstand von etwa $50 \times 50$ m und ergänzend physikalisch-chemischen Bodenuntersuchungen durchgeführt. Die Kippbodenformen wurden aus-
*A27* kartiert und nach der Methodik von WÜNSCHE et al. (1981) bewertet. In der heutigen Nomenklatur
*A28* entspricht diese Bewertung den substratsystematischen Einheiten. Wo keine nennenswerten Anteile
*A29* von bindigem, pleistozänem Bodenmaterial zur Gewinnung zur Verfügung standen, erfolgte an

---

\* Im Bergrecht der Deutschen Demokratischen Republik wurden die Begriffe Wiederurbarmachung, Wiedernutzbarmachung und Rekultivierung genau definiert. Wiedernutzbarmachung war der Oberbegriff für Wiederurbarmachung (Aufhalden, getrenntes Verstürzen kulturwürdiger Böden, Einebnen, Grundmelioration und Regulierung des Oberflächenwasserabflusses) und Rekultivierung (agrar- und meliorationstechnische, forstliche sowie wasserwirtschaftliche Arbeiten, Vorfruchtanbau, Aufforstung mit Pioniergehölzen).

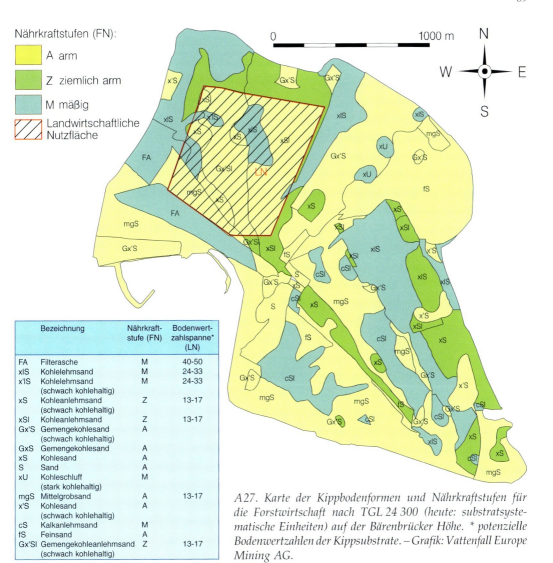

**Nährkraftstufen (FN):**

- A arm
- Z ziemlich arm
- M mäßig
- Landwirtschaftliche Nutzfläche

0        1000 m

N W E S

| | Bezeichnung | Nährkraft-stufe (FN) | Bodenwert-zahlspanne* (LN) |
|---|---|---|---|
| FA | Filterasche | M | 40-50 |
| xlS | Kohlelehmsand | M | 24-33 |
| x'lS | Kohlelehmsand (schwach kohlehaltig) | M | 24-33 |
| xS | Kohleanlehmsand (schwach kohlehaltig) | Z | 13-17 |
| xSl | Kohleanlehmsand | Z | 13-17 |
| Gx'S | Gemengekohlesand (schwach kohlehaltig) | A | |
| GxS | Gemengekohlesand | A | |
| xS | Kohlesand | A | |
| S | Sand | A | |
| xU | Kohleschluff (stark kohlehaltig) | M | |
| mgS | Mittelgrobsand | A | 13-17 |
| x'S | Kohlesand (schwach kohlehaltig) | A | |
| cS | Kalkanlehmsand | M | |
| fS | Feinsand | A | |
| Gx'Sl | Gemengekohleanlehmsand (schwach kohlehaltig) | Z | 13-17 |

*A27. Karte der Kippbodenformen und Nährkraftstufen für die Forstwirtschaft nach TGL 24 300 (heute: substratsystematische Einheiten) auf der Bärenbrücker Höhe. * potenzielle Bodenwertzahlen der Kippsubstrate. – Grafik: Vattenfall Europe Mining AG.*

der Kippenoberfläche eine Grundmelioration durch Kalk. In Abhängigkeit vom Substrat wurde an diesem Standort ein Meliorationsbedarf zwischen 50 dt CaO/ha und 3000 dt CaO/ha ermittelt. Als Meliorationsverfahren kamen die Kalkmelioration sowie das so genannte Domsdorfer Verfahren (Einsatz von Braunkohlenasche an Stelle von Kalk) bzw. die Kombination beider Verfahren zum Einsatz. Technologisch bedingt betrug die Einarbeitungstiefe damals nur etwa 55 cm.

Ergänzend wurden folgende Arbeiten durchgeführt:
- Erosionsschutz an den Böschungen und Regulierung des oberflächlichen Wasserabflusses,
- verkehrstechnische Erschließung durch den Bau von Wirtschaftswegen,
- landwirtschaftliche Wiedernutzbarmachung durch Einsatz von Boden verbessernden Fruchtfolgen,
- forstwirtschaftliche Rekultivierung durch Aufforstung und Pflege der Bestände sowie
- die touristische Erschließung, der Bau von Parkplätzen, das Errichten von Aussichtspunkten und
- Informationstafeln, ferner der Bau einer Waldschule.

A28. Senkrechtaufnahme des Südostbereiches der Bärenbrücker Höhe 1985. – Luftbild: Vattenfall Europe Mining AG.

Im Rahmen der Qualitätskontrolle des Wiedernutzbarmachungserfolges wurden weitere Rekultivierungsarbeiten durchgeführt:

1989 Nachmelioration der Ostböschung mit 2745 t Mischkalk und 41,6 t Düngemittel,
1993 Tiefenmelioration (11 ha) und Nachpflanzung (4,9 ha) und
1994 Tiefenmelioration (15 ha), Aufforstung (10 ha), ganzflächige Düngung (Kali und Stickstoff) vom Flugzeug aus (ca. 274 ha).

1994 wurde die Bärenbrücker Höhe aus der Bergaufsicht entlassen, Bergbautreibender war zu diesem Zeitpunkt die Lausitzer Braunkohle AG, Senftenberg. Die forstwirtschaftlichen Nutzflächen gingen an das Land Brandenburg über und werden seitdem durch das Amt für Forstwirtschaft Peitz bewirtschaftet. Die 63 ha landwirtschaftliche Nutzflächen wurden der benachbarten Agrargenossenschaft Heinersbrück verkauft und seitdem erfolgreich bewirtschaftet. 80 % des heutigen Waldbestandes bilden Nadelhölzer. Den Vorzug erhielten die Gemeine Kiefer, die Schwarzkiefer und

A29. Senkrechtaufnahem des Südostbereiches der Bärenbrücker Höhe 2008. – Luftbild: Vattenfall Europe Mining AG.

die Murraykiefer. Laubgehölze konzentrieren sich auf die Böschungsbereiche und Brandschutzstreifen (Roteiche, Roterle, Pappel, Aspe, Birke, Weiden, Amorpha, Sanddorn, Spiraeen, Berberitze und Schneebeere). Seit 1994 wird das Bild der Bärenbrücker Höhe durch eine Windkraftanlage mitgeprägt. Ein 5 km langer Rundweg erschließt die Höhe für Wanderungen. 2008 eröffnete am Westrand der Bärenbrücker Höhe der kommunale Erlebnispark Teichland, u. a. mit einer »geologischen Uhr« (Tabelle 3).

Im heutigen Zustand erweckt die Bärenbrücker Höhe nicht mehr den Eindruck einer bergbaulichen Hinterlassenschaft und ist kein »Fremdkörper« in der Landschaft.

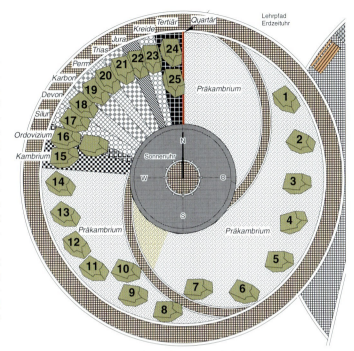

*A30. Aufbau der geologischen Uhr. – Grafik: Nickel Landschaftsarchitektur + Umweltplanung, Dresden.*

*Tabelle 3. Die Gesteine der geologischen Uhr. * Aus bautechnischen Gründen ist der Paläoporellenkalk in der Zeitabfolge »fehlgeordnet«. – Autor: WOLFRAM KÖBBL, Cottbus (2008, unveröff.)*

| Nr. | Gesteinsname | Heimat/ Herkunft | Fundort | geologisches Alter [Mio. Jahre] |
|---|---|---|---|---|
| 1 | Revsundgranit | Nordschweden | Tagebau Jänschwalde, Findling | 19 |
| 2 | Uppsalagranit | Uppland, Schweden | Tagebau Jänschwalde, Findling | 1,9 |
| 3 | Pyterlit | SW-Finnland | Tagebau Jänschwalde, Findling | 1,65 |
| 4 | Ålandrapakivi | Ålandinseln, Finnland, Findling | Tagebau Jänschwalde, Findling | 1,65 |
| 5 | Påskallavikporphyr | Småland, Schweden | Tagebau Jänschwalde, Findling | 1,69 |
| 6 | Roter Feldspatporphyr | Dalarna, Schweden | Tagebau Jänschwalde, Findling | 1,64 |
| 7 | Granatgneis | Schweden | Tagebau Jänschwalde, Findling | 1,7-2,0 |
| 8 | Gabbro | Schweden | Tagebau Jänschwalde, Findling | 1,7 |
| 9 | Diorit | Schweden | Tagebau Jänschwalde, Findling | 1,5-2,0 |
| 10 | Jotnischer Sandstein | Dalarna, Schweden | Tagebau Jänschwalde, Findling | 1,7 |
| 11 | Särnadiabas | Dalarna, Schweden | Tagebau Jänschwalde, Findling | 1,2 |
| 12 | Åsydiabas | Mittelschweden | Tagebau Jänschwalde, Findling | 1,2 |
| 13* | Paläoporellenkalk | Mittlere Ostsee | Tagebau Jänschwalde, Findling | Ordovizium |
| 14 | Dolerit | Südschweden | Tagebau Jänschwalde, Findling | 1,2 |
| 15 | Lausitzer Granodiorit | Sachsen | Steinbruch Demitz-Thumitz | Kambrium |
| 16 | Theumaer Fruchtschiefer | Sachsen (Vogtland) | Steinbruch Theuma | Ordovizium |
| 17 | Ockerkalk | Thüringen | Steinbruch »Am Schatzberg«, Volkmannsdorf | Silur |
| 18 | Diabas | Sachsen (Vogtland) | Steinbruch Herlasgrün | Devon |
| 19 | Dachschiefer | Thüringen | Grube Schmiedebach | Unterkarbon |
| 20 | Meißener Syenit-Granit | Sachsen | Steinbruch Meißen-Cölln | Perm |
| 21 | Muschelkalk | Brandenburg | Steinbruch Rüdersdorf | Trias |
| 22 | Dolomit | Bayern (Oberfranken) | Steinbruch »Kümmersreuther Berg« | Jura |
| 23 | Sandstein | Sachsen | Steinbruch »Kleine Mühle« Reinhardsdorf | Oberkreide |
| 24 | Basalt | Sachsen | »Richterbruch« Hammerunterwiesenthal | Tertiär |
| 25 | Phonolith | Sachsen | »Richterbruch« Hammerunterwiesenthal | Tertiär |

*A31. Geologische Uhr im Erlebnispark Teichland. – Foto: MANFRED KUPETZ.*

**Weitere Sehenswürdigkeiten:** Der Erlebnispark Teichland bietet Wanderern einen guten Ausgangspunkt und Fernblicke sowie Familien mit Kindern vielfältige Freizeitangebote (Sommerrodelbahn, Götterhain, Irrgarten, Gastronomie u.a.).

www.spreewald-info.com   www.sommerrodelbahn-teichland.de

Öffnungszeiten der Sommerrodelbahn: 1. Mai bis 31. Oktober: Mo-Fr 10-19 Uhr, Sa-So 10-20 Uhr; 1. November bis 30. April Mi-So 11-17 Uhr.

Literatur: Abschlussbetriebsplan »Bärenbrücker Höhe«. – Lausitzer Braunkohle AG, Senftenberg (1994); WÜNSCHE, OEHME, HAUBOLD, KNAUF et. al. 1981

## A5   Der Findling am Eingang der Betriebsdirektion Jänschwalde/Cottbus-Nord der Vattenfall Europe Mining AG

RALF KÜHNER

**Anfahrt:** Die Tagesanlagen der Betriebsdirektion Jänschwalde/Cottbus-Nord beherbergen einen ausgedehnten Gebäudekomplex aus Bürogebäuden, Kauen, Werkstätten und Sozialeinrichtungen für die rund 1000 Beschäftigten der beiden Tagebaue Jänschwalde und Cottbus-Nord. In den Verwaltungsgebäuden sind die Mitarbeiter der Produktionsvorbereitung und -überwachung, der einzelnen Gewerke der Aus- und Vorrichtung sowie der Stabsabteilung mit Geotechnikern und Bergbauplanern untergebracht.

**Öffnungszeiten und Anmeldung:** Der Großfindling ist öffentlich zugänglich. Die Besichtigung der Ausstellung und der Findlingsgruppen ist nur nach Voranmeldung möglich, Ansprechpartnerin vor Ort ist Frau ASTRID HOBRACHT (Tel.: 035601 57216; E-Mail: astrid.hobracht@vattenfall.de).

Das markante Großgeschiebe im Eingangsbereich wurde 1986 an der Südrandböschung des Tagebaus Jänschwalde freigelegt, aber erst 1993 unter enormem technischen Aufwand geborgen und zum gegenwärtigen Standort transportiert. Es stammt vermutlich aus dem Niveau der ausgewaschenen Elster-Grundmoräne und ist mit einer Masse von 46 Tonnen der größte

*A32. Großgeschiebe am Eingang zur Betriebsdirektion Jänschwalde/Cottbus-Nord. – Foto: Vattenfall Europe Mining AG, 2008.*

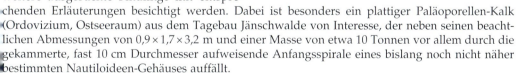

A33. *Paläoporellen-Kalk (Alter: Borkholmer Stufe, Caradoc, Ordovizium) mit Nautiloideen-Gehäuse, deutlich zu erkennen ist der Übergang von einer anfangs spiraligen zu einer gestreckten Gehäuseform. – Foto: Vattenfall Europe Mining AG.*

bislang in diesem Raum gefundene Findling. Petrographisch handelt es sich um einen relativ gleichkörnigen Gneisgranit mit grauen Quarzen, rotbraunen, bis 15 mm großen Feldspäten und dünnen, flaserig ausgezogenen Biotitlagen. Er wird von mehreren, bis 20 cm starken Aplit- und Quarzgängen durchzogen.

    Innerhalb der Tagesanlagen (Betriebsgelände) können im Bereich des Besucherzentrums weitere ausgesuchte Findlinge mit entsprechenden Erläuterungen besichtigt werden. Dabei ist besonders ein plattiger Paläoporellen-Kalk (Ordovizium, Ostseeraum) aus dem Tagebau Jänschwalde von Interesse, der neben seinen beachtlichen Abmessungen von $0,9 \times 1,7 \times 3,2$ m und einer Masse von etwa 10 Tonnen vor allem durch die gekammerte, fast 10 cm Durchmesser aufweisende Anfangsspirale eines bislang noch nicht näher bestimmten Nautiloideen-Gehäuses auffällt.

    Im Besucherzentrum wird eine kleine Sammlung mit Handstücken und interessanten geologischen Funden aus den Tagebauen präsentiert. Großgeschiebe, Steine, erratische Blöcke oder allgemein Findlinge treten als »klassische Mitbringsel« der pleistozänen Eisvorstöße in den teilweise mehr als 120 m Mächtigkeit erreichenden pleistozänen Schichten der Lausitzer Braunkohlentagebaue in unterschiedlicher Verbreitung und Häufigkeit in Erscheinung. Ihre Bedeutung liegt vor allem in dem hohen Gefährdungspotenzial für die zur Gewinnung von Lockergesteinen eingesetzte Tagebautechnik. Zerstörte oder beschädigte Graborgane, Übergabestellen oder Gurtbandfördermittel bzw. erhebliche Leistungsverluste sind häufige Begleiterscheinungen bei der Baggerung steinführender Ablagerungen, die in Folge auch immense Aufwendungen und Kosten hinsichtlich Geräteausstat-

A33

A34. Vorlaufende Steinaushaltung mit Universalbagger auf der Hornoer Hochfläche im Tagebau Jänschwalde. – Foto: KLAUS-DIETER SCHÜTT 2001.

A35. Baggerung in steinreichem Geschiebemergel. – Foto: Vattenfall Europe Mining AG.

A34
A35
tung und Instandhaltung nach sich ziehen. Grundsätzlich werden Steine (in Abhängigkeit von der eingesetzten Gerätetechnik) bereits ab einem Durchmesser von 0,3 m für den Gewinnungsprozess relevant. Rund 70 % der anfallenden Steine liegen im Bereich zwischen 0,3 bis 0,5 m, nur etwa 5 % erreichen eine Größe über 1,0 m. Der vermutlich bisher größte Findling mit einer Masse von etwa 100 Tonnen wurde 1988 im ehemaligen Tagebau Greifenhain angetroffen.

Eine wesentliche Maßnahme zur Verhütung von Schäden ist die gezielte Steinbeseitigung bereits im Tagebauvorfeld durch Hilfsgerätetechnik. Zum Nachweis der lokal meist begrenzten Anhäufungen wurde in den letzten Jahren eine komplexe Bearbeitungsmethodik entwickelt. Sie beruht im Wesentlichen auf der Klassifizierung einzelner Vorkommen nach stratigraphisch-genetischen
A36
Aspekten und erlaubt die Ableitung entsprechender Trends für die Steinführung.

Die höchste Steinführung findet man in den Satzendmoränen der warthezeitlichen Eisrandlagen auf dem Niederlausitzer Grenzwall. Im Tagebau Welzow-Süd, der in diesem Bereich arbeitet, müssen jährlich zwischen 30 000 und 40 000 Steine mit einem Durchmesser >0,5 m durch Hilfsgerätetechnik separat geborgen werden.

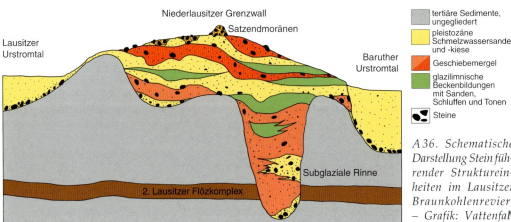

A36. Schematische Darstellung Stein führender Struktureinheiten im Lausitzer Braunkohlenrevier – Grafik: Vattenfall Europe Mining AG.

Das eigentliche »Muttergestein« der zahllosen Findlinge ist der in allen Tagebauen in wechselnder Verbreitung, Mächtigkeit sowie unterschiedlicher fazieller und stratigraphischer Einstufung vorkommende Geschiebemergel. Er weist ein breites Spektrum in der petrographischen Zusammensetzung mit ständig wechselnden Korngrößenanteilen auf. Dies trifft auch auf die Steinführung zu, die unregelmäßig und in rein statistischer Verteilung vorliegt. Dennoch lassen sich auf Grundlage langjähriger Steinzählungen relativ genaue Trends für einzelne Geschiebemergel ableiten, die als Rechengröße für konkrete Prognosen verwendet werden können. Die elsterzeitlichen Moränen weisen mit einem durchschnittlichen Steinanfall von 1 Stein >0,5 m pro 1000 m³ Geschiebemergel die höchste Steinführung auf. Der Steinanfall aus den drenthezeitlichen Moränen ist deutlich kleiner und liegt bei ca. 0,4 Steinen >0,5 m pro 1000 m³. Die jüngsten Geschiebemergel des Warthe-Stadiums besitzen nur noch geringe Höffigkeiten um 0,2 Steine >0,5 m pro 1000 m³. Diese Steinverteilung ist grundsätzlich nur auf normal abgelagerte Geschiebemergel zutreffend. Lokale Abweichungen sind an spezielle genetische und morphologische Besonderheiten gebunden. Sie können meist erst beim unmittelbaren Anschnitt an der Abraumböschung erkannt werden und lassen sich statistisch nicht fassen.  *A35*

Horizonte mit markanter, flächiger Geröllverbreitung werden als Steinsohlen bezeichnet. Die Steine stammen im Wesentlichen aus aufgearbeiteten Geschiebemergelhorizonten und sind durch äolische, glazifluviatile oder fluviatile Prozesse freigelegt worden. Als Sonderform der Steinsohle ist die Basis der Urstromtäler zu werten. Hier führte der enorme Schmelzwasserdurchfluss zur Erosion mehrerer Geschiebemergelhorizonte und/oder älterer Steinsohlen. Obwohl die Steinverbreitung generell starken Schwankungen unterworfen ist, lassen sich an der Basis des Lausitzer Urstromtals statistische Belegungsdichten von ca. 10 bis 25 Steine auf 10 000 m² und 0 bis 10 Steine auf 10 000 m² an der Basis des Baruther Urstromtals erkennen.

Im Gegensatz zu den flächigen Steinsohlen sind Rinnen lineare Strukturen, die sich durch die erosive Wirkung des Wassers an der Oberfläche (subaerisch) oder unter Gletscherbedeckung (subglazial) in den Untergrund eingeschnitten haben. Subaerische Rinnen werden durch frei abfließende Oberflächenwässer mit nur geringer Transportkraft gebildet und weisen meist nur Eintiefungsbeträge von wenigen Metern auf. Sie treten vorwiegend an den Hängen morphologisch exponierter Hochlagen (Niederlausitzer Grenzwall im Tagebau Welzow-Süd oder die Hornoer Hochfläche im Tagebau Jänschwalde) auf, wo sie lokal durch besonders hohe Steinführung gekennzeichnet sein können (ca. 10 bis 20 Steine auf 1000 m³).

Subglaziale Rinnen stehen dagegen in Zusammenhang mit gespannten, unter dem Eis abfließenden Schmelzwässern. Sie können bei Erosionsbeträgen bis über 100 m Tiefe eine Länge von mehreren Kilometern erreichen. Dabei sind die hier unter enormem Druck stehenden Schmelzwässer auch in der Lage, größere Findlinge zu verlagern. Die Erfahrungen aus der Überbaggerung zahlreicher Rinnenstrukturen zeigen, dass sich Steine und Blöcke vorwiegend auf den Basis- und Flankenbereich konzentrieren, wobei extrem hohe Packungsdichten besonders in lokalen Auskolkungen auftreten.

Der jährliche Steinanfall aus den Lausitzer Tagebauen liegt gegenwärtig bei ca. 80 000 Findlingen mit einer Kantenlänge >0,5 m. Davon wird ein geringer Teil im Eigenbedarf zur Stabilisierung von Böschungen bzw. zur Flächenabgrenzung verwendet, der größte Teil auf Deponien gelagert. Das  *A37* Spektrum der Gesteinsarten, die vor allem aus süd- und mittelschwedischen Gebieten sowie dem Ostseeraum stammen, wird vorwiegend durch Gneise und Migmatite dominiert. Es folgen Granite, Diabase, Porphyre und Basalte, wobei die Vulkanite mengenmäßig stark zurücktreten. Sedimentgesteine, vor allem Kalk- und Sandsteine,

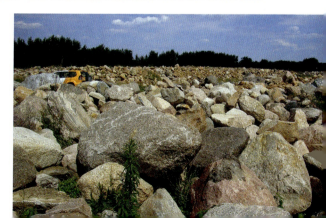

*A37. Findlingsdeponie im Tagebau Welzow-Süd mit etwa 150 000 Findlingen aus den warthezeitlichen Endmoränen des Niederlausitzer Grenzwalls. – Foto: RALF KÜHNER.*

*A38. Skulptur von* PETER MAKOLIES *(Höhe 185 cm) auf dem Gut Geisendorf bei Neupetershain. – Foto:* SIEGFRIED LAUMEN.
*A39. Das Tor – Installation von* GERHARD LAMPA *auf dem Gut Geisendorf bei Neupetershain. – Foto:* SIEGFRIED LAUMEN.

besitzen im Raum Jänschwalde einen Anteil von rund 30 %. Dabei kann der Anteil an Kalksteinen besonders in den saalezeitlichen Moränenablagerungen so extreme Werte annehmen, dass er noch im 19. Jahrhundert in der östlichen und westlichen Niederlausitz die Grundlage für einen Kalkabbau in hunderten kleinen Gruben lieferte. Im Bereich des Tagebaus Welzow-Süd sind Kalksteine dagegen nur untergeordnet zu finden, die Gruppe der Sedimentgesteine wird hier überwiegend von (vielfach quarzitischen) Sandsteinen gebildet.

Findlinge wurden mindestens seit dem Mittelalter in natürlicher oder behauener Form zur Errichtung von Mauern und Gebäuden sowie zur Befestigung von Straßen und Plätzen verwendet. Heute erfolgt ihre Nutzung nahezu ausschließlich für den Garten- und Landschaftsbau sowie für die Anlage von Findlingsgärten (s. **E1**) und Lehrpfaden. In den vergangenen Jahren haben auch immer wieder zahlreiche Künstler den unendlichen Formen- und Farbenreichtum der Geschiebe als gestalterische Herausforderung und Anreiz entdeckt. Die klassische, bautechnische Verwendung in der Natursteinindustrie bzw. im Straßen- und Wegebau ist dagegen nur untergeordnet möglich, da die petrographische Vielfalt der Gesteine, ihre unterschiedlichen Formen sowie z. T. starke Verwitterungserscheinungen, Risse oder innere Spannungen einen entsprechenden Einsatz weitestgehend ausschließen.

*A38*
*A39*

Literatur: Autorenkollektiv 2001, KÖBBEL 2003, KÜHNER & SEIBEL 2002, MÄDLER 2005, SPERLING 2005

**A6**　　　**Das Eem von Klinge – Das Freilichtmuseum »Zeitsprung«**

ROLF STRIEGLER und URSULA STRIEGLER

**Anfahrt:** Auf der Landstraße zwischen Cottbus und Forst in Kathlow in Richtung Klinge abbiegen, dort vor dem Ortseingangsschild links weiterfahren. Nach dem Bahnübergang rechts halten, am Raubrittertor parken und der Ausschilderung zum Museum »Zeitsprung« folgen.

**Öffnungszeiten:** 1. März bis 31. Oktober täglich von 9 bis 18 Uhr.   **www.klinger-see.org**

*A40*
*A41*

Seit dem Frühjahr 2008 ist der Eem-Aufschluss, eingefügt in eine parkartige Anlage, als Freilichtmuseum »Zeitsprung«, der Öffentlichkeit zugänglich.

### Die historische Bedeutung

Die Lokalität hat nationale Bedeutung für die Quartärforschung durch

1. die umfangreichen Funde pleistozäner Fauna und Flora in der Niederlausitz,
2. die wissenschaftshistorisch aufschlussreiche Diskussion über Alter und Ökologie der Fundschichten vor dem Hintergrund der sich entwickelnden Eiszeittheorie unter Beteiligung namhafter Wissenschaftler (1891-1896),
3. die erstmalige Anwendung pollenanalytischer Untersuchungen durch WEBER (1893) zur vegetationskundlichen Entwicklung pleistozäner Sedimente (heute als Palynologie eine Standardmethode zur Altersbestimmung) und
4. den ersten Fund eines fast vollständigen Mammutskeletts in Deutschland (**A7**).

Seit 120 Jahren ist Klinge als Fundstelle pleistozäner Wirbeltiere bekannt (NEHRING 1891–1896). Damals wurden die interglazialen Schichten von Klinge in mehreren Tongruben zur Ziegelproduktion gewonnen. Über die Lagerungsverhältnisse, den Fossilinhalt, die Altersdeutung und andere Probleme diskutierte NEHRING mit KEILHACK, CREDNER, WAHNSCHAFFE, POTONIE, WEBER, KRAUSE u.a. Insgesamt sind im Raum Klinge elf Eemfundpunkte bekannt, die wahrscheinlich jeweils einen verlandeten See repräsentieren. Das erhaltene Profil umfasst einen vollständigen limnischen Beckenquerschnitt zwischen der ehemaligen Schmidt'schen Tongrube und der ehemaligen alten Dominalgrube. Auf diese beiden bezieht sich die Schichtengliederung von NEHRING (Tabelle 4). Zwischen 1988 und 2003 wurde das Profil durch Mitarbeiter des Museums Cottbus neu bearbeitet (STRIEGLER 2007, 2008).

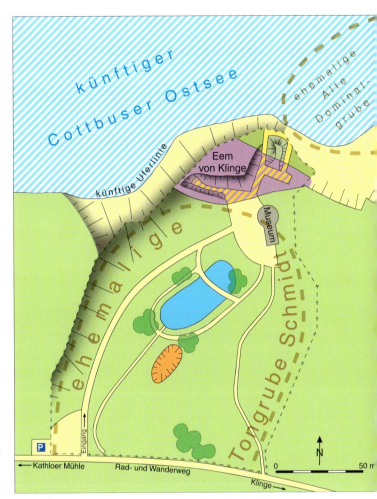

*A40. Übersichtskarte des Eems von Klinge im Freilichtmuseum »Zeitsprung«. – Grafik: Entwurf MANFRED KUPETZ unter Verwendung von Planungsunterlagen von UWP Forst.*

*A41. Das Freilichtmuseum »Zeitsprung« bei Klinge im Überblick. – Foto: HUBERT MÖSE.*

*Tabelle 4. Das stratigraphische Normalprofil des Eems von Klinge.*

| M [m] | Schichtbezeichnung | | | STRIEGLER 2007 | Gliederung durch NEHRING 1895 | Pollenzonen nach ERD (SEIGERT-EULEN 2007) | Pollenzonen nach MENKE (NOVENKO et al.) | Säugetierfunde |
|---|---|---|---|---|---|---|---|---|
| 0,75 | Oberer Torf **oTf** | | | oTf2 | oberer Torf (Schicht 3) | Weichsel II | WE II | Wollhaarnashorn |
| | | | | oTf1 | | Weichsel Ic | | Damhirsch |
| ~1,40 | Oberer Ton **oTn** | | | oTn | oberer Ton (Schicht 4) | Weichsel Ia+b | WE I | |
| ~1,70 | | | | | | | | |
| 1,20 | Oberer Ton mit Torfstreifen **WL** (Wechsellagerung) | | | WL | ob. Ton m. Torflag. (Schicht 5) | Eem 9 | 7 | Pferd Wisent |
| | Unterer Torf **uTf** | Zyklus B | Tonmudde und Moos-Torf | uTf B7 | unterer Torf (Schicht 6) | Eem 8b | | |
| | | | Seggen- und Braunmoos-Torf | uTf B6 | | Eem 8a | 6 | |
| | | | Feindetritusmudde | uTf B5 | | | | |
| | | | Wechsel von Seggen-Torf und Braunmoos-Torf | uTf B4.6 | | | | |
| | | | | uTf B4.5 | | | | |
| | | | | uTf B4.4 | | | | |
| | | | | uTf B4.3 | | | | Pferd |
| | | | | uTf B4.2 | | | | Riesenhirsch |
| | | | | uTf B4.1 | | | | |
| | | | Seggen-Torf und Feindetritusmudde | uTf B3.2 | | | | |
| | | | | uTf B3.1 | | | | Biber |
| 0,79 | | | Wechsel von Seggen-Torf und Braunmoos-Torf | uTf B2.3 | | | | |
| | | | | uTf B2.2 | | | | Fuchs |
| | | | | uTf B2.1 | | | | |
| | | | Feindetritusmudde mit Seggen-Torf in Wechsellagerung Braunmoos-Torf | uTf B1.5 | | | | Wollhaarnashorn |
| | | | | uTf B1.4 | | Eem 7 | | |
| | | | | uTf B1.3 | | | | |
| | | | | uTf B1.2 | | | | |
| | | | | uTf B1.1 | | | 5 | |
| | | Zyklus A | Gelbmoos-Torf | uTf A3.2 | | | | |
| | | | | uTf A3.1 | | | | |
| | | | Braunmoos-(Seggen-)Torf | uTf A2 | | | | Wollhaarmammut |
| | | | Feindetritusmudde und Seggen-Torf | uTf A1.6 | | | | |
| | | | | uTf A1.5 | | | | |
| | | | | uTf A1.4 | | | | |
| | | | | uTf A1.3 | | | | |
| | | | | uTf A1.2 | | | | |
| | | | | uTf A1.1 | | Eem 6 | | |
| | Lebertorf **Lt** | | Lebertorf, ruschlig | uTf Lt7 | Lebertorf (Schicht 7) | | | |
| | | | **Ton** | uTf Lt6 | | | | |
| 0,46 | | | Lebertorf, fein laminar, ruschlig | uTf Lt5 | | | | |
| | | | leberartige **Ton**mudde | uTf Lt4 | | | | Wisent |
| | | | Lebertorf | uTf Lt3 | | Eem 5b | | |
| | | | Lebertorf, schluffig-**tonig** | uTf Lt2 | | | 4b | Damhirsch |
| | | | Lebertorf, olivgrün | uTf Lt1 | | | | |
| | Lebermudde **Lm** | | **Schluff**, graubraun | Lm9 | | Eem 5a | | |
| | | | Schluffmudde, graugrün | Lm8 | | | | |
| | | | leberartige Mudde, olivschwarz | Lm7 | | | | |
| | | | **oberes Torfband** (Grobdetritusmudde) | Lm6 | | | | |
| | | | Lebermudde, dunkelolivgrün | Lm5 | | | | Wollhaarnashorn |
| 1,84 | | | **mittleres Torfband:** | Lm4 | ? zu unterem Ton (Schicht 9) | Eem 4 | 4a | Pferd |
| | | | Grobdetritusmudde | Lm4c | | | | Biber |
| | | | Feindetritusmudde | Lm4b | | | | |
| | | | Grobdetritusmudde | Lm9a | | | | Fuchs |
| | | | Lebermudde | Lm3 | | | | |
| | | | **unteres Torfband** (Feindetritusmudde) | Lm2 | | | | Damhirsch |
| | | | unterste Lebermudde | Lm1 | | | | |
| | Übergangsschichten **Üb** | | Wechsellagerung mit Diatomeenmudde | Üb15 | Übergangsschicht (Schicht 8) | Eem 3 | 3 | |
| 0,27 | | | Wechsellagerung mit Diatomeenmudde | Üb14 | | | | Ren |
| | | | Schluffmudde | Üb13 | | Eem 2 | 2 | |
| | | | Wechsellagerung mit Diatomeenmudde | Üb12 | | Eem 1 | 1 | Elch |
| | | | Wechsellagerung mit Kalkmudde | Üb11 | | | | |
| | | | Kalkmudde | Üb10 | | | | |
| | | | **Chara-Band** (Kalkmudde) | Üb9 | | | | |
| 0,85 | | | **Fischschicht** (Tonmudde) | Üb8 | | | | |
| | | | Tonmudde, olivgrau | Üb7 | | Saale-Spätglazial | SSC | |
| | | | Tonmudde, grünlichgraublau | Üb6 | | | | |
| | | | Faulschlamm | Üb5 | | | | |
| | | | Tonmudde | Üb4 | | | | |
| | | | Schluffmudde | Üb3 | | | | |
| | | | Torf und Mittelsand | Üb2 | | | | |
| | | | **Mittelsand** | Üb1 | | | | |
| 0,55 | Liegender **Ton LTn** | | | LTn | unterer Ton (Schicht 9) | | | |
| 1,50 | Bänderton | | | | | | | |

NEHRING (1895) verglich die Fundschichten wegen zweier charakteristischer fossiler Früchte (*Brasenia* sowie *Paradoxocarpus* (nach KEILHACK 1896 *Stratiotes aloides*) mit den Cromer Forest Beds in England. Er stellte sie deshalb in das ältere der damals unterschiedenen Interglaziale. Erhärtet durch Pollenuntersuchungen von ERD (1960) setzte sich die Einstufung ins Eem durch. Neuere Bearbeitungen bestätigten das endgültig. Unterstützt wird diese Einstufung durch paläomagnetische (REINDERS & HAMBACH 2007) und Thermolumineszenz-Untersuchungen (DEGERING & KRBETSCHEK 2007).

## Das Profil

Wesentlich im Profil (Tabelle 4) ist die Gegenüberstellung der ursprünglichen Gliederung von NEHRING (1895) mit der feinstratigraphischen Neuaufnahme durch STRIEGLER (2007). Die ausführlich in STRIEGLER 2007 und 2008 dargestellten Verhältnisse sind im Folgenden zusammengefasst.

*A42. Der Aufschluss des Eems von Klinge.*

Das anstehende Profil stimmt sehr gut mit NEHRINGS Beschreibungen überein. Es stellt einen Beckenquerschnitt durch eine ca. 1 km lange N-S gerichtete Rinne dar, die subglaziär durch Schmelzwasser ausgespült wurde. Von KNETSCH et al. (2007) wurde diese Schichtenfolge geochemisch untersucht. Die Rinne ist in saalezeitliche Flussschotter (Tranitzer Fluviatil) eingetieft. Ihre Füllung begann mit spätsaaleglazialen Fließerden (bindige Sande mit Geschiebemergel und einzelnen großen Geschieben). Über diesen folgen ein Bänderton und der Liegende Ton (= Unterer Ton, Schicht 9 NEHRINGS).

Es schließt sich eine teils enge Wechsellagerung von Torf, Mittelsand, Schluff-, Ton-, Kalk- und Diatomeenmudden und Faulschlamm an (= Schicht 8 NEHRINGS). Der basale Mittelsandhorizont (Üb 1) hat, obwohl noch spätglazial, 14 warmzeitliche Ostracodenarten geliefert. Über diesem Horizont ist ein für spätsaalezeitliches Alter charakteristisches Maximum von Sanddorn (*Hippophaë*-Pollen) von 43 %

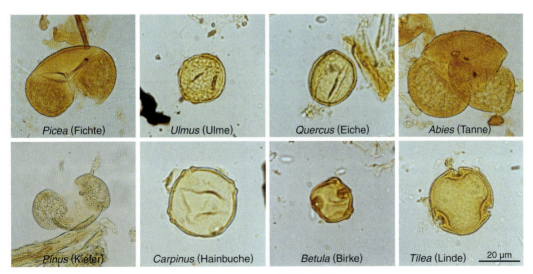

*A43. Pollen aus dem Eem von Klinge. – Fotos: MARIA SEIFERT-EULEN.*

nachgewiesen. Der Beginn der Eem-Warmzeit liegt pollenanalytisch im obersten Drittel der Übergangsschichten und ist nicht durch einen lithologischen Wechsel charakterisiert. Im Beckenzentrum sind die Übergangsschichten geringmächtig und wurden deshalb vielleicht auch von NEHRING anfangs übersehen.

Über den Übergangsschichten folgt der bis 1,80 m mächtige Lebermudde-Komplex (Lm). Er gehört offensichtlich zu NEHRINGS Unterem Ton (Schicht 9), während nach neueren feinstratigraphischen Aufnahmen die Übergangsschichten (= Schicht 8) nicht im Hangenden sondern im Liegenden der unteren Tone einzuordnen sind.

Mit dem Lebertorf (Schicht 7 NEHRINGS) begann

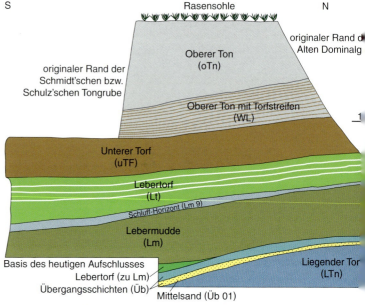

A44. Die Schichtenfolge im Aufschluss des Eems von Klinge, westliche Wand.

die Verlandung des eemzeitlichen Sees, die mit dem Unteren Torf (Schichten 6 und 5 NEHRINGS) ihren vorläufigen Abschluss fand. Die Verlandung erfolgte in zwei Abfolgen. Sie beginnen jeweils mit einer Schwimmblattzone des offenen Wassers mit *Brasenia holsatica, Nymphaea alba, Nuphar luteum* und *Potamogeton* sowie *Stratiotes* über ein Übergangmoor aus Braunmoosen *(Drepanocladus, Scorpidium)* und Seggenried bis hin zu einer beginnenden Hochmoorbildung mit einem Torfmoos *(Sphagnum)*-Moorgebüsch aus Moosbeere *(Oxycoccus palustris)*, Ohr-Weide *(Salix aurita)*, Moor- und Strauchbirke und »Moor«-Fichte *(Picea abies)* sowie mit Seggen, Sumpffarn *(Thelypteris palustris)*, Königsfarn *(Osmunda regalis)* und Fieberklee *(Menyanthes trifoliata)*. Obwohl der Nährstoffgehalt im Laufe der Entwicklung abnahm, wurde das nährstoffarme Hochmoorstadium nicht ganz erreicht. Die zweite Verlandungsabfolge unterlag zahlreichen Schwankungen und wurde während der Pollenzone 8 durch Klimaveränderungen und Sackung der liegenden Schichtenfolge abgebrochen. Es formierte sich erneut ein flacher See mit limnischen Sedimentationsbedingungen (Schichten 5 und 4 NEHRINGS = Oberer Ton mit Torfstreifen und Oberer Ton). Characeen (Armleuchteralgen) sowie die Zwergbirke *(Betula nana)* weisen auf arktisches Klima hin und legen die Zuordnung dieser Schicht zum Frühweichsel nahe. Innerhalb dieser Schicht verläuft die Eem-Weichselgrenze ohne erkennbaren Schichtwechsel innerhalb des oberen Tons.

Das oberste Schichtglied ist der stark tonige allochthone Obere Torf (Schicht 3 NEHRINGS). Pollenanalytisch wird er dem 1. Interstadial im Frühweichsel zugeordnet (SEIFERT-EULEN 2007). Hier wurden auch die Knochen von Nashorn und Riesenhirsch gefunden.

## Die Wirbeltierfunde

Allgemein bekannt geworden sind die interglazialen Schichten durch ihre Wirbeltierfunde. Im Überblick beschrieben und bewahrt hat sie im Wesentlichen NEHRING. In den 1960er-Jahren gelangten sie zu einem großen Teil ins Paläontologischen Museum der Humboldt-Universität Berlin. Andere Funde befinden sich im Märkischen Museum Berlin, manche – wie eine Abwurfstange vom Riesenhirsch – sind verschollen. Ihre Fundhorizonte sind in Tabelle 4 angegeben. Es handelt sich einschließlich der Neufunde nach 1988 um:

- Biber *(Castor fiber)*,
- Wolf *(Canis lupus)*,
- Rotfuchs *(Vulpes vulpes)*,
- Rothirsch *(Cervus elaphus)*,
- Riesenhirsch *(Megaloceros giganteus)*,
- Elch *(Alces alces)*,
- Bison *(Bison priscus)*,
- Pferd *(Equus* cf. *germanicus)*,
- Gebissfunde von *Castor fiber* sowie
- Neufunde der Schermaus *(Arvicola* cf. *cantianus)*, deren Zahnmerkmale den Werten vom Eem entsprechen.

A45. *Unterkiefer eines Wolfs (Canis lupus). Länge 14,5 cm. – Aus* FISCHER *2008.*

Problematisch sind die Funde von kaltzeitlichen Säugetieren, wie Mammut *(Mammuthus primigenius)*, Wollhaarnashorn? *(Coelodonta antiquitatis*?) und Rentier *(Rangifer tarandus)* im hochinterglazialen Unteren Torf. Bemerkenswert ist der Fund eines fast vollständigen Mammut-Skeletts in der südlicher gelegenen Grosche'schen Tongrube aus einer Torfschicht, die wahrscheinlich dem Unteren Torf gleichzusetzen ist.

Darüber hinaus gibt es aus spätsaaleglazialen bzw. eemzeitlichen Fundschichten Neufunde von folgenden Fischarten:

A46. *Artikuliertes Skelett eines Hechts (Esox lucius), Länge 10 cm. – Sammlung: Stadtmuseum Cottbus, Foto:* IRIS ZACHOW.

- Hecht *(Esox lucius)*,
- Flussbarsch *(Perca fluviatilis)*,
- Plötze *(Rutilus rutilus)*,
- Schleie *(Tinca tinca)* sowie
- Karausche *(Carassius* cf. *Carassius* und *Alburnus* cf.).

Dabei kommt der Schleie *(T. tinca)* besondere Bedeutung zu, da sie nur unter interglazialen Bedingungen lebt. Gleiches gilt für die Europäische Sumpfschildkröte *(Emys orbicularis)*, von der bis zu neun Individuen nachweisbar sind (R. STRIEGLER 2008).

## Die Makroflorenfunde

Neben den Tierresten enthält die Schichtenfolge umfangreiche begleitende Pflanzenfossilien. Neben 243 Arten von Kieselalgen, drei Arten von Armleuchteralgen, einer Pilzart und sechs Moosarten geben vor allem 89 Arten von Gefäßpflanzen in Form fossiler Blätter,

A47. *Europäische Sumpfschildkröte (Emys orbicularis), mit dem Bauchpanzer nach oben liegend, Länge 12 cm. – Sammlung: Stadtmuseum Cottbus, Foto:* IRIS ZACHOW.

A48. Blatt einer Stieleiche (Quercus robur). – Sammlung: Stadtmuseum Cottbus, Foto: IRIS ZACHOW.

A49. Samen einer Hainbuche (Carpinus betulus). –
Sammlung: Stadtmuseum Cottbus, Foto: IRIS ZACHOW.

Samen, Früchte, Zapfen, Stängel und Hölzer über die Entwicklung der Vegetation der eemzeitlichen
Seen von Klinge und ihrer Umgebung Auskunft.

Literatur: FISCHER 2008; KNETSCH et al. 2007; REINDERS & HAMBACH 2007; SEIFERT-EULEN 2007; STRIEGLER 2007,
2008

 **A7**     # Das Mammut von Klinge in Forst

MANFRED KUPETZ

**Anfahrt:** Von Cottbus auf der Landstraße kommend in die Innenstadt fahren, den Wasserturm links liegen
lassen, die Bahnschienen überqueren, weiter geradeaus der Ausschilderung »Kreisverwaltung« folgen. Adresse:
Heinrich-Heine-Straße 1, D-03149 Forst/Lausitz.   **www.lkspn.de**

**Öffnungszeiten, Anmeldung:** Mo-Do 8-18 Uhr, Fr 8-16 Uhr oder nach Vereinbarung über die Pressestelle
(E-Mail: pressestelle@lkspn.de, Tel.: 03562 986100-02).

## Die Skelettrekonstruktion

Von 1997 bis 2000 wurde in Forst ein neues Kreisverwaltungszentrum errichtet. Dafür wurde die
ehemalige Tuchfabrik der Forster Fabrikantenfamilie CATTIN, ein sehr schöner Industriebau in ro-
ter Klinkerbauweise, unter Gesichtspunkten des Denkmalschutzes rekonstruiert, umgenutzt und
durch einen analogen Zweitbau ergänzt. Hier wurde 2001 im zweigeschossigen, verglasten Foyer
eine originalgetreue Nachbildung des Skeletts des Mammuts von Klinge aufgestellt. Es erhielt den

Namen »Susi Stoßzahn«. Die Knochen sind in der dunkelbraunen Farbe der Funde kopiert worden. Die fehlenden Skelettelemente wurden nach Vergleichsstücken und Knochenmaßen anderer Mammuts sachgerecht wiederhergestellt. Sie sind hellbraun eingefärbt, um sie als ergänzte Teile kenntlich zu machen. Von wissenschaftlichem Interesse ist an dem Mammut von Klinge eine Besonderheit in der individuellen Zahnentwicklung, eine sogenannte Zahnwechselanomalie. Normalerweise bilden erwachsene Mammuts im Laufe ihres Lebens drei Mahlzähne aus. Das Klinger Tier hat jedoch nur zwei Zähne entwickelt. Vergleichbar ist dieses Phänomen vielleicht mit dem gelegentlichen Fehlen der Weisheitszähne beim Menschen.

## Der Fund

Ende des 19. Jahrhunderts wurden Geologen auf die warmzeitliche Schichtenfolge des Eems von Klinge aufmerksam (s. **A6**). Nachdem bereits 1894 einige Oberschenkelknochenreste eines Jungmammuts gefunden worden waren, entdeckte man in der Tongrube Grosche 1903 erstmals in Deutschland ein weitgehend vollständig erhaltenes Skelett eines Mammuts. Der Fund wurde in der Fachliteratur kurz beschrieben (SCHROEDER & STOLLER 1908), geriet dann aber in Vergessenheit. Die wissenschaftliche Bearbeitung erfolgte erst 1996 im Naturkundemuseum Berlin (FISCHER 1996), wo auch das Original aufbewahrt wird. Insgesamt sind aus Klinge die Reste von vier Mammuten bekannt.

Durch die Form des Beckenknochens und der Stoßzähne lässt sich das Mammut von Klinge als erwachsenes weibliches Tier bestimmen. Da Mammutbullen in der Regel größer werden als Mammutkühe, ist der Fund von Klinge mit etwa 2,75 m Schulterhöhe erwartungsgemäß ein kleines Exemplar. Nach dem Erhaltungszustand des Gebisses wird sein Lebensalter auf etwa 45-50 Jahre geschätzt. Insgesamt wurden in Deutschland bisher nur acht Skelette des Wollhaarigen Mammuts gefunden.

A50. Rekonstruktion des Skeletts des Mammuts von Klinge im Kreishaus Forst. – Foto: MANFRED KUPETZ.

A51. Unterkiefer des Mammuts von Klinge mit den beiden Backenzähnen ($M_2$). – Sammlung: Museum für Naturkunde Berlin; aus FISCHER 1996.

10 cm

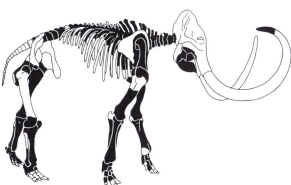

A52. Erhaltungszustand des Mammutskeletts von Klinge. Die erhaltenen Partien sind schwarz gezeichnet. – Aus FISCHER 1996.

A53. Rekonstruktion des Lebensraums des Mammuts von Klinge. – Zeichnung: NORBERT ANSPACH.

Der Name Mammut leitet sich wahrscheinlich aus dem Estnischen her. Dort heißt es in der freien Übersetzung »Erdmaulwurf« (›maa‹ Erde und ›mutt‹ Maulwurf). Die Vorstellung, dass das Mammut in der Erde gelebt hat, ist eine sehr alte. Sie beruht auf der Beobachtung, dass bereits seit Jahrhunderten im Norden Sibiriens tote »mit Haut und Haaren« erhaltene Mammute, niemals aber lebende Mammute angetroffen worden sind. Daraus erklären sich chinesische und sibirische Märchen und Legenden, nach denen das Mammut (noch heute) in der Erde lebt und sterben muss, wenn es an die Erdoberfläche oder ans Licht kommt.

A54. Fundorte weitgehend vollständiger Skelette des Wollhaarigen Mammuts (Mammuthus primigenius) in Deutschland. Das durch die Biermarke »Mammut-Bräu« bekannt gewordene Mammut von Sangerhausen ist kein Wollhaariges Mammut sondern ein Steppenelefant (Mammuthus trogontherii). – Grafik: NORBERT ANSPACH.

## Die Erhaltung des Skelettes

Das Mammut von Klinge wurde in einer Torfschicht gefunden. Daraus kann abgeleitet werden, dass das Tier einen See (Moor mit offener Wasserfläche) als Tränke benutzte und beim Trinken in das Moor eingesunken ist. Dort verendete es und geriet sehr schnell unter Luftabschluss. Seine Weichteile haben sich im Laufe der Zeit aufgelöst. Die Knochen blieben erhalten. Die im Moorwasser vorhandenen Huminsäuren haben sie dunkelbraun, fast schwarz, gefärbt.

## Der Lebensraum des Mammuts von Klinge

Das Mammut von Klinge hat in der Eem-Warmzeit vor etwa 120 000 Jahren gelebt. Insbesondere Pollen und Blattfunde bezeugen, dass Klima und Vegetation den gegenwärtigen Verhältnissen ähnlich waren. Die Durchschnittstemperatur lag etwas höher als heute. Im Gebiet von Klinge existierten mehrere kleine Seen mit Fischen, Seerosen, der dazugehörigen Ufervegetation sowie Amphibien und *A 53* Reptilien. Nach allgemeiner Auffassung lebte das Mammut ausschließlich in kaltem Klima. Sein Auftreten in Klinge belegt jedoch, dass es auch wärmere Bereiche besiedelte. Es ist vorstellbar, dass es auf der Nahrungssuche längere Wanderungen bis nach Mitteleuropa angetreten hat. Vielleicht war es ursprünglich auch gar nicht an das kalte Klima der Tundra angepasst, sondern lebte in offenen Waldlandschaften, in Waldrandnähe und Auen.

**Weitere Sehenswürdigkeiten:** Vor dem Kreishaus liegt ein Amphibolgneis-Findling, gefunden im Braunkohlentagebau Welzow-Süd (Landkreis Spree-Neiße) in drenthezeitlichen Sanden und Kiesen, Herkunftsgebiet Provinz Halland (Südschweden), Masse 12,5 Tonnen.
Überregional bedeutend ist der 1913 gegründete Ostdeutsche Rosengarten in Forst (**www.rosengarten-forst.de**). Das Brandenburgische Textilmuseum Forst zeigt eine beeindruckende Sammlung historischer Textilmaschinen (**www.textilmuseum-forst.de**).

Literatur: FISCHER 1996, SCHROEDER & STOLLER 1908

## Ⓑ Der Park Krajobrazowy Geopark Łuk Mużakowa

**Exkursionspunkte:** ❶ Brody (Pförten) – die Natur- und Waldbildungs-Einrichtung mit Aussichtsturm (Ośrodek *B 1* Edukacuji Przyrodniczo-Leśnej) und das Schloss des Grafen HEINRICH VON BRÜHL. ❷ Die Düne am Duży Staw bei Tuplice (Wunzenteich bei Teuplitz). ❸ Die Bergbaurestgewässer in Tuplice (Teuplitz). ❹ Der Diabelski Kamień bei Trzebiel (Der Teufelsstein bei Triebel). ❺ Die Verwaltung des Park Krajobrazowy Geopark Łuk Mużakowa in Trzebiel (Triebel). ❻ Die Pfarrkirche in Niwica (Zibelle). ❼ Das Łużicky Buczyny (Die Lausitzer Häuser in Buchenberge). ❽ Das Gustav Theodor Fechner-Haus in Żarki Wielkie (Groß Särchen). ❾ Die Außenhalde in Pustków (Gut Tschöpeln). ❿ Die Kiesgrube in Przewoźniki (Hermsdorf).

**Fahrtroute:** Von deutscher Seite aus erreicht man Brody am besten von Forst aus über die Landstraße in Richtung Lubsko (Sommerfeld). Weiterfahrt von Brody nach Süden über die Landstraße nach Tuplice, dort am Ortseingang parken, von dort zu Fuß weiter gemäß Abb. B 7. Weiterfahrt nach Süden bis Tuplice, im Ort nach Westen abbiegen, *B 7* dann gemäß Abb. B 8. Weiterfahrt von Tuplice in Richtung Łęknica (nach Süden) nach Trzebiel, die Bahnlinie *B 8* kreuzen, die Fahrt in Richtung Süden 500 m weit fortsetzen, am Südende des Friedhofes parken und den Weg zu Fuß fortsetzen. Von hieraus weiter nach Süden, am großen Straßendreieck am Stadtrand in Richtung Żary nach Osten (links) auf die Straße mit der roten Nr. 12 abbiegen. In Królów (2,5 km) auf die Nebenstraße nach Süden (rechts) abbiegen und bis Niwica. durchfahren. Weiterfahrt nach Süden bis Nowe Czaple am Ortsende scharf nach rechts in die kleinere der beiden Landstraßen einbiegen. An der Kreuzung in Bronowice nach Norden (rechts) weiter bis Buczyny. Rechter Hand in der Ortsmitte befindet sich das auffällige Holzhausensemble. Dieselbe Straße zurück nach Żarki Wielkie. Östlich der Hauptstraße liegt das Fechner-Haus neben der Kirche. Sie ist über zwei abzweigende Nebenstraßen erreichbar. Weiterfahrt nach Süden in Richtung Łęknica, nach 3 km weist ein grünes Straßenschild mit weißer Schrift den Abzweig nach Osten (links) in die Siedlung Pustków aus. Die Siedlung wird nach 300 m erreicht, dort parken und weiter zu Fuß gemäß Abb. B 27. Weiter auf der Hauptstraße *B 27* nach Łęknica (Süden). In Bronowice zurück nach Nowe Czaple, den Ort in östlicher Richtung durchfahren. Am Friedhof (Ortsende) nach Süden (rechts) in Richtung Przewoźniki und Przewóz. Etwa 1,5 km südöstlich von Przewoźniki liegt rechts der Straße die Kiesgrube (kenntlich am Firmenschild).

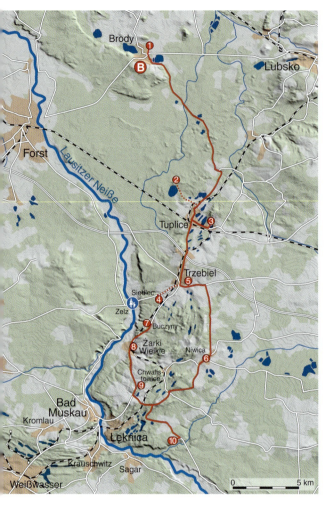

Der polnische Teil des Muskauer Faltenbogens ist als Landschaftspark nach polnischem Naturschutzgesetz unter dem Namen Park Krajobrazowy Łuk Mużakowa geschützt. Die Schutzkategorie ist vergleichbar mit einem deutschen Naturschutzgebiet, in dem aber Ortschaften liegen und in dem entsprechend verordneter Regeln Land- und Forstwirtschaft betrieben wird. Das Befahren von Waldwegen mit PKW ist verboten. Desgleichen sind Tiere und Pflanzen geschützt. (s. **B5**). Die Exkursion behandelt nicht nur rein geologische sondern auch einige kulturhistorische Sehenswürdigkeiten.

*B 2. Das Emblem des Parks Krajobrazowy Łuk Mużakowa.*

*B 1. Lage der Exkursionspunkte und Verlauf der Fahrtroute.*

**B1**  **Das Natur- und Wald-Bildungszentrum mit Aussichtsturm (Ośrodek Edukacuji Przyrodniczo-Leśnej) und das Schloss des Grafen HEINRICH VON BRÜHL in Brody (Pförten)**

ALMUT KUPETZ

Das Bildungszentrum liegt am westlichen Rand von Brody im eingemeindeten Ortsteil Jesiory Wysokie und ist leicht am weithin sichtbaren Aussichtsturm zu erkennen.

Im Gebiet der Oberförsterei Lubsko (Regionaldirektion der Staatswälder Zielona Góra) wurde im Jahr 1998 ein Natur- und Wald-Bildungszentrum eröffnet. Im Hauptgebäude, einem historischen Forsthaus aus dem Jahre 1926, sind u. a. vier Ausstellungsräume, ein Büro und ein kleines Café untergebracht. Den vier Grundpfeilern der Forstwirtschaft: Ökologie, Naturschutz, Waldschutz und Waldnutzung ist jeweils einer der Ausstellungsräume gewidmet. Die Besucher werden hier von einem Förster betreut, der zusätzliche Erläuterungen gibt und gern die auftretenden Fragen beantwortet.

Ein Vortragsraum, der für etwa 40 Personen Platz bietet, ist mit Videotechnik und didaktischen Hilfsmaterialien wie z. B. Landkarten, Bestimmungsbüchern für Pflanzen und Tiere, Lupen u. ä. aus-

*B 3*

*B 3. Austellungsraum im Natur- und Wald-Bildungszentrum. – Aus* Mrowiński & Mrowińska *1998 oder 1999.*

*B 4. Aussichts- und Feuerwachturm des Natur- und Wald-Bildungszentrums in Jesiory Wysokie bei Brody. – Aus* Mrowiński & Mrowińska *1998 oder 1999.*

gestattet. Hier kann der Besucher selbst aktiv werden oder einen der zahlreichen Videofilme schauen, die die Landschaft, die Fauna und Flora sowie die vielfältigen Tätigkeiten in der Forstwirtschaft zum Inhalt haben. Zeitweise werden in diesem Raum auch Sonderausstellungen gezeigt.

Zum Natur- und Wald-Bildungszentrum gehört eine ca. 2 ha große Außenanlage, die als dendrologischer (gehölzkundlicher) Garten gestaltet ist. Es wird eine große Vielfalt an Koniferen, Magnolien sowie exotischen Bäumen und Sträuchern aus verschiedenen Teilen der Welt präsentiert.

Ein 4 km langer Naturlehrpfad (auch eine kürzere Variante von 2 km Länge ist möglich) ergänzt die Anlage. Er führt durch attraktive Landschaftsformen der mittelpolnischen Vereisung, durch Hohlwege und auf Hügel, die sich bis zu einer Höhe von ca. 30 m über den Wasserspiegel des etwa 52 ha großen Brodzki-Sees erheben. Zur Attraktivität des Lehrpfades trägt weiterhin bei, dass er durch Teile des Schloss- und Parkkomplexes Brody (Pförten) führt.

Eine besondere Attraktion ist der 40 m hohe Feuerschutz- und Aussichtsturm auf dem Gelände des Natur- und Wald-Bildungszentrums. Er wurde als erster Turm dieser Nutzungskombination in Polen *B 4* nach dem 2. Weltkrieg erbaut und 1999 der Öffentlichkeit übergeben. Von seiner Aussichtsplattform aus, die man durch das Erklimmen von 176 Stufen erreicht, hat man einen phantastischen Blick auf den Wald, die Seen und die malerisch gelegenen Dörfer um ihn herum. Ein weiterer Bestandteil des Natur- und Wald-Bildungszentrums ist ein überdachter Bereich mit Tischen, Bänken und einer Feuerstelle, der etwa 50 Personen Platz bietet. Er kann sowohl als »grünes Klassenzimmer« genutzt werden als auch ein wunderbares Ambiente für ein gemütliches Beisammensein bieten.

**Öffnungszeiten:** Mittwoch bis Sonnabend 14-17 Uhr, Sonntag 11-17 Uhr. Anmeldungen für Führungen unter Tel.: 0048 68 3712644.

*B 5. Die Brühlsche Schlossanlage in Brody (Pförten). – Foto:* Manfred Kupetz.

Das Brühl'sche Schloss bildet das Zentrum der Ortschaft Brody. Sie liegt 10 km östlich von Forst und wurde besonders durch eine historische Persönlichkeit, den Reichsgrafen Heinrich von Brühl, geprägt. Er lebte von 1700 bis 1763 und durchlief eine bemerkenswerte Karriere am Sächsischen Königshof, speziell unter dem Kurfürsten Friedrich August II. (Sohn Augusts des Starken). Als dessen Premierminister spielte er u. a. eine unentbehrliche Rolle als Organisator von Prunk und Luxus. 1740 erwarb er die Herrschaft Pförten (heute Brody). Es folgten zwei Jahrhunderte wechselvoller Geschichte, die eng mit der weit verzweigten Familie Brühl verbunden waren. Das Schloss wurde in den 40er-Jahren des 18. Jahrhunderts zu einem dreistöckigen, hufeisenförmigen Repräsentanzbau umgestaltet. Es wurde durch zwei Kavalierhäuser flankiert, in denen sich heute ein Hotel und Restaurant befinden, und es war von einem Park umgeben. Auch eine partielle Umgestaltung des Ortes und der Bau dreier Stadttore gehen auf Heinrich von Brühl zurück. Die Baulichkeiten wurden immer wieder durch Zerstörungen in Kriegszeiten und zweckentfremdete Nutzungen in Mitleidenschaft gezogen. Der Ort erhielt bisher nie seinen alten Glanz zurück. Bei einem Besuch von Brody sollte man neben der Schlossanlage auch der barocken Kirche und dem klassizistischen Stadttor sein Augenmerk schenken.

*B 6. Das Torhaus in Brody (Pförten). – Foto:* Manfred Kupetz.

**Tipp**: Der östliche Flügel des Schlosses beherbergt ein gepflegtes Restaurant und Schlosshotel Brühl (PL-68-343 Brody, Plac Zamkowy 9, Tel. 0048 68 3713909).

Als weiterführende Quelle ist zu empfehlen:
www.Neisse-nysa-nisa.de/Brody.htm; Autor ist Siegfried Kohlschmidt.

## 🅱2 Die Düne am Duży Staw bei Tuplice (Wunzenteich bei Teuplitz)

JACEK KOŹMA

Dünen sind im Muskauer Faltenbogen keine Seltenheit (vgl. »Quartär«, S. 49 ff. und 🅴2.2, S. 178 ff.). Etwas Besonderes ist die Düne am Duży Staw insofern, als dass sie in einer relativ ebenen Land-schaft im Hinterland des Muskauer Faltenbogens als markante Einzeldüne ausgebildet ist. Es ist eine nach Westen hin offene Parabeldüne mit einer Höhe von 11,5 m. Sie wurde durch Winde aus westlicher bis westnordwestlicher Richtung aufgeweht. Es war eine Wanderdüne. Ihren zen-tralen Teil hat der Wind an der schaufelförmig ausgebildeten (dem Wind zugewandten) Luvseite bergauf geblasen und auf der nach oben gewölb-ten (konkaven) Leeseite wieder abgelagert. Dabei hat sich der zentrale Dünenteil schneller bewegt als seine Flanken. Wahrscheinlich bedingt durch einen etwas feuchten Untergrund oder einen spärlichen Pflanzenbewuchs wurden die Flanken gewissermaßen festgehalten, in ihrer Bewegung »gebremst«. Man kann durch eine Begehung deutlich erkennen, dass die Flanken mit mehr als 600 m (südliche Flanke) und mehr als 400 m (nördliche Flanke) deutlich länger sind als ihre Breite mit 300 m. Heute liegt die Düne fest und ist mit einem aufgeforsteten Kiefernhochwald bestanden. Es ist deshalb auch nicht möglich, von ihr ein anschauliches Foto zu machen, obwohl sie eine imposante Erscheinung ist.

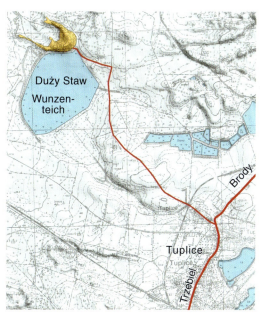

*B 7. Anfahrtsskizze zur Düne am Duży Staw.*

## 🅱3 Die Bergbaurestgewässer im Gebiet von Tuplice (Teuplitz)

JACEK KOŹMA

Das Braunkohlenbergbaugebiet bei Tuplice umfasst den nordöstlichen Teil des Kölzig-Teuplitzer Teilbogens des Muskauer Falten-bogens (s. auch »Entstehung des Muskauer Faltenbogens«, Abb. 68, S. 63). Dieser ist tief erodiert worden, so dass er im Gegensatz zur Struktur des Muskauer Faltenbogens i. e. S. morphologisch nicht als Erhebung sichtbar wird. Die südwest-nordost streichenden Struk-turlinien der glazialtektonischen Deformation werden heute durch die Längserstreckung der

*B 8. Anfahrtsskizze zu den Bergbaurestgewässern in Tuplice. A, Grube Antonie 1901-1913; B, Gru-be Germania, später Teuplitzer Kohlenwerke 1912-1926(?).*

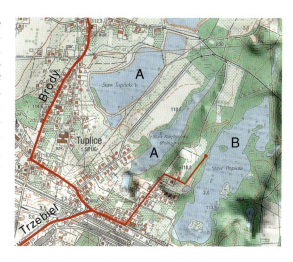

*B 9. Die Bergbaurestgewässer bei Tuplice, in der äußersten linken oberen Ecke. – Foto: PETER RADKE, Lausitzer und Mitteldeutsche Bergbau-Verwaltungsgesellschaft mbH.*

B 9  Bergbaurestgewässer nachgezeichnet. Über den geologischen Aufbau des Untergrundes sind keine Unterlagen überliefert. Auch über den Braunkohlenbergbau ist nur wenig bekannt. Anfang des 20.

B 8  Jahrhunderts ging im Stadtgebiet von Teuplitz auf den Gruben Antonie und Germania Bergbau um. Über das Bergbaugeschehen südlich der Straße nach Żary (Gebiet der Abb. B 9) liegen keine Kenntnisse mehr vor.

Die Abbaufelder untertägigen Braunkohlenbergbaus sind im Laufe der Zeit häufig eingebrochen. Über ihnen senkte sich die Erdoberfläche und bei hohem Grundwasserstand bildeten sich Seen. Auf diese Weise gerieten ganze Wälder unter Wasser und die Bäume faulten ab, so auch in der Grube Germania.

*B 10. Bergbaurestgewässer der Grube Germania. Es hat den Namen »Staw Kołkowy«, frei übersetzt »Der Teich der abgefaulten Baumstümpfe« erhalten. – Foto: JACEK KOŹMA.*

# B4 Der Diabelski Kamień bei Trzebiel (Der Teufelsstein bei Triebel)

Piotr Haracz, Jacek Koźma, Manfred Kupetz und Roland Vinx

Etwa 2 km westlich von Trzebiel (Triebel), im Tal der Lanke, liegt der Teufelsstein. Mit einer Länge von 5,1 m, einer Breite von 3,5 m und einer Höhe von 2,5 m über dem Boden ist er der größte Findling im gesamten Muskauer Faltenbogen. Sein Volumen über der Erde wurde mit 25 m³ berechnet. Unter der gerechtfertigten Annahme, dass er sich noch 1 m in Tiefe nach unten fortsetzt beträgt sein Volumen 36 m³. Das entspricht einer Masse über der Erde von ca. 72 t bzw. einer Gesamtmasse von ca. 101 t. (freundl. mündl. Mitt: von Herrn Frank Mädler, Forst). Der Teufelsstein besteht aus einem Alkalifeldspatgranit. Die Hauptmenge des Gesteins ist eine feinerkörnige Varietät mit Korngrößen von 1-5 mm. Im mikroskopischen Befund umfasst der Mineralbestand ca. 40 % Quarz, ca. 40 % Mikroklin, ca. 15 % Plagioklas und ca. 5 % Biotit. Das Gestein ist bemerkenswert quarzreich. Sein *B11* Gefüge ist deutlich geschiefert. Die chemischen Hauptkomponenten zeigt Tabelle 5. Aufgrund seines universellen Chemismus kann er keinem Herkunftsgebiet zugeordnet werden. Es ist ein Granit ohne Leitgeschiebeeignung, wahrscheinlich ein svekofennidischer.

In den geschieferten »Hauptgranit« ist schieferungskonform ein grobkörniger pegmatitischer Granit eingedrungen.

Darüber hinaus besitzt der Teufelsstein eine besondere Bedeutung als kultischer Ort. Bei genauerer Betrachtung fallen auf seiner Oberfläche drei Bereiche auf, an denen sich durch Menschenhand geschaffene Öffnungen und Einkerbungen befinden, im Nordwesten, im Osten und im Südwesten. Das südwestliche Ensemble ist im Grundriss des Teufelssteins nicht sichtbar, weil es sich an einer überhängenden Gesteinsfläche befindet. Sie beweisen den Kultcharakter dieses Ortes. Im frühen Mittelalter wurden Findlinge mit stattlichen Abmaßen als Opferaltäre genutzt. Dabei war nicht der Stein selbst Gegenstand der Kulthandlungen, sondern er wurde nur als etwas von einer übernatürlichen Macht Gegebenes zur Durchführung derselben genutzt, (Gieysztor 1986). Eine solche Funktion erfüllte auch der Findling bei Trzebiel. Die genannten Löcher in dem Stein besitzen im slawischen Siedlungsgebiet Analogien.

Ein weiterer Hinweis auf den Zusammenhang mit der slawischen Religion ist sein Name. Er wurde in der volkstümlichen Kultur überliefert (›Diabelski Kamień‹, ›Teufelsstein‹; Standke 1993) und vermutlich durch die Kirche geprägt, die alles, was mit heidnischem Kult in Verbindung stand, mit dem Teufel und bösen Mächten verband. In Pommern stehen 15 % aller als Opfersteine identifizierten Findlinge im Zusammenhang mit der heidnischen Religion der Slawen (Filipowiak 1993). Johann Gottlieb Worbs berichtete zu Beginn des 19. Jahrhunderts über die an diesem Ort praktizierten heidnischen Kulthandlungen (Sochacka 2001).

*B11. Die feinerkörnige Granitvarietät des Teufelssteins im Dünnschliff, links: im einfachen Licht (|| Nic.), rechts: im polarisierten Licht (✕ Nic.), im rechten Bild: grau und weiß: Quarz; grau gestreift und mit gekreuzter Streigung: Plagioklas; braun: Biotit. – Foto: Roland Vinx.*

*B12. Die Ansicht des Altarbereiches an der Ostseite des Teufelssteins. – Foto: PIOTR HARACZ.*

*Tabelle 5. Der Chemismus der feinerkörnigen Granitvarietät des Teufelssteins. HE, Hauptelemente; SE, Spurenelemente. – Analyse Mineralogisch-Petrographisches Institut der Universität Hamburg, 2008.*

| | |
|---|---|
| $SiO_2$ | 73,58 % |
| $Al_2O_3$ | 13,26 % |
| $Fe_2O_3$ | 1,93 % |
| MnO | 0,03 % |
| MgO | 0,29 % |
| CaO | O,42 % |
| $Na_2O$ | 2,23 % |
| $K_2O$ | 7,51 % |
| $TiO_2$ | 0,20 % |
| $P_2O_5$ | 0,02 % |
| $SO_3$ | 0,00 % |
| $H_2O^+$ | 0,50 % |
| $H_2O^-$ | 0,13 % |
| Summe HE | 100,10 % |
| Summe HE+SE | 100,21 % |
| Ba | 336 ppm |
| Ce | 24 ppm |
| Co | 51 ppm |
| Cr | 1 ppm |
| Cu | 6 ppm |
| Ga | 15 ppm |
| La | 24 ppm |
| Nb | 15 ppm |
| Nd | 3 ppm |
| Ni | 6 ppm |
| Pb | 52 ppm |
| Rb | 271 ppm |
| Sc | 0 ppm |
| Sr | 87 ppm |
| Th | 5 ppm |
| U | 8 ppm |
| V | 13 ppm |
| Y | 8 ppm |
| Zn | 39 ppm |
| Zr | 26 ppm |

*B13. Die Ansicht des Teufelssteins aus nordwestlicher Richtung. – Foto: PIOTR HARACZ.*

B12    Das Ensemble an der Ostseite des Teufelssteins wird als Altar interpretiert. Sein oberer Bereich wird durch eine fast ebene Fläche gebildet, die leicht nach unten abfällt. Zu dieser führt ein halbkreisförmiges Treppchen mit leicht geneigten Stufen, die im unteren Bereich herausgearbeitet und im oberen Bereich des Steines vertieft wurden. Etwas unterhalb, am Rande der erwähnten Fläche, ist eine kleine Furche (unregelmäßig halbkreisförmig) herausgearbeitet worden, in welcher sich fünf Öffnungen befinden, deren Form an die Ziffer »8« erinnert.

Eine dieser Öffnungen ist mit der sich darüber befindenden Fläche durch eine Art kleiner Rinne verbunden. Unterhalb des Ganzen, an der Seite des Findlings, existiert eine fußbreite Vertiefung, die den Zugang zu den Öffnungen erleichtert. Das beschriebene Ensemble diente im frühen Mittelalter (vielleicht auch während der Lausitzer Kultur) als Altar und war zentraler Ort in Bezug auf zwei weitere Gestaltungselemente. Über die Stufen wurden Opfergaben nach oben getragen und auf der geneigten Fläche abgestochen. Das Blut der Opfer lief über die schmale Rinne zu der Furche und füllte die Öffnungen. Alles weitere können wir uns nur ausmalen. Je nachdem, wie sich die Öffnungen füllten, las der Priester günstige oder ungünstige Prophezeiungen ab.

Neben den Aussparungen, die im Zusammenhang mit einem Opferaltar stehen, gibt es zwei weitere, halbkreisförmig angeordnete Ensembles von Öffnungen, eines auf der südlichen Seite des Findlings, in östlicher Richtung verlaufend, das zweite auf der nordwestlichen Seite. Es ist schwierig *B 13* zu erklären, wozu diese beiden halbkreisförmig angeordneten Ensemble dienten, denn es sind keine analogen Ausbildungen von anderen Orten bekannt.

Die an der nordwestlichen Seite eingehauenen sieben Löcher sind jeweils ca. 10 cm tief und bilden einen Kreis mit einem Durchmesser von etwa 1 m. Sie streben von einem gedachten Mittelpunkt aus fächerförmig nach außen. Diese Anordnung könnte im Zusammenhang mit dem Sonnenauf- und -untergang während der Tagundnachtgleiche am 21. März und 21. September stehen. Ihre Ausrichtung bezüglich der Himmelsrichtungen entspricht genau dem Sonnenuntergang an diesen Tagen. Möglicherweise hat man in diese Löcher Holzstäbe als Abbild der Sonnenstrahlen gesteckt, um damit den Sonnenuntergang zu symbolisieren. Folgt man dieser Annahme, dann wäre das Ensemble der Öffnungen an der Südseite des Findlings als unvollendet anzusehen.

*B 14. Rekonstruktion eines möglichen Sonnensymbols an der Scheibe und der sie umgebenden Löcher an der nordwestlichen Seite des Teufelssteins. – Autor: Piotr Haracz.*

Da es unmittelbar am Teufelsstein bisher keine archäologischen Untersuchungen gibt, kann die Entstehungszeit der Löcher im Stein und der Zeitraum der Nutzung des Findlings als Kultort nicht genau datiert werden. Aufgefundene Keramikscherben deuten auf eine Besiedlung während der Lausitzer Kultur und durch die Slawen im Mittelalter hin.

Die Untersuchung von Siedlungsspuren in der näheren Umgebung ergab eine gewisse Regelmäßigkeit. Im Umkreis von 3,5 km um den Teufelsstein herum wurden keine slawischen Siedlungsspuren aus der Zeit vor der Mitte des 13. Jahrhunderts festgestellt. Ihr Fehlen ist nicht auf eine ungünstige Fundsituation zurückzuführen, denn es existieren zahlreiche Bodenhorizonte, auf denen sich die Slawen im frühen Mittelalter gern niederließen.

Es deutet alles darauf hin, dass das Gebiet um den Teufelsstein herum einen sakralen Raum darstellte, der von den Slawen »Heiliger

*B 15. Heilige Stätten und Siedlungsspuren vor Mitte des 13. Jahrhunderts. – Autor: Piotr Haracz.*

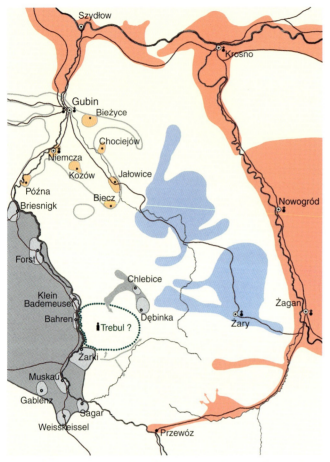

*B 16. Heilige Stätten und Siedlungsspuren im östlichen Teil der Mark Lausitz (ca. 1180-1250). – Autor: PIOTR HARACZ.*

Hain« genannt wurde. Das ist eine Waldfläche, die von menschlichen Siedlungen abgegrenzt war und auf der keine Siedlungen, Felder und Weideflächen entstehen durften (slawisch ›gajiti‹: einzäunen/umgeben). Es war ein Ort, an dem die Götter erschienen oder sich aufhielten (GIEYSZTOR 1986, JASIENICA 1993). Schließlich war es auch ein Ort, der alljährlich an Feiertagen aufgesucht wurde, um den Göttern Opfergaben darzubringen (altslawisch: ›treba‹, polnisch: ›ofiara‹; BRÜCKNER 1985, GIEYSZTOR 1986).

Interessant ist in diesem Zusammenhang die Tatsache, dass eben von den hier dargebrachten Opfergaben (Plural altslawisch: treby) der ursprüngliche Name des Ortes Trzebiel abgeleitet wurde. Erstmalig erwähnt wird er in einer in Lateinisch verfassten Urkunde aus dem Jahre 1301 als *Trebule* (LEHMANN 1968). Es besteht daher durchaus die Möglichkeit, dass die ortsansässige Bevölkerung diesen Ort *Trebul* nannte. Bis vor nicht allzu langer Zeit war man der Überzeugung, dass der Ortsname von »*trzebieża*« abgeleitet wurde (*trzebieeża*, deutsch: gerodeter Wald), da auf einer Rodungsfläche gegründet wurde. Dies ist jedoch nicht näher untersetzt. Der natürliche Bewuchs in unseren geografischen Breiten ist Wald.

Als an der Wende vom 4. zum 5. Jahrhundert (DOMAŃSKI (1979) aus Skandinavien stammende Germanen dieses Gebiet verlassen hatten, verwandelte sich die gesamte Lausitz in eine dicht bewachsene Wildnis. Erst im 6. Jahrhundert besiedelten slawische Stämme, beginnend in den Flusstälern, diese Gebiete allmählich wieder. Dort, wo sie sich niederließen, mussten sie den Wald roden. Der Name der jeweiligen Siedlung wurde immer von Dingen abgeleitet, welche die Siedlung von Nachbarsiedlungen unterschied. In einem Gebiet, wo jede Siedlung auf einer Rodungsfläche gegründet wurde, wäre ein von einer Rodung abgeleiteter Ortsname kein Unterscheidungsmerkmal. Damit ist diese Hypothese völlig unwahrscheinlich.

Im Gegensatz dazu kann die Ableitung des Ortsnamens Trzebiel vom Wortstamm ›treb‹ (was das Darbringen von Opfern und einen Zusammenhang mit dem vorchristlichen Glauben der Slawen bezeichnet) durch zahlreiche Beispiele im gesamten slawischen Siedlungsgebiet belegt werden. So wurden z. B. in der Ortschaft Trzebiatów (Wojewodschaft Westpommern, Kreis Gryfice, im Jahre 1208 als Trebetow erwähnt), zwei aus dem 10./11. Jahrhundert stammende archäologische Objekte entdeckt, die einen Zusammenhang zu Opfergaben herstellen (KOWALCZYK 1968). In Trzebawa (Wojewodschaft Westpommern, Kreis Łobez) wurden auf einer Halbinsel im See Woświn, die auch Diabelska Grobla (deutsch: Teufelsdamm) genannt wird, die Überreste einer heidnischen Kultstätte, vermutlich aus dem 10-12. Jahrhundert, entdeckt (FILIPOWIAK 1993). In Trzebnica bei Wrocław, im

Jahre 1138 als Trebnica erwähnt, wurden Reste einer Tempelstätte oder von Kultkreisen ausgegraben (KOWALCZYK 1968).

Darüber hinaus wurden unweit der Ortschaft Trzebiegoszcz (Wojewodschaft Kujawien-Pommern, Kreis Lipno) Teile der Statue einer slawischen Gottheit, gefertigt aus einer pechartigen Masse, aus dem 10./11. Jahrhundert entdeckt (KOWALCZYK 1968). Zweifellos gehören diese zu den Überresten einer Kultstätte. Bemerkenswert ist in diesem Zusammenhang die Übersetzung des Ortsnamen Trzebiegoszcz. Im Deutschen bedeutet er soviel wie: »In den Ort kommen Leute (Singular trzebiatnik? der Roder?), um Opfer darzubringen (treba)«.

Ähnliche Beispiele lassen sich auch in Siedlungsgebieten der Süd- und Ostslawen finden, wie z.B. an der Küste Istriens, die von Slawen zumindest seit dem Beginn des 8. Jahrhunderts bewohnt wird. Hier befindet sich am Hang des Berges Piorun, der nach dem Namen der höchsten slawischen Gottheit benannt wurde, der Ort Trebišča, der von GIEYSZTOR (1986) in einen Zusammenhang mit dem Darbringen von Opfern gebracht wird.

Darüber hinaus gibt es eine Reihe weiterer Ausgrabungen in slawischen Siedlungsgebieten mitgleichartigen Bezügen zum Ortsnamen Trzebiel.

Der historische Zusammenhang kann wie folgt zusammengefasst werden:

- Zwischen dem 10. und der 2. Hälfte des 12. Jahrhunderts stießen die den Bereich des heutigen Bad Muskau–Stare Czaple–Żarki Małe bewohnenden Slawen bei der Urbarmachung der Wildnis nördlich ihrer Siedlungen auf einen in seinen Ausmaßen imponierenden Findling.
- Diesem maßen sie übernatürliche Kraft zu. Sie benutzten ihn für eigene Kultzwecke sowie zu jährlichen Feiertagen und aus anderen Anlässen als Opferaltar.
- Die Wildnis in der näheren Umgebung des Steins wurde als Ort des Erscheinens und des Verweilens von Gottheiten nicht gerodet. Man könnte ihn auch als Heiligen Hain bezeichnen.
- Von den hier dargebrachten Opfern (Singular: treba, Plural treby) leitet sich der Name dieses Ortes, Trebule oder Trybul, ab.
- In der 2. Hälfte des 13. Jahrhunderts änderte sich die Bedeutung dieser heiligen Stätte. Dies könnte im Zusammenhang gestanden haben mit der allmählichen Verbreitung des christlichen Glaubens und der weiteren Besiedlung der bisher durch die örtliche Bevölkerung nicht urbar gemachten Wildnis.
- Wie schriftlichen Quellen zu entnehmen ist, wurden die Kulthandlungen am Teufelsstein fortgesetzt, obwohl der sakrale Bereich im weiteren Verlauf der Geschichte durch Siedler in Beschlag genommen wurde, die Pfarre und der Ort Trzebiel gegründet wurden.

Literatur: BRÜCKNER 1985, DOMAŃSKI 1979, FILIPOWIAK 1993, GIEYSZTOR 1986, JASIENICA 1993, KOWALCZYK 1968, LEHMANN 1968, SOCHACKA 2001, STANDKE 1993

## B5 Die Verwaltung des Parks Krajobrazowy Geopark Łuk Mużakowa in Trzebiel (Triebel)

JOANA JELEŃ

Der Landschaftspark »Geopark Muskauer Faltenbogen« erstreckt sich auf dem Gebiet der Grenzgemeinden Brody, Tuplice, Trzebiel, Łęknica und Przewóz über eine Fläche von 18 115 ha. Er wurde gegründet, um insbesondere den polnischen Teil des Muskauer Faltenbogens unter Schutz zu stellen. Dazu wurde nach polnischem Naturschutzrecht durch die Wojewodschaft Lebuser Land am 27.09.2001 die entsprechende Verordnung erlassen. Im polnischen Gesetz über den Naturschutz vom 16. April 2004 werden Landschaftsparks nach den Nationalparks und den Naturschutzgebieten als eine weitere Form des Schutzes der Natur definiert. Der Landschaftspark »Geopark Muskauer Faltenbogen« untersteht der Verwaltung der Landschaftsparks der Wojewodschaft Lubuskie.

Zu den Hauptaufgaben der Landschaftsparks zählen:

- die Inventarisierung der Siedlungsgebiete von geschützten Pflanzen, Tieren und Pilzen, aber auch schutzwürdige Formen und Bestandteile der unbelebten Natur,

*B 17. Das Büro des Landschaftsparks »Geopark Muskauer Faltenbogen« in Trzebiel. – Foto: JOANA JELEŃ.*

- die Kontrolle über die Einhaltung und Umsetzung der rechtlichen Bestimmungen im Bereich Natur- und Landschaftsschutz,
- die Erstellung von Dokumentationen über die Natur sowie historische, kulturelle und ethnologische Werte sowie
- die Öffentlichkeitsarbeit über Belange des Natur- und Umweltschutzes, insbesondere an den Schulen und unter der örtlichen Bevölkerung.

Gegenwärtig wird eine Behandlungsrichtlinie für den Landschaftspark erarbeitet. Ihr Entwurf (2008) sieht u. a. vor, zwei geologische Reservate auszuweisen,

- das »Landschafts- und geologische Schutzgebiet Grube Babina« (»Rezerwat geologiczna – krajobrazowy Kopalnia Babina«; (**G**) und
- das »Landschafts- und geologische Schutzgebiet Bergbaufolgegewässer in Bronowice« (»Rezerwat geologiczno-krajobrazowy – zbiornik Bronowice«; (**B9**)).

Es wird hierin außerdem vorgeschlagen, den »Park Krajobrazowy Łuk Mużakowa« offiziell in »Park Krajobrazowy Geopark Łuk Mużakowa« umzubenennen.

Neben Informationen über die belebte Natur, entsprechend der Aufgabenstellung gemäß NATURA 2000, erfassen die Mitarbeiter des Landschaftsparks »Geopark Muskauer Faltenbogen« auch Daten über geologische und industriegeschichtliche Besonderheiten im Bereich des Parks. Darüber hinaus erfolgen Untersuchungen über die in den Bergbaufolgegewässern ablaufenden biologischen und chemischen Prozesse.

Zu den Hauptsehenswürdigkeiten des Landschaftsparkes gehören:

- das Kulturerbe »Muskauer Park«,
- das größte Bergbau-Folgegewässer-Gebiet in Polen,
- geologische und natürliche Besonderheiten sowie
- archäologische Denkmäler der Lausitzer Kultur.

*B 17* Im Büro der Parkverwaltung sind unter anderem Grafiken über den Entstehungsprozess des Muskauer Faltenbogens, eine Ausstellung über hier vorkommende Bodenschätze und eine fotografische Biotopdokumentation zu besichtigen. Hier gibt es auch Informationen über die vorhandenen Wander- und Radwege. Die Mitarbeiter der Parkverwaltung stehen darüber hinaus für Besuchergruppen als qualifizierte Parkführer zur Verfügung.

**Kontakt:** Siedziba Parku Krajobrazowego »Geopark Łuk Mużakowa« (Verwaltung des Landschaftsparks »Geopark Muskauer Faltenbogen«). PL-68-212 Trzebiel, ul. Żarska 52, Tel. 0048 68 3624135.

**Öffnungszeiten:** Mo-Fr. 7.30-15.30 Uhr.

# 🅱6 Die Pfarrkirche von Niwica (Zibelle), Gemeinde Trzebiel, Woj. Lubuskie

Manfred Kupetz

## Historisches zur Kirche

(zusammengefasst nach Kowalski 1987 und Haracz 2006)

Der Ort Niwica wurde 1478 (Tzebelle, Zcebelle) und 1551 (Zibelle) erstmals erwähnt. Der Bau der Kirche erfolgte vermutlich bereits um das Jahr 1280. Als Baumaterial dienten hauptsächlich Feldsteine. Die Grundform der Kirche ist rechteckig (13,2 × 18,3 m). Die Apsis ist etwas schmaler (12,0 × 10,2 m). Gut erhalten sind die gotischen Fenster und der östliche Giebel der Apsis. Im 17. und 18. Jahrhundert wurde die Kirche umgebaut. Im Kirchenschiff brachte man unter den gotischen Fenstern zusätzliche Fensteröffnungen an und es wurde eine zweistöckige hölzerne Empore errichtet. Zu Beginn des 20. Jahrhunderts wurde der quadratische und in seinem oberen Bereich achteckiger Turm angebaut. Die Kirche besitzt einen Renaissance-Altar (Triptychon) vom Ende des 16. Jahrhunderts. Die Kirche *B 18* ist von einer Feldsteinmauer umgeben. Der aus Ziegeln gemauerte Eingangsbereich wurde wahr- *B 19* scheinlich in der 2. Hälfte des 19. Jahrhunderts errichtet.

## Geologisch Interessantes

Die Kirchenmauern bestehen – abgesehen von jüngeren Reparaturarbeiten – aus flachen, unbearbeiteten oder nur einmal gespaltenen, relativ kleinen Feldsteinen mit einer Größe zwischen 15 und *B 20* 40 cm. Demgegenüber weist die wesentlich jüngere Kirchenmauer ein anderes Erscheinungsbild auf. Hier wurden Steine unterschiedlicher Größe und überwiegend gespaltenes Material verwendet. Vermutlich aus gestalterischen Gründen wurde in den Mörtel der Mauerfugen meist 3 bis 6 cm große Stücke von Raseneisenerz und Eisenschlacke eingefügt. Darüber hinaus wurden auch größere Erz-

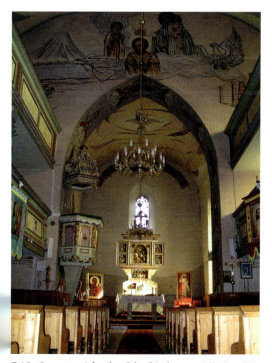

*B 18. Innenansicht der Pfarrkirche von Niwica (Zibelle). – Foto: Manfred Kupetz.*

*B 19. Kirchenmauer und Kirchturm der Pfarrkirche. – Foto: Manfred Kupetz.*

B20. Die nördliche Außenwand der Pfarrkirche von Niwica. – Foto: MANFRED KUPETZ.

B21. Neben kleinen Eisenerz- und Schlackestücken wurden auch größere Schlackebrocken verbaut, rechts unten ein etwa 20 cm langes Stück, Kirchenmauer rechts neben dem Eingang. – Foto: MANFRED KUPETZ.

B22. Benachbart zu einem Dalasandstein liegen ein schwarzes Schlacke- und ein braunes Eisenerzstück, Stück, Kirchenmauer rechts neben dem Eingang. – Foto: MANFRED KUPETZ.

B23. Der mit 25 cm größte Raseneisenerzbrocken zeigt eine poröse Struktur und ist deutlich geschichtet, Mauerinnenseite westlich der Kirche. – Foto: MANFRED KUPETZ.

*B21*
*B22*
*B23* und Schlackestücke verbaut. Der größte Schlackenstein misst 40 cm, der größte Erzbrocken 25 cm. Das lässt darauf schließen, dass zur Zeit des Mauerbaus in unmittelbarer Nähe Eisenverhüttung betrieben wurde. Es sind jedoch weder zum Zeitpunkt des Mauerbaus noch zur Eisenverhüttung Angaben verfügbar. Ebensowenig ist bekannt, woher das Raseneisenerz stammt. Es kommt aber wahrscheinlich aus der unmittelbaren Umgebung.

Literatur: HARACZ 2006, KOWALSKI 1987

**B7** ## Das Skansen Łużycki in Buczyny

MANFRED KUPETZ

Das »Skansen Łużycki« in Buczyny ist ein Freilichtmuseum von »Lausitzer Häusern«. Es umfasst fünf Blockhäuser aus der Zeit Ende des 18. bzw. Anfang des 19. Jahrhunderts. Sie stammen aus den umliegenden Gemeinden Bogaczów, Jasioniów und Włostowice. Die Häuser wurden dort abgebaut und hier wieder errichtet. In der Umgebung von Trzebiel existiert darüber hinaus eine weitere Anzahl alter Häuser, wie z. B. Schrotholz-Häuser in Jasioniów (nödlich von Niwica), Żarki Wielkie und Chudzowice sowie ein Fachwerkhaus in Chwaliszowice. In einem der Häuser wurde ein kleines Museum (Heimatstube) eingerichtet. Das Hauptgebäude an der Straße beherbergt eine Gaststätte, die original polnische Küche bietet und für eine Rast empfohlen werden kann.

Skansen Motel Restauracja, Buczyny 7, PL-68-212 Buczyny (zur Gemeinde Trzebiel gehörend); Tel. 0048 68 3754072

*B 24. Das Hauptgebäude des Holzhausensembles von Buczyny, das Skansen Łużycki, zu Deutsch das Sorbische Wirtshaus. – Foto: MANFRED KUPETZ.*

**B8** ## Das Gustav-Theodor-Fechner-Haus in Żarki Wielkie (Groß Särchen)

MANFRED KUPETZ

GUSTAV THEODOR FECHNER ist der Begründer der Psychophysik. Am 19. April 1801 wurde er im Pfarrhaus von Groß Särchen geboren. Mit 16 Jahren schrieb er sich an der Universität Leipzig als Medizinstudent ein, widmete sich aber mehr psychologischen Themen und verdiente seinen Lebensunterhalt mit literarischen Arbeiten. 1934 berief ihn die Leipziger Universität zum Ordinarius für Physik. FECHNER wurde der Direktor des ersten deutschen physikalischen Instituts. Nach 1940 widmete er sich ganz der Beziehung zwischen der psychischen Philosophie und den so genannten exakten Wissenschaften. Er begründete die Psychophysik und die experimentelle Ästhetik. Parallel dazu verfasste er unter dem Pseudonym Dr. MISES satirisch-humanistische Schriften. FECHNER war korrespondierendes Mitglied mehrerer

*B 25* *B 26*

*B 25. Das Gustav-Theodor-Fechner-Haus in Żarki Wielkie. – Foto: MANFRED KUPETZ.*

ausländischer Akademien. Er starb am 18. November 1887 in Leipzig.

Am 18. November 2002 fand eine feierliche Veranstaltung statt, die vieles aussagt über die Veränderungen, die sich in den letzten Jahren vollzogen haben. Es kam zu einem Treffen vormaliger und jetziger Einwohner von Groß Särchen / Żarki Wielkie sowie von Vertretern der deutschen Vereine »Fechner-Verein« und »Vereinigung der Getreuen Soraus« sowie des PTTK (Polnische Gesellschaft für Touristik und Landeskunde) aus Żary, um gemeinsam das Andenken Gustav Theodor Fechners zu ehren. Die Lausitzer Humanistische Hochschule in Żary (Łużycka Wyższa Szkoła Humanistyczna w Żarach) kaufte das Fechner-Haus und beabsichtigt, es zu einem humanistischen Begegnungszentrum auszubauen.

*B 26. Flachrelief von Gustav Theodor Fechner auf der Gedenktafel; geschlägeltes Flachrelief auf einer polierten dunklen »Diabas«-Platte. – Foto: Manfred Kupetz.*

**B9**      **Die große Außenhalde bei Pustków (Gut Tschöpeln)**

Jacek Koźma

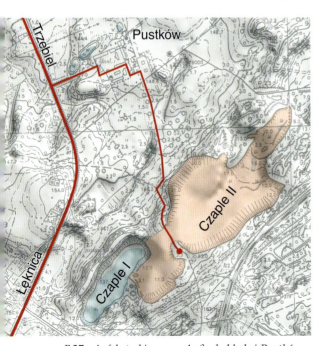

*B 27. Anfahrtsskizze zur Außenhalde bei Pustków.*

Nach der Anfahrt in die Siedlung gemäß Abb. B 27 findet man einen kleinen Parkplatz vor, von dem auf einem Waldweg die Halde zu erreichen ist. Sie bildet den Zentralen Teil das »Landschafts- und geologischen Schutzgebietes Bergbaufolgegewässer in Bronowice« (»Rezerwat geologiczno-krajobrazowy – zbiornik Bronowice«). Es ist eine Außenhalde des Braunkohlentagebaus Czaple I und wahrscheinlich weiterer, östlich gelegener Gruben. Sie hat eine Fläche von knapp 10 ha, eine Höhe zwischen 8 und 15 m (durchschnittliche Höhe 10 m) und ein Volumen von ca. 1 Mio. m³. Sie besteht fast ausschließlich aus miozänen Sanden, Schluffen sowie kohligen Tonen und Schluffen. Dementsprechend ist sie durch Schwefelkiesoxidation versauert (ausführliche Erläuterungen hierzu siehe »Quartär«, S. 51 ff., und **G**). Die Vegetation fasst auf ihr nur schwer Fuß, so dass sich scharf eingeschnittene, sich ständig verändernde Erosionstäler bilden. Durch Anflug ergreifen Kiefern nur sehr mühsam Besitz von diesem Bodensubstrat. Ebene Flächen auf der Halde wurden z. T. mit Kiefern aufgeforstet.

*B 28. Bizarre, vegetationslose Erosionstäler begrenzen örtlich noch mehr als 30 oder 40 Jahre nach Beendigung des Bergbaus den Haldenrand. – Foto: MANFRED KUPETZ.*

*B 29. Ein Kiefernsämling versucht den sauren Boden aus Tertiärsubstrat zu besiedeln, die schwarzen, plattigen Gerölle auf dem Boden sind kohlige Schuffe oder Tone bzw. Braunkohle. – Foto: MANFRED KUPETZ.*

*B 30. Teilweise erscheinen einzelne Birken als erste Bestockung. – Foto: MANFRED KUPETZ.*

*B 31. Eine Kiefernschonung auf dem Top der Halde. – Foto: MANFRED KUPETZ.*

## **B10**     Die Kiesgrube Przewoźniki

JACEK KOŹMA

Die Anfahrt erfolgt entsprechend der Abbildung B 32. Die Kiesgrube befindet sich in Privatbesitz. Ihr Betreten erfordert eine Anmeldung im Büro. Von der geologischen Position her liegt sie etwa 2 km südöstlich des Muskauer Faltenbogens auf einem seiner Sander (s. auch »Entstehung des Muskauer Faltenbogens«, Abb. 67, S. 61). Mit großer Wahrscheinlichkeit hat er warthezeitliches Alter. Abgebaut werden örtlich ziemlich steinreiche Kiessande und Sande in Trocken- und Nassbaggerung. Sie weisen die für Sanderbildungen typische Schrägschichtung auf. Auch Steinsohlen werden beobachtet).

B 32

67

B 33
B 34
B 35

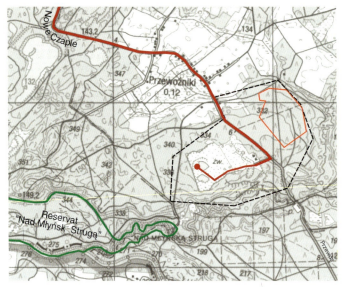

*B 32. Anfahrtsskizze zur Kiesgrube Przewoźniki.*

Literatur: HARACZ 2006, KOWALSKI 1987, MROWIŃSKI et al. (ohne Jahr)

Häufig treten Gerölle auf, die im bergfrischen Zustand noch ein einigermaßen intaktes Gesteinsgefüge besitzen, aber beim Austrocknen an der Luft teilweise oder vollständig in Grus zerfallen. Sie waren während der Sanderbildung längere Zeit einem starken Temperaturwechsel zwischen kalten Nächten und warmen Tagen ausgesetzt. Durch die Ausdehnung des Gesteins in der Wärme und seinem Schrumpfen in der Kälte lockerte sich allmählich ihr Korngefüge. Dies führt heute zum Gesteinszerfall. Weit verbreitet, nicht nur in der Kiesgrube selbst sondern auch im rekultivierten Bereich, sind sehr schön ausgebildete Windkanter.

*B 33. Geröllhalde hinter der Siebanlage der Kiesgrube Przewoźniki. – Foto: MANFRED KUPETZ.*

*B 34. Sander weisen gewöhnlich eine charakteristische Schrägschichtung auf (›down stream accretion deposits‹). – Foto: MANFRED KUPETZ.*

*B 35. Ausdruck der episodenhaften Sedimentation auf dem Sander sind Steinsohlen (kaltzeitliche Ausblasungsrückstände), häufig bestehen sie aus Windkantern. – Foto: MANFRED KUPETZ.*

*B 36. Typisch für diese Kiesgrube ist das Auftreten von Geröllen, die stark von kaltzeitlicher Temperaturverwitterung betroffen sind. – Foto: ROMAN SOBERA. **a,** Sandstein, der entlang seiner Schichtung plattig zerfällt; **b,** grobkörniger Gneis, der sich entlang der Schieferungsflächen auflöst und entlang der Korngrenzen der großen Feldspat- und Quarzkristalle körnig zerfällt; **c,** ein granitporphyrisches Gestein mit einem hohen Anteil dunkler Mineralkomponenten, das sich vollkommen zu Gesteinsgrus auflöst, die weiß gefärbten Feldspäte sind nicht kaolinisiert, ihrer Farbe wird durch feinste Haarrisse in den Kristallen verursacht.*

*B 37. Nach der Auskiesung wird die Kiesgrube rekultiviert. Im Hintergrund eine abgeflachte Böschung mit Kiefernaufforstung. – Foto: ROMAN SOBERA.*

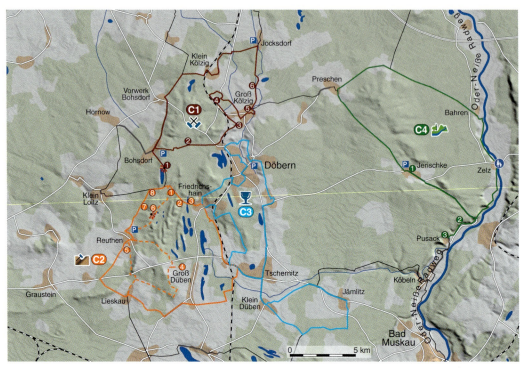

*C1. Lage der Tagesareale im brandenburgischen Teil des Geoparks Muskauer Faltenbogen.*

# Ⓒ Der Nordwesten des Muskauer Faltenbogens

ALMUT KUPETZ und MANFRED KUPETZ

Im Nordwesten des Muskauer Faltenbogens (Brandenburger Teil) wurden in den Jahren 2002 bis 2004 als Geoparkinfrastruktur Tagesareale eingerichtet. Vier ringförmige, thematische Radwege erschließen die Landschaft. Das Informationszentrum im Schullandheim Jerischke und der Aussichtsturm am Felixsee sind die baulichen Höhepunkte. Verbindungswege, ein Leit- und Informationssystem sowie die Vernetzung mit regionalen Sehenswürdigkeiten ermöglichen dem Besucher das Erwandern oder »Erfahren« des Faltenbogens. Die Tagesareale umfassen 134 km asphaltierte Radwege mit einigen Ergänzungsstrecken unbefestigter Waldwege. Es existieren drei Radwanderkarten:

- Radwanderkarte Niederlausitz, Spree-Neiße Region 1:75000. – Seeger-Karte, Dresden, 1998,
- Wander- und Radwanderkarte Muskauer Faltenbogen 1:50000. – Sachsen Kartographie, Dresden, 2007 und
- Radwanderkarte Spree-Neiße, Cottbus 1:100000. – Publicpress, Geseke, ohne Jahr [2008].

Die Tagesareale sind mit insgesamt 110 Informationstafeln ausgestattet, die sich neben geologischen und Bergbauthemen auch der Natur (Fauna, Flora, Habitate) und der Heimatgeschichte widmen. Im Folgenden werden schwerpunktmäßig die geologischen und geologiebezogenen Punkte der vier thematischen Radwege vorgestellt.

**Die Radwege sind für PKW-Verkehr nicht zugelassen!**

# ⓒ1 Die Altbergbau-Tour

Länge: 22 km.

Empfehlenswerte Ausgangspunkte: Parkplatz am Felix-Turm, Heimatstube Groß Kölzig oder Gaststätte Affengehege in Jocksdorf.

## ⓒ1.1 Aussichtsturm am Felixsee

Der Felixsee ist der rekultivierte Tagebau der Braunkohlengrube Felix, die im Wesentlichen im Untertagabbau arbeitete (heute unzugängliche Tagebruchgebiete, siehe auch **C2.3** und **E2**). Er ist ein beliebter Badesee. 2004 wurde der 36 m hohe Felixsturm (Aussichtsplattform bei 30 m) auf einer 161 m ü. NN hohen Anhöhe errichtet, der bei entsprechendem Wetter einen grandiosen Rundblick bietet. Zwei Plattformen auf halber Höhe bieten auf zahlreichen Schautafeln Informationen zur Geologie des Muskauer Faltenbogens und geben einen Überblick über die vier thematischen Radwege und ihre Sehenswürdigkeiten. Exemplarisch wird u. a. die fast flächendeckende Aufteilung des Faltenbogens in der zweiten Hälfte 19. und in der ersten Hälfte des 20. Jahrhunderts in die Rechtsgebiete von Braunkohlengruben gezeigt sowie die geologische Situation und Entwicklung des Tagebaus Felix dargestellt.

*C4*

*C2*

*C3*
*C4*

## ⓒ1.2 Der Seilbahnweg der Grube Conrad bei Groß Kölzig

Conrad ist mit einer Zeitspanne von 99 Jahren 9 Monaten die Grube mit der längsten Betriebszeit im Muskauer Faltenbogen (1860-1959). Sie ist außerdem die einzige Grube des Gebietes, über die eine umfassende Chronik existiert (SCHOSSING & KULKE 2006). Der Seilbahnweg folgt einer geologischen Dehnungsfuge (tektonisch ac-Struktur) in den glazialtektonischen Großdeformationen (hier meist Schuppen). Die Dehnungsstruktur ist mit Sand und Schluff gefüllt, so dass sich auf ihr keine Gieser bilden konnten. Auf tragfähigem Untergrund und ohne die Berg-und-Tal-Morphologie der Gieser überqueren zu müssen, legten die »Alten Bergleute« genau an dieser Stelle den Weg an. Hier wurden Hunte (hölzerne, später eiserne Kohlewagen) mit einem Seil, das in einer Eisengabel über dem Hunt eingehängt war, entlanggezogen. Entlang des Seilbahnweges informieren 20 Schautafeln und freigelegte Mauerreste über den untertägigen Gewinnungsbetrieb in der Erika-Mulde, der Elisen-Mulde, der Hauptmulde, der Carl-Mulde, der Grenzmulde, der Anlage Liebesgabe und der Felix-Grenzmulde sowie des Kleintagebaus Gunther (alle zur Grube Conrad gehörig). Die einzelnen Großformen der glazialtektonischen Deformation bezeichneten die »Alten« generell als Mulde. Dabei handelt es sich um Schuppen, Faltenteile (auch Faltentops), Diapire und nur selten um tatsächliche Mulden.

*C2. Der Felixturm bei Bohsdorf. – Foto: MANFRERD KUPETZ.*

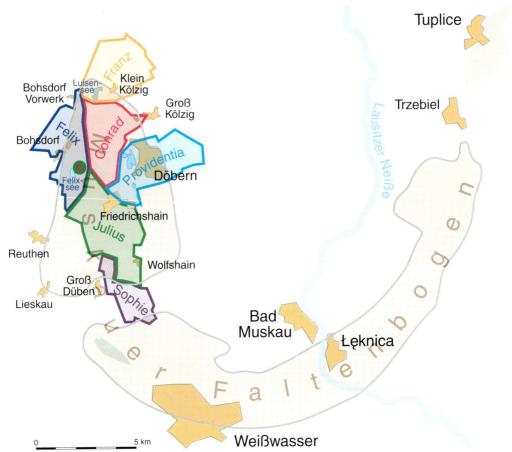

C3. *Lage der größten Braunkohlengruben im nordwestlichen Teil des Muskauer Faltenbogens. – Grafik: NORBERT ANSPACH.*

C4. *Der Tagebau der Grube Felix bei Bohsdorf. – Entwurf: MANFRED KUPETZ, Grafik: NORBERT ANSPACH.*

*a, Natürliche Situation vor 1914:*
*Unmittelbar unter der Erdoberfläche liegt das etwa 10 m mächtige Braunkohlenflöz als Top (oberster Teil) einer Kofferfalte. Durch den Einfluss von Luftsauerstoff im Boden und Wasser begann sich die Kohle langsam zu zersetzen (zu oxidieren) und verlor an Volumen. Über dem Top der Braunkohlenfalte entstand eine flache Geländesenke. In ihr staute sich die Feuchtigkeit und es bildete sich ein Moor. In den alten topographischen Karten trägt es den Namen »Drogiske-Luch«.*

*b, Tagebaubetrieb 1914 bis 1919:*
*Mit geologischen Erkundungsbohrungen wurde im Jahre 1910 das Kohlefeld unter dem Drogiske-Luch eingehend erkundet, das Grundwasser abgesenkt und anschließend der Gewinnungsbetrieb aufgenommen. Abgebaut wurde ein 10 m bis 20 m mächtiges Flöz. Die Größe und Gestalt des Tagebaus entsprach genau der Form des Drogiske-Luchs.*

*c, heutiger Zustand:*
*Nach Beendigung des Gewinnungsbetriebes ließ man das Grundwasser wieder ansteigen. Es stellte sich im »Tagebau-Loch« eine offene Wasserfläche ein, der Felixsee.*

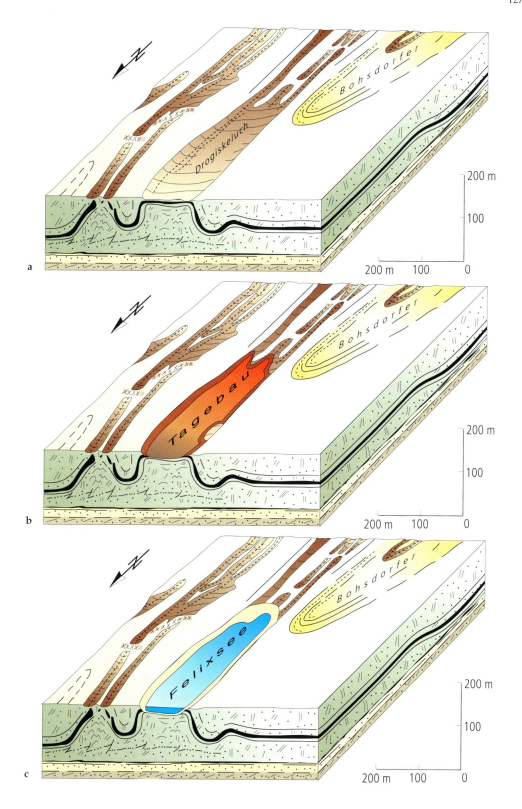

a

b

c

C5. Hunte (Braunkohlenförderwagen) am Seilbahnweg der Grube Conrad bei Groß Kölzig. – Foto: MANFRED KUPETZ.
C6. Kopf eines Wetterschachtes auf der Erika-Mulde der Grube Conrad. – Foto: MANFRED KUPETZ.

C7. Informationstafel am Seilbahnweg der Altbergbau-Tour. – Foto: MANFRED KUPETZ.

## C1.3 Das Soll von Groß Kölzig

Soll (Mehrzahl: Sölle) heißt im Plattdeutschen soviel wie »Wasserloch«. Es sind kleine Bodensenken mit einem Durchmesser von wenigen Metern bis zu mehreren Hundert Metern. Sie haben häufig einen kreisrunden Umriss. Ihre Entstehung erläutern die Abbildungen C8 und C9. Die meisten Sölle sind »junge Sölle«. Sie sind etwa 12 000 Jahre alt, stammen aus der Weichseleiszeit und liegen im Norden Deutschlands (Niedersachsen und Mecklenburg-Vorpommern). Die Sölle des Faltenbogens sind »alte Sölle« und eine Hinterlassenschaft des Warthestadiums der Saalevereisung (etwa 130 000 Jahre). Am südwestlichen Innenrand des Muskauer Faltenbogens treten gehäuft etwa zwei bis drei

*C8*
*C9*

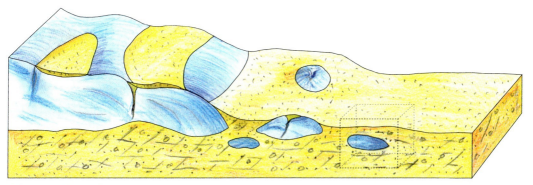

*C 8. Beim Abschmelzen des Inlandeises zerfällt der Gletscher in Resteisblöcke, die teilweise an der Erdoberfläche liegen und teilweise unter den mitgebrachten Sedimenten (Moränen) begraben sind.*

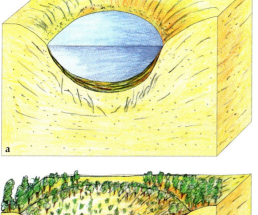

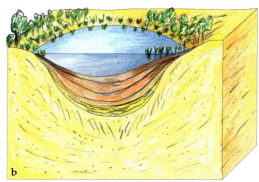

*C 9. Die Entwicklung eines Solls.*
*a, Nach dem Ausschmelzen eines Toteisblockes bildet sich ein See. Auf seinem Grund setzen sich feine Sedimente (Ton und Schluff) ab.*
*b, In der folgenden Warmzeit vermoort das Soll und es bilden sich Torfe, Seekreide oder auch Kieselgur.*
*c, Im Spätstadium verlandet das Soll und füllt sich nur noch in Perioden erhöhter Niederschläge mit Wasser.*

Dutzend kesselartige Hohlformen auf, von denen angenommen wird, dass es sich um Sölle handelt. Detaillierte geologische Untersuchungen wurden bisher an ihnen nicht durchgeführt.

<sub>C10</sub>

## C1.4 Die Ziegelei Klein Kölzig

Die Ziegelei Klein Kölzig war eine von elf Ziegeleien im Muskauer Faltenbogen. Sie stellte Anfang der 1950er-Jahre als letzte auf der deutschen Seite die Produktion ein (historisches Foto F3, **F1**, S. 196). Gegenwärtig wird das Hauptgebäude mit dem vollständig erhaltenen Ringofen zum Besucherzentrum »EisGeformteLandschaft« des Geoparks umgebaut. Die Eröffnung ist für 2011 geplant.

C11
C12

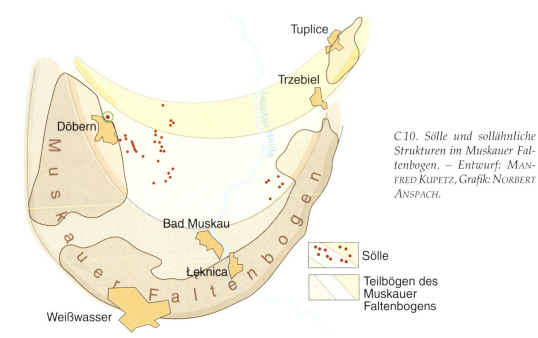

C10. *Sölle und sollähnliche Strukturen im Muskauer Faltenbogen. – Entwurf:* Manfred Kupetz, *Grafik:* Norbert Anspach.

Sölle

Teilbögen des Muskauer Faltenbogens

C11. *Sanierte Außenhülle des Hauptgebäudes der Ziegelei Klein Kölzig 2008. – Foto:* Manfred Kupetz.

C12. *Rekonstruktion des Ziegeleibetriebes in Klein Kölzig. – Grafik:* Norbert Anspach.

① Zerkleinern   ② Mischen   ③ Formgeben   ④ Fördern   ⑤ Lufttrocknen   ⑥ Fördern   ⑦ Brennen   ⑧ Lagerung bzw. Verkaufen
Kollerwerk   Kutteranlage   Presse   Elevator   Trockenboden   Aufzug   Ringbrandofen

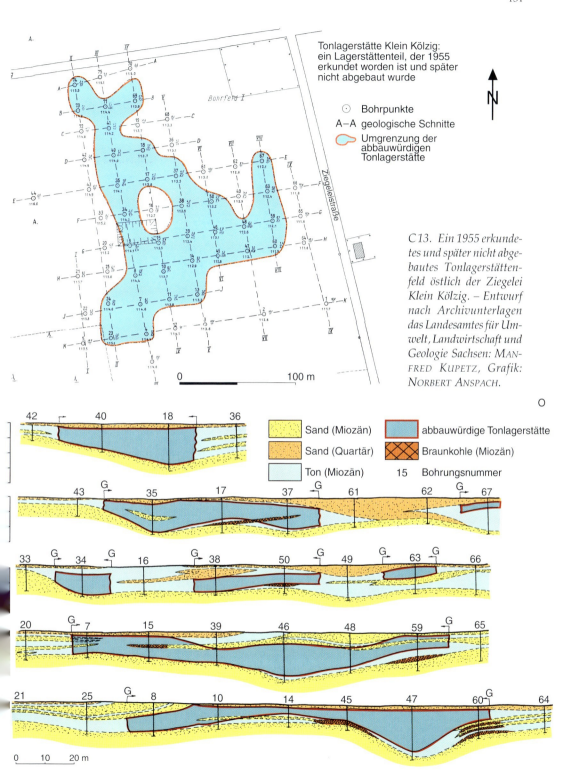

Tonlagerstätte Klein Kölzig:
ein Lagerstättenteil, der 1955
erkundet worden ist und später
nicht abgebaut wurde

⊙ Bohrpunkte
A–A geologische Schnitte
Umgrenzung der
abbauwürdigen
Tonlagerstätte

N

*C13. Ein 1955 erkunde-*
*tes und später nicht abge-*
*bautes Tonlagerstätten-*
*feld östlich der Ziegelei*
*Klein Kölzig. – Entwurf*
*nach Archivunterlagen*
*das Landesamtes für Um-*
*welt, Landwirtschaft und*
*Geologie Sachsen: MAN-*
*FRED KUPETZ, Grafik:*
*NORBERT ANSPACH.*

Sand (Miozän)        abbauwürdige Tonlagerstätte
Sand (Quartär)       Braunkohle (Miozän)
Ton (Miozän)    15   Bohrungsnummer

Während die Braunkohle in der Regel ein Flöz mit einer Mächtigkeit bildet, die sich über einige Hundert Meter oder Kilometer hinweg nur wenig ändert, ist das beim Ton anders. Die Tonschichten verzahnen sich seitlich rasch mit Sanden und Kiesen. Sie bilden linsen- und klumpenförmige Körper, die die Geologen sehr genau erkunden müssen, bevor eine Tongrube aufgeschlossen werden kann. Dazu werden Bohrungen niedergebracht und aus den angetroffenen Schichten geologische Schnitte gezeichnet. Es werden mehrere Schnitte parallel und senkrecht zueinander angefertigt. Daraus lässt C13 sich ein räumliches Modell der Tonlagerstätte berechnen und die künftige Abbautechnologie der Grube planen. Im Raum von Klein Kölzig und Groß Kölzig hatten die abbauwürdigen Tonlager eine sehr unregelmäßige Gestalt. Deshalb haben die Grundrisse der Tongruben einen ebensolchen Umriss. Nach Erschöpfung der Tonvorräte füllten sich die Gruben mit Wasser, und es setzte selbstständig ein Renaturierungsprozess ein. Tongrubenrestgewässer haben typischerweise eine grüne Farbe (s. auch G23 **G**, Abb. G 23, S. 216). Das Ergebnis ist eine natürliche Sukzession, eine Tongruben-Wald-Landschaft mit einem völlig neuen Landschaftscharakter.

**Tipp**: »**Der Laden**« in Bohsdorf – Gedenkstätte für ERWIN STRITTMATTER. Der Schriftsteller ERWIN STRITTMATTER ist neben vielen anderen Werken besonders durch seine Roman-Trilogie »Der Laden«, die auch verfilmt wurde, bekannt geworden. Er hat viele Jahre seines Lebens in der Lausitz verbracht. Das 1895 erbaute Haus der Gedenkstätte ist sein Elternhaus und seit 1999 zu besichtigen. Es war eine Bäckerei und beherbergt einen historischen Backofen, eine Ladenausstattung (um 1920) sowie eine Strittmatterausstellung. Ergänzend besteht die Möglichkeit im »Laden« die Romane des Schriftstellers, Videos, CDs etc. zu erwerben.
**Öffnungszeiten:** Di-Fr 13-17 Uhr; Sa, So, feiertags 10-12 und 13-17 Uhr (Januar und Februar nur nachmittags)
**Kontakt:** Erwin-Strittmatter-Verein e. V.: **www.strittmatter-verein.de**.

**Confiserie »Felicitas«** – belgische Schokoladenmanufaktur mit Schauraum und Besucherbetreuung, 2 km nordwestlich von Bohsdorf in Hornow.

## C1.5  Die Heimatstube in Groß Kölzig

In der alten Schule von Groß Kölzig wurde im Jahre 2000 eine Heimatstube eingerichtet, die neben dem lokalen bäuerlichen und handwerklichen Leben als Schwerpunkt die Betriebsgeschichte der im Faltenbogen sehr bedeutenden Braunkohlengrube »Conrad bei Groß Kölzig« dokumentiert. Auf Conrad ging zwischen 1860 und 1959 der Bergbau überwiegend im Tiefbau und nur untergeordnet im Tagebau um. Ein Grubenriss von 1898 weist den tiefsten Abbau auf der 22. Sohle 107 m unter der Rasenoberkante aus. In der Heimatstube wird eine umfangreiche Sammlung historischer Bergbaufotos sowie manueller Arbeitsgeräte präsentiert. Ferner hat Herr MANFRED KULKE (Markscheider, *1929–†2001) aus Groß Kölzig aus Grubenholz von Untertage einen Stollenabschnitt C14 in Originalbauweise errichtet.

**Adresse:** Heimatstube, Kölziger Dorfplatz 7, D-03159 Neiße-Malxetal, Ortsteil Groß Kölzig (Tel. 035600 22180-5111 und 035600 22180-6676).

**Öffnungszeiten:** So 15-17 Uhr und nach Vereinbarung.

*C14. Nachgebauter Stollen mit Arbeitsgeräten aus der Grube Conrad bei Groß Kölzig. – Foto: MANFRED KUPETZ.*

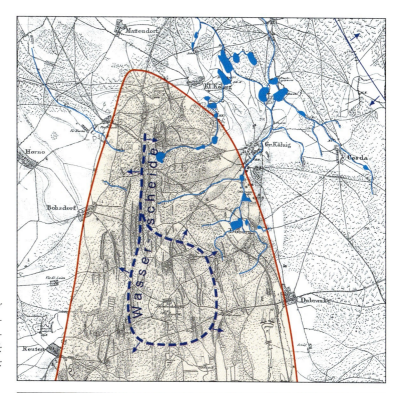

C 15. Der Oberlauf der Malxe im Jahre 1845, umgezeichnet nach dem Urmesstischblatt. – Entwurf: MANFRED KUPETZ, Grafik: NORBERT ANSPACH.

Verlauf des nordwestlichen Teils des Muskauer Faltenbogens

Oberflächen-wasserscheide

natürliche und naturnahe Fließgewässer

verlegte und stark veränderte Fließgewässer sowie neu angelegte Drainagegräben

Quelle

C 16. Der Oberlauf der Malxe im Jahre 2004, gezeichnet nach eigener Geländeaufnahme. – Entwurf: MANFRED KUPETZ, Grafik: NORBERT ANSPACH.

### C1.6 Die Malxe

Der Malxe-Bach ist einer der Namengeber für die aus den früheren Gemeinden Groß Kölzig, Je-rischke (mit Bahren, Pusack und Zelz), Jocksdorf, Klein Kölzig sowie Preschen (mit Gosda und Raden) gegründete Gemeinde Neiße-Malxetal. Er entspringt in mehreren Quellarmen am west-lichen Innenrand des Muskauer Faltenbogens zwischen Klein Kölzig und Döbern. Ein Zulauf kommt aus dem Faltenbogenhinterland bei Gosda. Der nordwestliche Ast des Faltenbogens ist ein Nord-Süd-gerichteter Höhenzug, der das umliegende Land um etwa 20-60 m überragt. Er bildet eine Oberflächenwasserscheide. Das heißt, das Oberflächenwasser (Bäche) fließt entsprechend des natürlichen Gefälles auf der Westseite nach Westen und auf der Ostseite nach Osten hin ab. Zur Zeit der ersten detaillierten Landkartenaufnahme im Jahre 1845 existierten hier etwa 50 stehende Gewässer. Davon waren ca. 20 natürliche Kleingewässer (Tümpel und Seen), etwa 30 waren künstlich angelegte Teiche. Zu dieser Zeit speisten fünf Quellbäche aus westsüdwestlicher Richtung und zwei Quellbäche aus ostsüdöstlicher Richtung die Malxe. Die Entwässerung nach Norden erfolgte über zwei Hauptbäche, die in vereinigter Form nördlich von Cottbus in die Spree mündeten. Durch den Braunkohlenbergbau im Faltenbogen (1843-1959) und durch Drainagearbeiten in seinem Hinterland hat der Mensch das Grund- und Oberflächenwasserregime nachhaltig verändert. Derzeit gibt es un-gefähr 120 kleine stehende Gewässer, und das natürliche Netz der Bäche ist verlegt oder begradigt worden. Zahlreiche Drainagegräben wurden ergänzt und legen Feuchtgebiete trocken. Außerdem hat die Wasserhaltung der beiden ca. 20 km im Norden gelegenen Braunkohlentagebaue Cottbus-Nord und Jänschwalde zu einer zeitweisen Verlegung der Wasserscheide nördlich des Faltenbogens geführt. Das heißt, dass vorübergehend die Malxe über den Malxe-Neiße-Kanal über die Neiße und die Oder in die Ostsee fließt. Natürlicherweise würde sie über die Spree und die Elbe in die Nord-see entwässern. Damit ist der nordwestliche Faltenbogenast Teil der europäischen Wasserscheide zwischen Nordsee und Ostsee.

*C 15*
*C 16*

Insgesamt hat der Mensch vier Mal grundlegend in das »Leben« der Malxe eingegriffen:

- vor 1845 mit dem Anlegen von 30 Teichen zur Fischzucht,
- von 1843-1959 durch den Braunkohlenbergbau und die Tongewinnung (Bachverlegungen und neue Bergbaurestgewässer),
- Trockenlegung von Feuchtgebieten im Hinterland durch Drainage und
- 1972 Verlegung des Malxeabflusses von der Nordsee in die Ostsee.

## C2 Die Geologie-Tour

Länge: 23 km.
Empfehlenswerte Ausgangspunkte: Parkplatz am Felix-Turm, Parkplatz am Kavalierhaus im Reuthener Park.

### C2.1 Braunkohlenaufschluss in einem Gieser

*69*
*70*
*71*

Die Entstehung der Gieser wird im Kapitel »Entstehung des Muskauer Faltenbogens« (S. 64 ff., Abb. 69-71) ausführlich erläutert. Insbesondere ist dort das Pollenprofil des hiesigen Torfvorkommens abgebildet. Der Weg zwischen diesem und den beiden folgenden Aufschlüssen quert etwa ein Dutzend Gieser. Er ist damit der Ort im Faltenbogen, an dem man die größte Anzahl von ihnen auf einem touristischen Pfad antreffen kann. Hier wurde 2004 ein künstlicher Aufschluss von 25 m

*C 17*
*C 18*
*C 19*

Breite und einer Tiefe von 5 m angelegt, der einen Querschnitt durch einen typisch ausgebildeten Gieser zeigt.

*C17. Kohleschurf an der Geologietour. – Foto: Manfred Kupetz.*

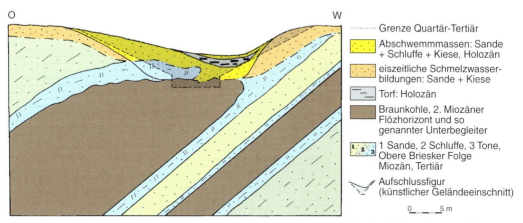

O        W

- - - - Grenze Quartär-Tertiär

Abschwemmmassen: Sande + Schluffe + Kiese, Holozän

eiszeitliche Schmelzwasserbildungen: Sande + Kiese

Torf: Holozän

Braunkohle, 2. Miozäner Flözhorizont und so genannter Unterbegleiter

1 Sande, 2 Schluffe, 3 Tone, Obere Briesker Folge Miozän, Tertiär

Aufschlussfigur (künstlicher Geländeeinschnitt)

0      5 m

*C18. Geologische Gesamtsituation im Bereich des Giesers. Siehe auch Abb. 71, S. 66. – Entwurf: Manfred Kupetz, Grafik: Norbert Anspach.*

## C2.2 Die Eulenschlucht

Die Eulenschlucht galt landläufig als längster Gieser des Muskauer Faltenbogens. Erst die Auswertung hoch auflösender digitaler Geländemodelle ermöglicht eine genauere Analyse der Morphologie. Demnach kommt dieses Prädikat einem namenlosen Gieser 200 m östlich der Eulenschlucht mit 8,2 km Länge zu. Die Eulenschlucht erreicht nur eine Erstreckung von 5,0 km.

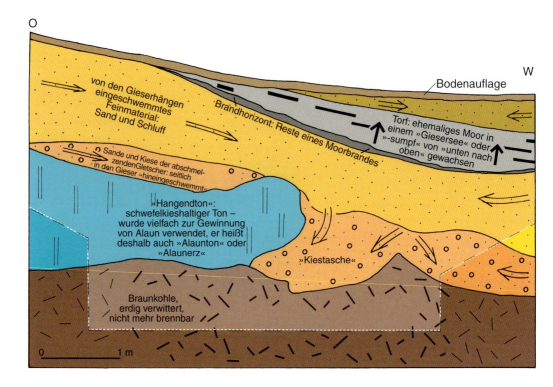

O

W

Bodenauflage

von den Gieserhängen eingeschwemmtes Feinmaterial: Sand und Schluff

Brandhorizont: Reste eines Moorbrandes

Torf: ehemaliges Moor in einem »Giesersee« oder »-sumpf« von »unten nach oben« gewachsen

Sande und Kiese der abschmelzendenGletscher: seitlich in den Gieser »hineingeschwemmt«

»Hangendton«: schwefelkieshaltiger Ton – wurde vielfach zur Gewinnung von Alaun verwendet, er heißt deshalb auch »Alaunton« oder »Alaunerz«

»Kiestasche«

Braunkohle, erdig verwittert, nicht mehr brennbar

0   1 m

C19. Im Schurf aufgeschlossenes Detailprofil. – Entwurf: MANFRED KUPETZ, Grafik: NORBERT ANSPACH.

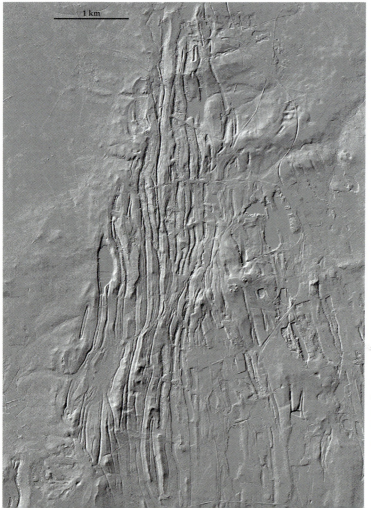

1 km

C20. Hochauflösendes digitales Geländemodell nordwestlich des Muskauer Faltenbogens. – Aus KUPETZ 2003.

### C2.3 Tagesbrüche über einem Tiefbaufeld der Grube Julius

An dieser Stelle kann ein großflächiger Tagesbruch studiert werden. Den Vorgang, wie ein zu Bruch gehender Tiefbau ein tagebauähnliches Restgewässer hinterlässt, zeigen die Abbildungen C 21 und C 22 (vgl. auch **B**, Abb. B 10). Hier wurde 1926-1927 die Mulde Hermann der Grube Julius im Tagebau anschließend bis 1957 im Tiefbau ausgekohlt. Nach Beendigung des Grubenbetriebs wurde die Wasserhaltung eingestellt und die Grubenbaue füllten sich mit Grundwasser. Das instabile Deckgebirge (lockere Sande, Schluffe und Tone) brach auf 40-60 m Breite flächenhaft ein (Tagesbruch). In seinem tiefsten Bereich bildete sich durch Absinken unter den Grundwasserspiegel ein 25-40 m breites und 270 m langes Bergbaurestgewässer. Es ist 1-4 m tief. Abgestorbene Kiefern der ehemaligen Aufforstung ragen als »schwarze Stiele« aus dem Wasser.

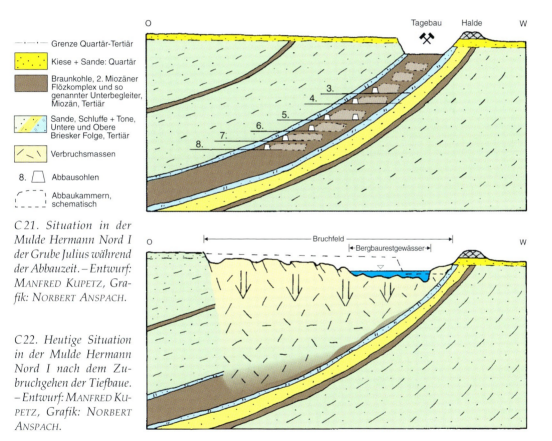

C 21. Situation in der Mulde Hermann Nord I der Grube Julius während der Abbauzeit. – Entwurf: MANFRED KUPETZ, Grafik: NORBERT ANSPACH.

C 22. Heutige Situation in der Mulde Hermann Nord I nach dem Zubruchgehen der Tiefbaue. – Entwurf: MANFRED KUPETZ, Grafik: NORBERT ANSPACH.

### C2.4 Die Bunten Seen

Die »Vier Bunten Seen« sind Bergbaurestgewässer der Grube »Elster bei Horlitza«. Zwischen 1901 und 1908 wurde hier zunächst im Tagebau und anschließend im Tiefbau Braunkohle abgebaut. Südlich der Bundesstraße B 156 hat der Bergbau vier Restgewässer hinterlassen. Es sind 250-350 m lange und durchschnittlich 50 m breite voneinander getrennte Seen. Ihr auffälligstes Merkmal ist, dass jeder See eine andere Farbe besitzt. Diese Farben ändern sich jahreszeitlich. Eine wichtige Ursache für diese Färbungen sind der natürliche Eisen- und Sulfatgehalt verbunden mit einem niedrigen, sich aber ändernden pH-Wert (»saures Wasser«, s. »Quartär«, S. 51 ff.). Der schwarze

*C 23. Blick von Süden nach Norden über die Vier Bunten Seen, Aufnahme am 31. Mai 2002. – Foto: PETER RADKE, Lausitzer und Mitteldeutsche Bergbau-Verwaltungsgesellschaft.*

See (links oben) besitzt glasklares Wasser. Das Tageslicht wird von den Blättern auf dem Grund reflektiert und erzeugt diesen Farbeindruck. Die Türkisfärbung (rechts oben) wird durch Plankton-wuchs, wahrscheinlich Algen hervorgerufen. Sauerstoffmangel ließ links unten das Algenwachstum kippen. Die abgestorbenen Pflanzen führten zu einem trüben, braunen Wasser, das einen leichten Schwefelwasserstoffgeruch aufweist. Schließlich führt die Ausfällung von Eisen-III-hydroxid rechts unten zu einem trüben, braunroten Wasser. Ähnlich farbige Gewässer sind im Faltenbogen weit verbreitet (s. auch **G**, Abb. G 23 bis G 25).

G 23
G 24
G 25

## C2.5  Die Grube Anna bei Reuthen

C 24
C 25

Anna ist eine der kleineren Gruben im Muskauer Faltenbogen. Sie war, mit Unterbrechungen, von 1869 bis 1888 in Betrieb. Der weitaus größte Teil des Gewinnungsbetriebes fand unter Tage auf fünf Tiefbausohlen statt. Die Grube reichte dabei bis maximal 26,5 m unter die Rasensohle. 1872 existierte ein kleiner Tagebau von 10-20 m Breite, 70 m Länge und 6 m Tiefe. Der Abbau in der Tiefe erfolgte ausgehend von (fast) horizontal im Flöz verlaufenden Strecken seitwärts in das Flöz hinein. Dabei wurden Kammern aufgefahren. Seitlich wurden sie durch Kohlepfeiler voneinander getrennt, die das Deckgebirge getragen haben. Die genaue Größe der Abbaukammern ist nicht überliefert. An-genommen werden eine Größe von etwa 16-20 m² und eine Höhe von 4 m.

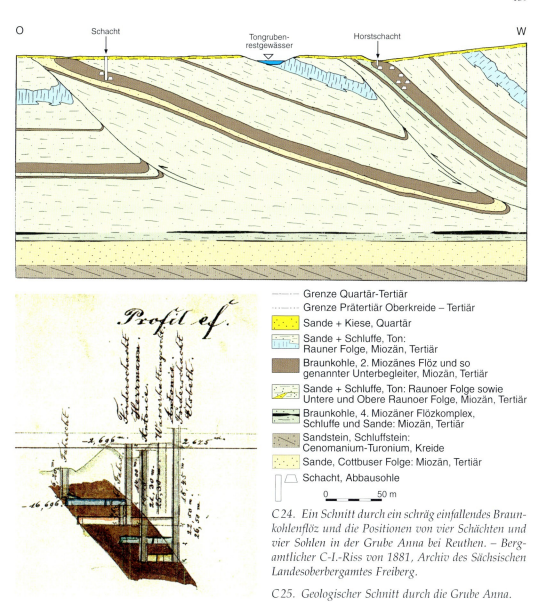

O Schacht    Tongruben-restgewässer    Horstschacht    W

Grenze Quartär-Tertiär

Grenze Prätertiär Oberkreide – Tertiär

Sande + Kiese, Quartär

Sande + Schluffe, Ton:
Rauner Folge, Miozän, Tertiär

Braunkohle, 2. Miozänes Flöz und so
genannter Unterbegleiter, Miozän, Tertiär

Sande + Schluffe, Ton: Raunoer Folge sowie
Untere und Obere Raunoer Folge, Miozän, Tertiär

Braunkohle, 4. Miozäner Flözkomplex,
Schluffe und Sande: Miozän, Tertiär

Sandstein, Schluffstein:
Cenomanium-Turonium, Kreide

Sande, Cottbuser Folge: Miozän, Tertiär

Schacht, Abbausohle

0    50 m

*C 24. Ein Schnitt durch ein schräg einfallendes Braun-
kohlenflöz und die Positionen von vier Schächten und
vier Sohlen in der Grube Anna bei Reuthen. – Berg-
amtlicher C-I.-Riss von 1881, Archiv des Sächsischen
Landesoberbergamtes Freiberg.*

*C 25. Geologischer Schnitt durch die Grube Anna.*

## C2.6 Das Reuthener Moor

Das Reuthener Moor hat eine Größe von 93,3 ha. Es ist seit 1992 als Naturschutzgebiet ausgewiesen
und kann über einen Wirtschaftsweg ausgehend vom Kavalierhaus des Reuthener Parks in Richtung Nordosten oder vom Braunkohlenschurf aus entlang des Waldweges nach Süden besichtigt
werden. Das Reuthener Moor besteht aus zwei genetisch verschiedenen Abschnitten. Der breite
Südwest-Nordost streichende Hauptteil ist vermutlich der eingesenkte Top einer Kofferfalte von
ähnlicher Gestalt wie die Flözfalte unter dem Felixsee (s. Abb. C4a). Das Moor wird genetisch als
Stauwasser-Versumpfungsmoor mit flachgründigen Holz-, Torfmoos- und Seggentorfen angesprochen. Seine Entwässerung erfolgt über den Dubitzgraben nach Westen. Er durchströmt ein zweites,
kleinerflächiges Hang- und Durchströmungsmoor (Abb. C26 und C27).

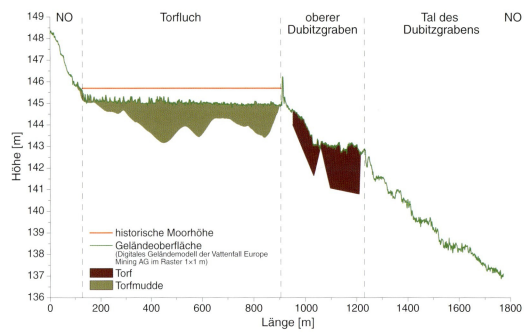

C 26. *Schnitt durch das Reuthener Moor. – Autor und Grafik: Büro für Bodenschutz und Landschaftsplanung Dr. PFAFF, Eberswalde, unveröff. 2009.*

C 27. *Blick von Süden her auf das Reuthener Moor. – Foto: PETER RADKE, Lausitzer und Mitteldeutsche Bergbau-Verwaltungsgesellschaft.*

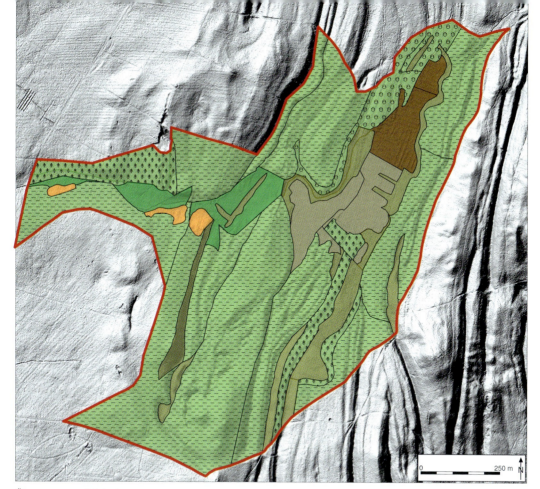

Übergangs- und Schwingrasenmoore

■ gehölzarmes Degenerationsstadium
der Sauer-Zwischenmoore

■ Sauer-Zwischenmoore, Abtorfungsbereich
mit Regeneration

Torfmoor-Schlenken

■ Sauer-Armmoor, Abtorfungsbereich
mit Regeneration

Moorwälder

■ Pfeifengras-Moorbirke-Schwarzerlenwald

Weitere Biotope

■ Feuchtwiesen nährstoffreicher Standorte,
verarmte Ausprägung

▨ Adlerfarn-Kiefernforst

▨ Adlerfarn-Kiefernforst mit Birke (Anteil > 30 %)

▨ Blaubeer-Kiefernforst

— Untersuchungsgebiet

*C 28. Schnitt durch das Reuthener Moor. – Autor und
Grafik: Büro für Bodenschutz und Landschaftsplanung
Dr. Pfaff, Eberswalde, unveröff. 2009.*

▷

*C 29. Schmalblättriges Wollgras (Eriophorum angustifo-
lium) im Reuthener Moor. – Foto: Manfred Kupetz.*

C1 Die beste Beobachtungsposition besteht an dem kleinen Kastenstau am Westrand des Moores (s. Abb. C1). In den 1860iger Jahren wurde das Reuthener Moor als Handtorfstich zur Gewinnung von Brenntorf genutzt. Der Torf wurde in streifenförmigen Abbaufeldern gewonnen, zwischen denen

C27 man breite Torfstreifen stehen ließ. Nachfolgend dämmte man den Stich ab und überstaute ihn. Auf diese Weise entstand ein Mosaik aus etwa einem Dutzend kleiner, offener Wasserflächen und dazwischenliegenden Resten des ursprünglichen Moores. Der seit dem ersten Drittel des 19. Jahrhunderts verwendete Name »Torfluch« bezeichnet demzufolge nicht das natürliche »Giesermoor« sondern den durch den Anstau vergrößerten, renaturierten Torfstich. Eine charakteristische Pflanze dieses Moores

C29 ist das Wollgras. Das Moor wird deshalb auch als potenzielles Birkhuhnansiedlungsgebiet eingestuft.

## C2.7  Der Finkenstein

Der (Große) Finkenstein ist mit einer Masse von etwa 20

C31 Tonnen nach dem Teufelsstein (s. B4) der zweitgrößte Findling im Faltenbogen. Er besteht aus zwei Gesteinsvarietäten, einem feinkörnigen, deutlich geschieferten Granit mit etwa

Tabelle 6. Der Chemismus des Finkensteins. HE, Hauptelemente; SE, Spurenelemente. – Analyse: Mineralogisch-Petrographisches Institut der Universität Hamburg, 2008.

| Element | Fein-körniger Anteil | Grob-körniger Anteil |
|---|---|---|
| $SiO_2$ | 71,78 % | 65,55 % |
| $Al_2O_3$ | 14,12 % | 15,51 % |
| $Fe_2O_3$ | 2,56 % | 5,49 % |
| MnO | 0,05 % | 0,14 % |
| MgO | 0,58 % | 1,32 % |
| CaO | 1,65 % | 3,54 % |
| $Na_2O$ | 2,99 % | 3,61 % |
| $K_2O$ | 5,24 % | 3,70 % |
| $TiO_2$ | 0,33 % | 0,73 % |
| $P_2O_5$ | 0,09 % | 0,25 % |
| $SO_3$ | 0,00 % | 0,00 % |
| $H_2O^+$ | 0,56 % | 0,50 % |
| $H_2O^-$ | 0,07 % | 0,13 % |
| Summe HE | 100,02 % | 100,47 % |
| Summe HE+SE | 100,33 % | 100,72 % |
| Ba | 1399 ppm | 846 ppm |
| Ce | 149 ppm | 102 ppm |
| Co | 40 ppm | 50 ppm |
| Cr | 0 ppm | 5 ppm |
| Cu | 25 ppm | 42 ppm |
| Ga | 18 ppm | 22 ppm |
| La | 105 ppm | 52 ppm |
| Nb | 14 ppm | 35 ppm |
| Nd | 39 ppm | 53 ppm |
| Ni | 6 ppm | 13 ppm |
| Pb | 22 ppm | 22 ppm |
| Rb | 202 ppm | 189 ppm |
| Sc | 3 ppm | 28 ppm |
| Sr | 309 ppm | 299 ppm |
| Th | 24 ppm | 15 ppm |
| U | 1 ppm | 7 ppm |
| V | 35 ppm | 68 ppm |
| Y | 21 ppm | 67 ppm |
| Zn | 47 ppm | 99 ppm |
| Zr | 326 ppm | 295 ppm |

C30. Die feinerkörnige Varietät des Finkensteins (Gneis) im Dünnschliff. Links: im einfachen Licht (∥ Nic.), rechts: im polarisierten Licht (× Nic.). Mineralbestand: Quarz, Mikroklin, Plagioklas, Biotit und Titanit (die beiden Kristalle mit farbigem Zonarbau). – Fotos: ROLAND VINX.

*C31. Der Finkenstein bei Reuthen. – Foto:* Manfred Kupetz.

35 % Quarz, 30 % Mikroklin, 20 % Plagioklas, < 10 %, Biotit, < 5 % Titanit und akzessorischem Zirkon. Die zweite Varietät ist ein grobkörniger Orthogneis, bestehend aus etwa 35-40 % Quarz, 30 % Plagioklas, 15-20 % Mikroklin, 7-10 % Biotit, 3-5 % Amphibol, 1 % Titanit sowie akzessorischem Apatit *C30* und Zirkon). Die feinkörnige Finkensteinvarietät entspricht geochemisch einem normalen Granit, die grobkörnige einem Orthogneis im Granodioritfeld nahe der Grenze zum Granit. Insgesamt handelt es sich um ein unspezifisches Gestein, das vermutlich dem Riesenareal der Svekofenniden zuzuordnen ist (»Allerweltsgestein«). (Gesteinsbeschreibung und Diagnose Roland Vinx).

## C2.8  Der Bohsdorfer Diapir

Der Bohsdorfer Diapir ist eine aufrechtstehende Falte im 2. Miozänen Flözkomplex (zur Genese siehe »Entstehung des Muskauer Faltenbogens«, S. 56 ff.). Beeindruckend ist an diesem Aufschluss, dass man vom Rand aus genau auf die Spitze des ellipsoid umlaufenden Giesers sehen kann. Dies ist die am vollständigsten ausgebildete und ästhetisch schönste Gieserstruktur im Muskauer Faltenbogen. Da an dieser Stelle kein Bergbau umgegangen ist, ist der geologische Tiefenbau nicht bekannt. Für die Rekonstruktion im Blockbild wurden deshalb Kenntnisse aus anderen Strukturen sinngemäß auf die hiesige Situation übertragen.

*C 32. Das hoch auflösende digitale Geländemodell zeigt, wie in einer knapp 400 m langen Ellipse der Gieser den Umriss des Bohsdorfer Diapirs nachzeichnet. – Aus:* Kupetz *et al.* 2004.

164
162
160
158
156
154
152
150
148
146
144

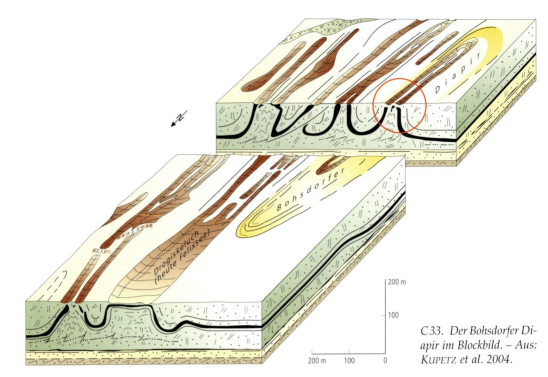

C 33. *Der Bohsdorfer Diapir im Blockbild. – Aus:* KUPETZ *et al. 2004.*

 **Die Glas-Tour**

Länge: 33 km.

Empfehlenswerte Ausgangspunkte: Parkplatz vor der ehemaligen Glashütte in Döbern, Parkplatz am Glaswerk Tschernitz

Zum Thema Glas gibt es mit der Exkursion **F** eine eigene Exkursion, so dass an dieser Stelle auf eine zweite Beschreibung verzichtet wird. Das tut jedoch der Attraktivität der Radroute keinen Abbruch.

 **Die Jerischker Endmoräne-/Neißetal-Tour**

Länge: 24 km.

Empfehlenswerter Ausgangspunkt: Parkplatz vor dem Schullandheim in Jerischke.

### C4.1 Das Informationszentrum im Schullandheim Jerischke

Das Schullandheim Jerischke erhielt im Jahre 2005 einen repräsentativen Informationspavillon. Neben einem Gesamtüberblick über die Geographie, Geologie und rohstoffbedingte, standortgebundene Wirtschaftsentwicklung der Region verfügt es über eine hervorragende Infrastruktur für die Unterbringung und fachliche Unterrichtsgestaltung für Schüler. Für die Geländearbeit wurden drei

C 34

kurze, mit 20 Informationstafeln ausgestattete Rundwanderwege von 3,5 km, 4,5 km und 5,5 km Länge eingerichtet.

E-Mail: schullandheim.jerischke@web.de

## C42 Die Neißeterrassen bei Zelz

Der Neißedurchbruch durch den Faltenbogen bietet mit seinen großen Mäanderbögen ein grandioses Bild (s. »Quartär«, Abb. 46, S. 49). Das Tal wird über seine gesamte Länge vom gut ausgebauten Oder-Neiße-Radweg durchzogen. Der Standort der Informationstafel bei Zelz bietet trotz des relativ starken Bewuchses der Hänge die Möglichkeit, mehrere Neißeterrassen gleichzeitig zu beobachten.

Der Faltenbogen schneidet sich zwischen Bad Muskau im Süden und Olszyna im Norden 20 und 32 m tief ein. Erhalten geblieben sind Reste von knapp einem Dutzend Terrassen, von denen die vier wichtigsten Niveaus in Abbildung C35

C34. Mit einem mechanischen Modell können die Schulkinder spielerisch »mit einem Gletscher« den Faltenbogen »herstellen«. – Foto: MANFRED KUPETZ.

dargestellt sind. Ihrer Alterseinstufung gilt als problematisch, weil der Neißedurchbruch durch den Faltenbogen zurzeit noch nicht exakt datierbar ist (s. »Quartär«, S. 49).

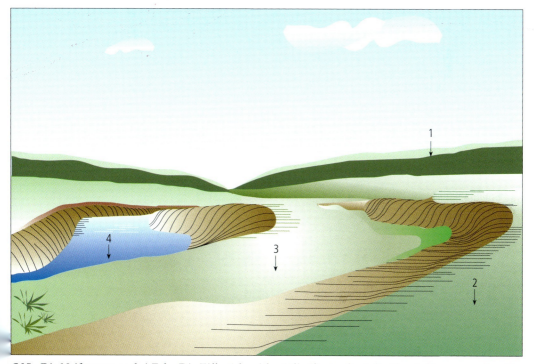

C35. Die Neißeterrassen bei Zelz. Die Ziffer 1 bezeichnet die älteste, die 4 die jüngste Terrasse. – Aus KUPETZ et al. 2004.

### C43 Die Grenzerquelle

C36 Die Grenzerquelle (die Herkunft dieses Namens ist nicht bekannt) ist eine für den Faltenbogen typische saure Quelle. Aus dem eisenreichen Wasser schlagen sich rotbraune Eisenschlämme nieder (s. »Quartär«, S. 51 ff.). Die Quelle entspringt diffus und an mehreren Orten auf halber Höhe eines periglazialen Seitentales. Die unmittelbaren Quellaustritte sind in der Vegetationsperiode die Orte mit dem »frischesten Grün«. Optisch am auffälligsten sind die großen, meist einzeln stehenden, im Umriss dreieckigen Pflanzen des Adlerfarns *(Pteridium aquilinum)*. Beim Eintritt in das Neißetal ist das Wasser der Grenzerquelle kanalisiert. Man sollte durchaus einmal den »sauren Eisengeschmack« probieren. Im Umfeld von Pusack existiert eine ganze Schar von räumlich benachbarten Quellen.

Blickt man von der Grenzerquelle aus in Richtung Neiße (nach Osten), dann versperrt ein mächtiger Hügel die Sicht auf den Fluss C37 (Abb. C37, Mitte). Er wird durch eine riesige Hangrutschmasse gebildet. In einer bereits länger zurückliegenden, wahrscheinlich feuchteren Klimaperiode löste sich der Hang in einem in heutiger Bewertung katastrophalen Ereignis und glitt talwärts ab.

*C36. Die Grenzerquelle in Pusack. – Foto:* MANFRED KUPETZ.

Am linken Rand der Abbildung C37 hat die Neiße einen extrem ausgebildeten, fast zu einem Dreiviertelkreis entwickelten Mäanderbogen durchschnitten. Der Altarm ist versumpft und wird nur noch von einem kleinen Rinnsal, dem Lachgraben, durchflossen. Der Altarm und der Zeugenberg innerhalb des ehemaligen Neißebogens sind wertvolle Feuchtbiotope und stehen als NSG »Märchenwald« unter Schutz.

Literatur: SCHOSSIG & KULKE 2006

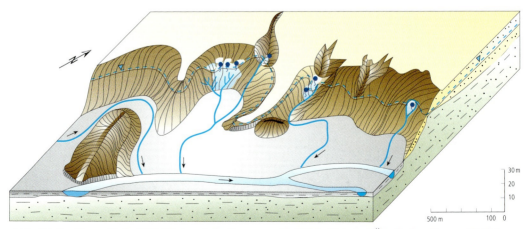

*C37. Die Lachberge (linke Bildhälfte) und die Grenzerquelle (Bildmitte) sind Überlaufquellen am Neißehang. – Aus:* KUPETZ *et al. 2004.*

# ⒟ Die Kultur- und Landschaftsparke im Muskauer Faltenbogen

**Exkursionspunkte:** ❶ Der Gutspark zu Reuthen. ❷ Der Rhododendronpark Kromlau. ❸ UNESCO-Welterbe Fürst-Pückler-Park Bad Muskau. ❹ Das Turnerdenkmal in Trzebiel (Triebel). ❺ Die Waldeisenbahn Muskau.

**Fahrtroute:** Reuthen – B 156 – Halbendorf – Kromlau – Gablenz – B 156 – Bad Muskau – Grenzübergang nach Łęknica – Trzebiel (Triebel); die Waldeisenbahn verkehrt im südlichen Teil des Muskauer Faltenbogens mit Stationen in Weißwasser, Kromlau und Bad Muskau.

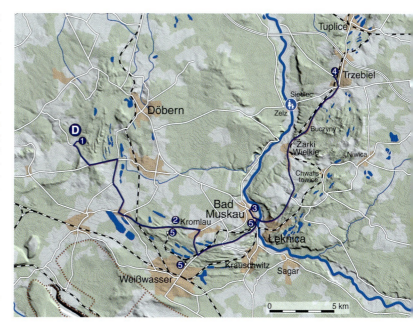

*D1. Lage der Exkursionspunkte und Verlauf der Fahrtroute.*

## ⒟1        Der Gutspark zu Reuthen

HAGEN ENGELMANN

**Anfahrt:** Von der B 156 zwischen Spremberg und Bad Muskau nach Norden in Richtung Reuthen abzweigen. In Reuthen das Dorf in Richtung Norden durchfahren und am Ortsausgang rechts zum Parkplatz am Kavaliershaus abzweigen.

Am westlichen Rand des Muskauer Faltenbogens liegt das Örtchen Reuthen. Es ist eingebettet in die Ausläufer dieser, für die Niederlausitz recht beachtenswerten, topographischen Erhebung, liegt fernab verlärmender Bundesstraßen und hat sich einen kleinen, öffentlich zugänglichen Landschaftspark erhalten. Er kann als Geheimtipp für Erholungssuchende gelten, die Stille, Abgeschiedenheit, viel Natur und wenig Hektik lieben.

D2
D3
D4
D5
D6
D7

    Ob diese Gründe auch schon 1873 den Ausschlag gaben, als HERRMANN VON KILLISCH-HORN das Schloss und das Rittergut zu Reuthen erwarb, lässt sich heute wohl nicht mehr feststellen. Dieser äußerst erfolgreiche Berliner Verleger schien jedoch hier alle Voraussetzungen zur Verwirklichung seiner botanischen und gartengestalterischen Ambitionen vorgefunden zu haben.

    Gemeinsam mit seinem Obergärtner WILHELM PERRING, der sich allerdings nie für einen Umzug von Berlin nach Reuthen entscheiden konnte, schuf er zwischen 1873 bis zu seinem Tode 1886 östlich der alten Dorflage einen Landschaftspark, der noch heute ein Areal von ca. 30 ha aufweist und dem Dorf ein unverwechselbares Gepräge verleiht.

    Charakteristisch ist eine Zweiteilung des Parks, die auf die damals vorgefundene landschaftliche Situation zurückzuführen ist. Relativ schlossnah befanden sich agrarisch genutzte Flächen, die von Feldwegen mit begleitenden Baumreihen durchzogen waren. Weiter östlich schlossen sich zusammenhängende, dichte Waldbestände an. Die Preußischen Urmesstischblätter von 1848 dokumentieren die historische Situation recht anschaulich.

148

① Ehemaliges
   Schloss
② Kavaliershaus
③ Blaue Augen
④ Mietzelquell
⑤ Apostelstein
⑥ Ehemaliges
   Mausoleum

*D2. Der Schlosspark zu Reuthen. – Umgezeichnet nach der Vorlage von* Engelmann *1996.*

*D3. Blick über den Parkteich in den Großen Wiesengrund. – Foto:* Hagen Engelmann.
*D4. Die Präsentation einer Goldeiche (Quercus robur ›Concordia‹, Kulturform der Stieleiche) im roten Ge-*
*wand einer umrahmenden Rotbuche (Fagus sylvatica ›Atropunicea‹) ist die Besonderheit des Parks. – Foto:*
*Hagen Engelmann.*

149

Mit viel Geschick überformten VON KILLISCH-
HORN und PERRING die Agrarflächen, ließen
durch Gehölzanpflanzungen Parkwiesenräume
entstehen, setzten Solitäre und Baumgruppen
und richteten wichtige Sichten oftmals auf aus-
erwählte, bereits vorhandene Gehölze aus. Die
Sichten über den Großen Wiesengrund weisen gar
Längen von über 600 m auf und dokumentieren
noch heute den Anspruch und die Großzügigkeit
der damaligen Autoren.

Der Waldsaum als ursprüngliche visuelle
Grenze zwischen Offenland und Wald verliert
durch Öffnungen und Vorpflanzungen seine
Blockhaftigkeit und wird stattdessen vorteilhaft in

▷

*D5. Wiederhergestellte Uferpartie des Parkteiches –
Foto: HAGEN ENGELMANN.*

*D6. Parkteichsilhouette 1993. – Foto: HAGEN ENGELMANN.*

*D7. Parkteichsilhouette 2004. – Foto: HAGEN ENGELMANN.*

die Parkraumbildung einbezogen. Der dahinter verbleibende Wald selbst, erhält an topographisch interessanten Situationen nach oben offene Raumstuben, gehölzfreie und dadurch helle Freiräume, die (meist) vollständig von dunkleren Waldbeständen umgeben bleiben. Temporäre Wasserflächen wie etwa die »Blauen Augen« oder das »Mietzelquell« dienen mit ihren möglichen Spiegelungseffekten der Lichtdurchflutung dieser Raumstuben und verstärken gar den Hell-Dunkel-Kontrast gegenüber dem angrenzenden Wald. Topographische Höhen, so der ehemalige Standort des Mausoleums, der Apostelstein oder die Kiefernanhöhe werden als natürliche Aussichtspunkte erschlossen und für Sichten in den Park genutzt. Einfache bekieste Waldweg verbanden diese Stuben miteinander und endeten am Mausoleum.

Leider endete spätestens in den 20er-Jahren des vergangenen Jahrhunderts eine geordnete Parkpflege. Entsprechend alt ist daher der Wildaufwuchs der über die vielen Jahre zur regelrechten Verwaldung des Wiesenparkteiles geführt hatte. Auch wohlgemeinte »Verschönerungsarbeiten« in den 1970er-Jahren führten zu keiner wirklichen Situationsverbesserung.

Erst seit 1995 können auf Grundlage einer Gartendenkmalpflegerischen Zielstellung beharrlich, aber dennoch nur in kleinen Schritten bestandssichernde Arbeiten an den Originalparkbäumen vorangetrieben werden. 2002 wurde ein bedeutender Teil der Wege im Wiesenparkteil instand gesetzt. Gleich einem Wunder, gelingt der kleinen Gemeinde Jahr für Jahr die so wichtige Pflege der Parkwiesen. Erfasst sind im Park ca. 750 Einzelbäume in etwa 20 Baumarten, doch ist die reale Zahl durch die flächigen Gehölzbestände des Waldparkteiles bedeutend größer.

An baulichen Anlagen ist lediglich das Kavaliershaus erhalten geblieben. Es stammt aus dem Anfang des 20. Jahrhunderts. Das Schloss wurde in den letzten Kriegstagen, im April 1945 zerstört. Das Mausoleum war seit Ende des Krieges dem Verfall preisgegeben und wurde Ende der 70er-Jahre aufgrund massiver Bauschäden gesprengt. Von einstigen Einbauten im Park, wie etwa einer Mooslaube und einer Quellgrotte sind lediglich die Standorte belegt; Bildmaterial und andere Hinweise fehlen.

Die Besonderheiten des Reuthener Parkes liegen weniger in einzigartigen, künstlerischen Qualitäten. Hier stehen ihm in unmittelbarer Nachbarschaft mit Branitz und Muskau Anlagen von Weltrang vor. Die Besonderheiten finden sich viel mehr in den Möglichkeiten seiner stillen, fast abgeschiedenen Erlebbarkeit, jedenfalls so lange er noch als Geheimtipp gehandelt wird.

*D3*

Literatur: ENGELMANN 1996

 **Der Rhododendronpark Kromlau**

KATRIN FRANZ und MANFRED KUPETZ

**Anfahrt:** Kromlau liegt an der Landstraße zwischen Halbendorf (Abzweigung von der B156) und Gablenz. Der Parkplatz ist auf Abb. D8 ausgewiesen.

*D8*

### Parkgeschichte und -beschreibung

1842 erwarb der in Preußen und Polen reich begüterte FRIEDRICH HERMANN RÖTSCHKE (1805–1891) Kromlau und begann auf einer Fläche von fast 800 Morgen (etwa 200 ha) mit einer umfassenden gartenkünstlerischen Gestaltung. Mit einer heutigen Größe von etwa 160 Hektar ist Kromlau eine der größten Parkanlagen in Sachsen und einer der größten Rhododendronparke in Deutschland.

*D8*
*D9*

Etwa ab 1844, also ein Jahr bevor HERMANN LUDWIG HEINRICH FÜRST VON PÜCKLER-MUSKAU (1785–1871) die benachbarte Standesherrschaft Muskau verkaufte, führte RÖTSCHKE erste Arbeiten zur Anlage des Parks durch. Sicherlich hat ihn dabei der nahe gelegene Muskauer Park inspiriert. Wer dem dilletierenden Parkliebhaber RÖTSCHKE dabei fachlich zur Seite stand, ist unbekannt. Schriftliche Erläuterungen aus der Entstehungszeit des Parks konnten bisher nicht nachgewiesen werden. Die einzige archivarische Quelle für den Zustand der Parkanlage zu dieser Zeit ist ein vermutlich aus der Zeit um 1850 stammender, nur in Kopie erhaltener Plan.

Unter RÖTSCHKE entstand in den 1860er-Jahren das im Schweizer Landhausstil erbaute Kavalier-

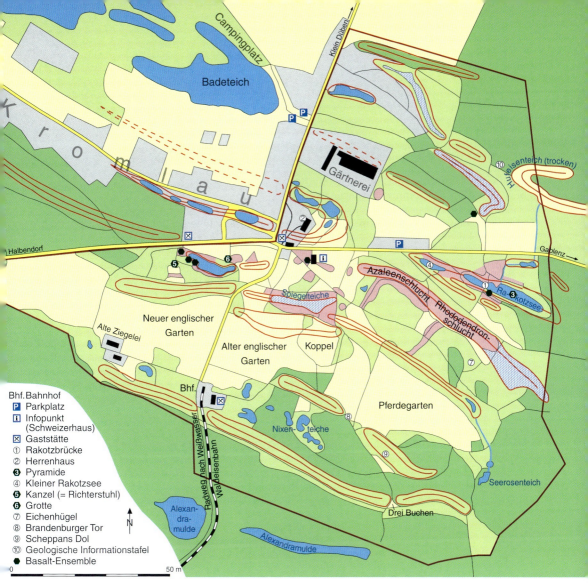

Campingplatz
Klein Düben
Badeteich
P
P
Gärtnerei
Hufeisenteich (trocken) ⑩
Halbendorf
Gablenz
☒
i
Azaleenschlucht
④
Ra- ❸
P
① kotzsee
❺
❻
Neuer englischer Garten
Alte Ziegelei
Spiegelteiche
Rhododendron-schlucht
Alter englischer Garten
Koppel
⑦
Bhf.
Pferdegarten
Radweg nach Weißwasser
Waldeisenbahn
Nixen- teiche
⑧
Alexan-dra-mulde
⑨
Seerosenteich
N
Drei Buchen
Alexandramulde

Bhf. Bahnhof
P  Parkplatz
i  Infopunkt (Schweizerhaus)
☒  Gaststätte
①  Rakotzbrücke
②  Herrenhaus
❸  Pyramide
④  Kleiner Rakotzsee
❺  Kanzel (= Richterstuhl)
❻  Grotte
⑦  Eichenhügel
⑧  Brandenburger Tor
⑨  Scheppans Dol
⑩  Geologische Informationstafel
●  Basalt-Ensemble

0                    50 m

*D8. Der Kromlauer Park. – Umgezeichnet nach der Vorlage von FRANZ 2002, ergänzt.*

haus (Schweizerhaus). Die auffälligste Baulichkeit im Park Kromlau ist die »Rakotzbrücke«. Rakotz ist im sorbischen Dialekt von Schleife und Bad Muskau ein Familienname mit der Bedeutung: »der Familie Rak gehörig«. Der Begriff »rak« ist der sorbische Name für Krebs. Ein naheliegender Zusammenhang mit der Bezeichnung des Krebses ist hier jedoch nicht gegeben (frdl. mdl. Mitt. von Herrn Prof. HELMUT FASKE, Kommerau). Der See, den die Brücke überspannt, trägt seit alters her den Namen Rakotz bzw. Rakotzsee.

Die Rakotzbrücke spannt sich »schwibbogenartig« über den gleichnamigen See. Besonders ein- D10
drucksvoll ist die Widerspiegelung des Brückenbogens im Wasser, wodurch sich eine vollständige Kreisform ergibt. Der Überlieferung nach soll auch mit dem Bau der Bogenbrücke in den 1860er-Jahren (1863) begonnen worden sein. Weitere Architekturen am See sind die Freitreppe, die Große Grotte und mehrere Pyramiden aus Basaltsäulen. Die Arbeiten an der Brücke und den anderen Bauten am Rakotzsee nahmen mehr als zehn Jahre in Anspruch. Die Freitreppe wird von vier quadratischen Sockeln mit Relieffratzen flankiert und von einer Herkulesstatue gekrönt. Die Große Grotte ist 1956 eingestürzt und nur noch eine Ruine (Abb. D17, linke Seite). D17

Ebenfalls aus der Zeit unter RÖTSCHKE stammen der ursprüngliche aus Feld-, Basalt- und Granitsteinen errichtete »Richterstuhl« (auch »Kanzel« genannt) und die Grotten »Himmel und Hölle«.

*D 9. Eindruck des Kromlauer Parks südlich des Schweizerhauses. – Foto: KATRIN FRANZ.*

Der »Himmel« wird aus hellem Quarzitgestein gebildet. Die »Hölle« besteht dagegen aus dunklem Basalt. Zwischen beiden Grotten befindet sich das »Fegefeuer« aus Basalt. In den Jahren 2006/2007 wurde diese Parkarchitektur saniert.

Neben den Parkarchitekturen dienten zahlreiche Skulpturen zur Ausschmückung der Parkbilder. Die vorwiegend in das Barock zu datierenden Skulpturen sind mit großer Wahrscheinlichkeit erst unter RÖTSCHKE nach Kromlau gebracht worden. Leider musste der reiche Skulpturenschmuck im Verlauf des 20. Jahrhundert immer wieder Zerstörungen und Verluste erleiden. Die erhalten gebliebenen Figuren wurden in den letzten Jahren fachgerecht saniert.

RÖTSCHKE ließ im Park umfangreiche Pflanzungen vornehmen. Gestalterische Akzente wurden beispielsweise durch Tulpenbäume, Edelkastanien, einen Trompetenbaum, eine Gruppe aus Virginischem Wacholder, Rotbuchen (in verschiedenen Sorten), Roteichen oder mehrstämmige Linden gebildet. Durch Bodenverbesserungen wurde für üppiges Wachstum der Pflanzungen gesorgt. *D11 D12*

Im Jahre 1875 gab RÖTSCHKE aus unbekannten Gründen den Besitz Kromlau auf. Nach dem Verkauf zog er auf sein nahegelegenes Gut  Bärwalde bei Boxberg, wo er im Jahr 1891 starb. Auch hier legte er einen Park an und verwendete wiederum Basaltsäulen als Gestaltungsmittel.

Nach mehrfachem Besitzerwechsel erwarb im Jahr 1889 FRIEDRICH XI. (XVII.) LEOPOLD, GRAFEN VON UND ZU EGLOFFSTEIN-ARKLITTEN (1838–1921) das Gut. Unter der sachkundigen Leitung der Familie EGLOFFSTEIN nahm der Besitz einen bedeutenden Aufschwung. Der Parkinspektor GEORG WILHELM EUGEN EICHLER (1859–1929) begann etwa ab Mitte der 1890er-Jahre, zahlreiche Rhododendren in den Kromlauer Park zu pflanzen. Da sich der Boden in den torfhaltigen Senken des Muskauer Faltenbogens (den Giesern) besonders gut für deren Kultur eignet, wurden Rhododendren auch gewerblich gezüchtet. In der Folgezeit prägten zahlreiche Nadelgehölze und dendrologische Besonderheiten den Charakter des Parkes. Dazu gehörten u. a. auch zahlreiche Roteichen.

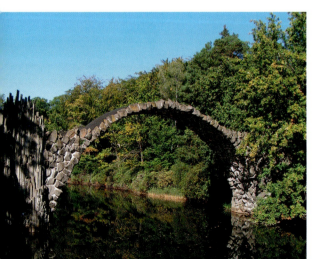

*D 10. Die Rakotzbrücke. – Foto: MANFRED KUPETZ.*

Neben der Funktion als Landschaftspark wurde die Anlage auch zur kommerziellen Gärtnerei genutzt (Gemüsegärtnerei, Obst- und Pfirsichplantage, Spalierobstzucht, Blumenzucht, Gewächshauskultur sowie Anzucht von winterharten Rhododendron und Azaleen in großem Maßstab).

Unter FRIEDRICH CUNO GRAF VON UND ZU EGLOFFSTEIN erlebte das Gut 1911 einen Niedergang und EICHLER verließ Kromlau. In der Folge führte EMILIE SCHULZ, die Säuglingsschwester der gräf-

D11. Tulpenbaum (Liriodendron tulipifera). – Foto: MANFRED KUPETZ.

lichen Familie und Tochter eines Gärtners aus Lübbenau, die Anpflanzungen von Rhododendren bis 1934 weiter. Die Azaleen- und Rhododendronzucht stellte bis zuletzt einen wichtigen Wirtschaftszweig des Gutes dar.

Als Folgeerscheinung der intensiven Rhododendron- und Nadelholzkulturen wurden einige Offenbereiche der vorangegangenen Gestaltungsphase des Parks zugepflanzt. Aus finanziellen Gründen forstete man zwischen den beiden Weltkriegen weitere Freiflächen des Parks auf, um sie wirtschaftlich zu nutzten. Nach der Enteignung der Familie VON UND ZU EGLOFFSTEIN 1945 durch die Bodenreform richtete man im Herrenhaus und den Gutsgebäuden sowie im Kavalierhaus Wohnungen ein. Teile des Parkes am Herrenhaus und nördlich der Spiegelteiche wurde zeitweise in Nutzgärten umgewandelt. Große Freiflächen im südlichen Bereich des Parks wurden parzelliert und an örtliche Bauern aufgeteilt. Zahlreiche Skulpturen und Ausstattungsgegenstände gingen durch Kriegs- und Nachkriegsfolgen verloren. In den ersten Jahrzehnten nach dem Zweiten Weltkrieg kam es im Zusammenhang mit den Neuaufschlüssen von Tongruben östlich der alten Ziegelei zu Verlusten an der Parksubstanz in diesem Bereich.

Neuen Aufschwung nahm der Park beginnend 1966 im Rahmen des Aufbaus eines Naherholungsgebietes Kromlau-Gablenz. Es wurde begonnen, die in den 1930er- und 1940er-Jahren erfolgten forstlichen Anpflanzungen auf den Freiflächen zu beseitigen, wichtige Blickbeziehungen wiederherzustellen und die Rhododendronbestände freizustellen. In den 1980er- und 1990er-Jahren wurden Sanierungs- und Restaurierungsarbeiten am Schloss, dem Kavalierhaus und der Rakotzbrücke durchgeführt. 1992 wurde Kromlau an das Schienennetz der Waldeisenbahn angeschlossen.

D12. Herbstliche Rotbuchen am Nordrand des Rakotzsees. – Foto: MANFRED KUPETZ.

## Geologische Aspekte im Park

**Die Giesermorphologie.** Der Park liegt in einem knapp 2 km² großen Gebiet, in dem die natürliche Giesermorphologie des Muskauer Faltenbogens noch weitgehend erhalten geblieben ist (s. auch »Die Entstehung des Muskauer Faltenbogens«, S. 64 ff.). Im Parkplan ist die regelmäßige Verteilung und die parallele Anordnung der Gieser-Tälchen anschaulich dargestellt. RÖTSCHKE nutzte diese »lebhafte« Morphologie bewusst für die Parkgestaltung. Deutlich erkennbar ist das am Nordrand des englischen Gartens und bei Scheppans Dol. Normalerweise besitzen die Gieser am Grunde ein Füllung aus 40-60 cm mächtigem Torf. An einigen Stellen kann beobachtet werden, dass dieser Torf herausgenommen wurde, und die Gieser dann eine stärkere Eintalung aufweisen als das von Natur aus der Fall wäre. Die Frage, ob die Vertiefung der Gieser erfolgte, um das Geländerelief für die Parkgestaltung zu verstärken oder ob der Torf lediglich als wertvolles Substrat für die Rhododendrenzucht gewonnen wurde, ist unbeantwortet. Als sicher kann hingegen gelten, dass die Pflanzungen in der Rhododendren- und der Azaleenschlucht (auf eben diesen Giesertorfen stehend) das Ergebnis wirtschaftlicher Gärtnereiproduktion sind. Der offene Talcharakter ist hier durch die Pflanzungen verloren gegangen und entspricht nicht mehr den parkgestalterischen Ansätzen von RÖTSCHKE.

*D8*

*D13. Gieser am Südostrand des Pferdegartens, der durch Ausschürfung des Torfes vertieft wurde. – Foto: MANFRED KUPETZ.*

**Das Hufeisen von Kromlau.** Im nördlichen Parkteil existiert ein ellipsoid umlaufender Gieser. Wahrscheinlich bildet er eine Diapirstruktur ab, an deren Rand das Kohleflöz (2. MFK) aufgeschleppt und im Zentrum durchbrochen wird (Abb. D14 bis D16).

*D14*
*D15*
*D16*

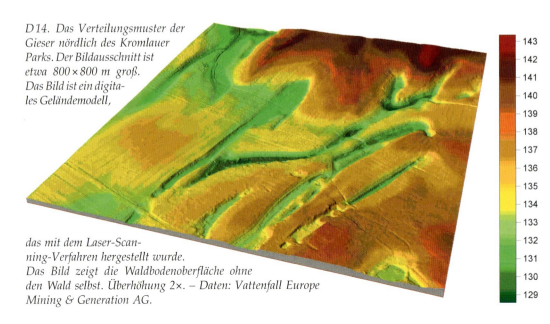

*D14. Das Verteilungsmuster der Gieser nördlich des Kromlauer Parks. Der Bildausschnitt ist etwa 800 × 800 m groß. Das Bild ist ein digitales Geländemodell,*

*das mit dem Laser-Scanning-Verfahren hergestellt wurde. Das Bild zeigt die Waldbodenoberfläche ohne den Wald selbst. Überhöhung 2×. – Daten: Vattenfall Europe Mining & Generation AG.*

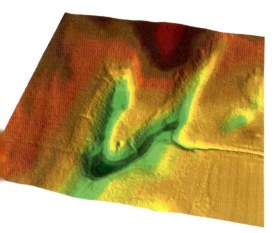

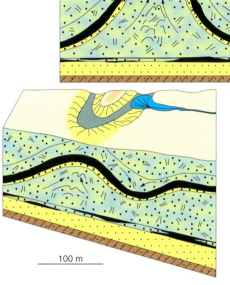

*D15. Die Gestalt des »Hufeisens« im Detail. Ausschnitt aus Abb. D14. Die Größe der Fläche beträgt 300×350 m (Breite zu Höhe). – Daten: Vattenfall Europe Mining & Generation AG.*

*D16. Der Diapir von Kromlau. Das Braunkohlenflöz bildet hier einen Luftsattel und war im Scheitel wahrscheinlich durch die emporsteigenden Tone durchbrochen. Der Luftsattel hatte eine Höhe von ca. 100 m.*

100 m

**Die Basaltsäulen.** Im Kromlauer Park sind in der Zeit zwischen 1869 und 1882 etwa 115 m³ Basaltgestein aus dem oberlausitz-nordböhmischen Basaltgebiet zu parkgestalterischen Zwecken verbaut worden. Es können fünf verschiedene Gesteinstypen unterschieden werden:

*D17. Grotte (eingestürzt, Bildmitte hinter bzw. unmittelbar rechts neben der Treppe) und großes Basaltsäulenensemble südöstlich der Rakotzbrücke. – Foto: MANFRED KUPETZ.*

D18. Die »Basaltpyramide« oder die »Basaltkirche« im Rakotzsee ist die größte Basaltsäulengruppe im Park. – Foto: MANFRED KUPETZ.

D19. Basaltgruppe am Nordwestende des Inselteiches. – Foto: MANFRED KUPETZ.

*D17*
*D18*
- dünne Basaltsäulen mit einem Durchmesser von 14-18 cm, die längste Säule ist knapp 7 m lang und befindet sich an der Südseite der Basaltpyramide im Rakotzsee,
- Straßenpflaster, Treppenstufen und Wegbegrenzungen aus dünnen Basaltsäulen,

*D19*
- dicke Basaltsäulen mit einem Durchmesser zwischen 30 und 40 cm,
- wollsackartige Verwitterungsformen (abgerundete Basaltblöcke), hieraus besteht der Bogen der

*D10*
  Rakotzbrücke und
- kantige Basaltbruchstücke, die durch Sprengung oder manuelles Zerschlagen im Steinbruch entstanden sind, verbaut z. B. in der Grotte.

Woher der Basalt stammt, geht aus den bekannten historischen Quellen nicht hervor. In der Literatur wird ohne Quellennachweis Bautzen, Usti nad Labem und Nordböhmen als Herkunftsort genannt. Nach petrographischen Untersuchungen und dem Gesteinschemismus handelt es sich um alterierte porphyrische Olivinbasalte (dünne Säulen: Basanit, dicke Säulen: Basanit-Basalt-Trachytbasalt). Ihre Zusammensetzung ist typisch für die Basalte des Oberlausitzer und böhmischen Raumes, ohne konkret einer genauen Lokalität zugeordnet werden zu können. Mit großer Wahrscheinlichkeit ist der heute verfüllte und nicht mehr zugängliche Steinbruch am Alten Hutberg bei Ostritz als Herkunftsort anzunehmen. Der Basalt ist sehr wahrscheinlich mit der Eisenbahn transportiert worden. Aufgrund der herausragenden Rolle der Flößerei im Transportwesen der damaligen Zeit ist ein Transport des Gesteins durch Flößerei auf der Neiße jedoch auch möglich (LAPP et al. 2007).

**Informationen:** Tourismusbüro (im Schweizerhaus), Halbendorfer Straße 6, D-02953 Gablenz/Ortsteil Kromlau, Mo-Fr 7.30-16.00 Uhr, Tel. 03576 222828, E-Mail: kromlau-tourist@t-online.de.

`Tipps`: Gastronomie an der Hauptstraße: »Alte Provinz«, Café Azalee, Parkgaststätte Kromlau.
Campingplatz: **www.kromlau-online.de/html/campingplatz.html**
Haltestelle der Waldeisenbahn Muskau: siehe **D5**.

Literatur: FRANZ, HUBACK, KRASCHEWSKI, LINKE, THIELEMANN, WINDISCH-KUMMER & ICKRATH 2002; LAPP, ULRYCH & KUPETZ 2007

# D3 Das UNESCO-Welterbe Muskauer Park / Park Mużakowski (Fürst-Pückler-Park Bad Muskau)

DIETMAR DAMZOG und MANFRED KUPETZ

**Anfahrt:** Aus Richtung Berlin und Cottbus von der A 15 über die B 115, aus Richtung Dresden und Bautzen von der A 4 über die B 156 sowie aus Richtung Görlitz über die B 115 nach Bad Muskau, eigener Besucherparkplatz D20 (zeitlich gestaffelte Gebühren) für PKW und Reisebusse.

Der Muskauer Park ist ein einzigartiges Gartenkunstwerk von Weltrang. Er wurde nach Plänen des Gartenkünstlers, Standesherren und Reiseschriftstellers HERRMANN FÜRST VON PÜCKLER-MUSKAU zwischen 1815 und 1845 angelegt. Unter den nachfolgenden Besitzern wurde der Park in der Neißeaue D20 mit seinem terrassenförmigen Landschaftsrelief im Sinne PÜCKLERS weiter ausgebaut und wesentlich D21

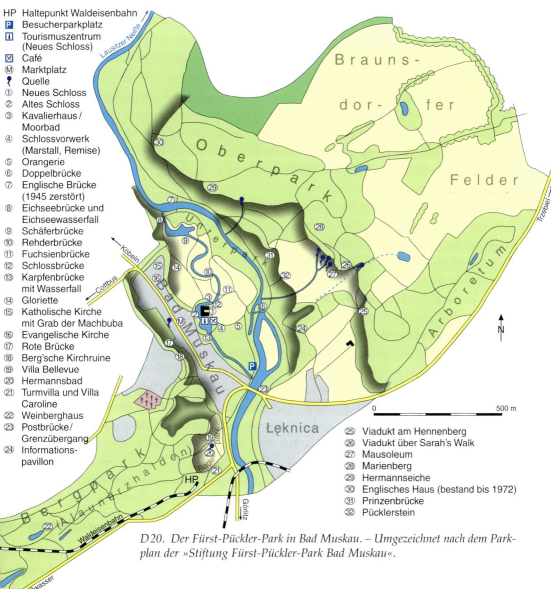

HP Haltepunkt Waldeisenbahn
🅿 Besucherparkplatz
ℹ️ Tourismuszentrum (Neues Schloss)
⊠ Café
Ⓜ Marktplatz
♀ Quelle
① Neues Schloss
② Altes Schloss
③ Kavalierhaus / Moorbad
④ Schlossvorwerk (Marstall, Remise)
⑤ Orangerie
⑥ Doppelbrücke
⑦ Englische Brücke (1945 zerstört)
⑧ Eichseebrücke und Eichseewasserfall
⑨ Schäferbrücke
⑩ Rehderbrücke
⑪ Fuchsienbrücke
⑫ Schlossbrücke
⑬ Karpfenbrücke mit Wasserfall
⑭ Gloriette
⑮ Katholische Kirche mit Grab der Machbuba
⑯ Evangelische Kirche
⑰ Rote Brücke
⑱ Berg'sche Kirchruine
⑲ Villa Bellevue
⑳ Hermannsbad
㉑ Turmvilla und Villa Caroline
㉒ Weinberghaus
㉓ Postbrücke / Grenzübergang
㉔ Informations- pavillon

㉕ Viadukt am Hennenberg
㉖ Viadukt über Sarah's Walk
㉗ Mausoleum
㉘ Marienberg
㉙ Hermannseiche
㉚ Englisches Haus (bestand bis 1972)
㉛ Prinzenbrücke
㉜ Pücklerstein

*D20. Der Fürst-Pückler-Park in Bad Muskau. – Umgezeichnet nach dem Park-plan der »Stiftung Fürst-Pückler-Park Bad Muskau«.*

*D 21. Eine Senkrechtaufnahme des Fürst-Pückler-Parks in Bad Muskau. – Foto: Stiftung »Fürst-Pückler-Park Bad Muskau«.*

erweitert. Beiderseits der Lausitzer Neiße in Deutschland und in Polen gelegen weist die Parkanlage heute eine Größe von etwa 830 ha auf.

HERMANN FÜRST VON PÜCKLER-MUSKAU gilt als eine der facettenreichsten Persönlichkeiten seiner Zeit. Selbst preußischer Adliger, durchbricht der Exzentriker PÜCKLER mit seinen Ideen für die künstlerische Landschaftsgestaltung auch in diesem Metier die vorherrschenden kleinbürgerlichen und aristokratischen Auffassungen. In seinem Buch »Andeutungen über Landschaftsgärtnerei« (1834) schrieb er: »Der Park soll nur den Charakter der freien Natur und der Landschaft haben, die Hand des Menschen also wenig darin sichtbar sein.« Inspirieren ließ sich der Gartenfürst von englischen Landschaftsgärten in der Zeit des Regency. Bei der Anlage seines Parks an der Lausitzer Neiße entwickelte er jedoch eine eigene Formensprache in der meisterhaften Ausgestaltung des

D 22. *Der Blick über die Tränenwiese zum Neuen Schloss. – Foto: Stiftung »Fürst-Pückler-Park Bad Muskau«.*
D 23. *Der Freda-Blick. – Foto: Stiftung »Fürst-Pückler-Park Bad Muskau«.*

Landschaftsraums, der ganz natürlich gewachsen erscheint. PÜCKLERS Gartenkunstwerke wurden deshalb sogar Vorbild für Gestaltungen von Parkanlagen in Nordamerika.

Faszinierend sind die großräumige Gestaltung, weite Sichtbeziehungen, die unterschiedlich intensive Ausgestaltung der Parkbereiche und künstliche Wasserläufe ebenso wie die geschickte Nutzung des Geländereliefs und des natürlichen Flusslaufs der Neiße. Diese künstlerische Gestaltung einer Landschaft mit den Mitteln der Natur lässt den Besucher ständig wechselnde, dreidimensionale Landschaftsbilder erleben. PÜCKLER sprach selbst treffend von Naturmalerei.

D 22
D 23
D 25

D 24. *Das Neue Schloss (Mitte vorn), das Alte Schloss (rechts vorn), das Kavalierhaus (Moorbad, links vorn) und dahinter der Unterpark. – Foto: PETER RADKE, Lausitzer und Mitteldeutsche Bergbau-Verwaltungsgesellschaft mbH.*

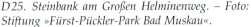

D25. Steinbank am Großen Helminenweg. – Foto: Stiftung »Fürst-Pückler-Park Bad Muskau«.

D26. Das Neue Schloss. – Foto: Stiftung »Fürst-Pückler-Park Bad Muskau«.

**»Ein Park muss wie eine Gemäldegalerie sein, alle paar Schritte soll man ein neues Bild sehen.«** (HERMANN FÜRST VON PÜCKLER-MUSKAU)

Beim Spaziergang im Park gilt das Interesse natürlich auch den historischen Bauten. Das Neue Schloss im Herzen des Muskauer Parks, dessen Wiederaufbau und Restaurierung weiter voranschreitet, ist eine dreiflügelige Anlage im Stile der Neorenaissance und war Wohn- und Arbeitssitz der Muskauer Standesherren. Im Südflügel befindet sich seit dem Jahr 2008 die Ausstellung »Pückler! Pückler? Einfach nicht zu fassen!« sowie das neue Tourismuszentrum. Der Titel der Ausstellung ist Programm. PÜCKLER war nicht einfach nur Fürst – als Frauenheld, Verschwender, Reisender, Schriftsteller und vor allem als Gartenkünstler sorgte er weltweit für Schlagzeilen. Seine Erlebnisse bieten Stoff für Legenden und Abenteuergeschichten. PÜCKLER erzählte sie allzu gern selbst, inszenierte sich in Briefen, Tagebüchern und Reisebeschreibungen. All seine Facetten zeigt die o. g. Ausstellung und veranschaulicht Werden und Wachsen des PÜCKLER'schen Gartenkunstwerks. Von der Aussichtsplattform auf dem Turm des Neuen Schlosses bietet sich ein fantastischer Rundblick auf den Muskauer Park.

Darüber hinaus verdienen Beachtung: die Orangerie (1844 nach einem Entwurf von LUDWIG PERSIUS errichtet), das Alte Schloss (= das ehemalige Amtshaus), das Kavalierhaus, in dem sich derzeit eine Kureinrichtung befindet, die Bergsche Kirchruine (um 1200 aus Feldsteinen errichtet), die ehemaligen Kuranlagen im Badepark, das inzwischen vollständig sanierte, vierseitige Schlossvorwerk (Marstall, heute als Ausstellungs- und Veranstaltungsgebäude genutzt, die Remise mit dem Fürst-Pückler-Café, die Alte Schmiede mit Fahrradverleih, Töpferwerkstatt und öffentlicher, behindertengerechter Toilette sowie die Wohngebäude) und nicht zuletzt die zahlreichen Brückenbauten innerhalb des Parks. Für Hochzeiten, Feiern und Tagungen bietet der Park eine faszinierende Kulisse und geeignete Räumlichkeiten.

### Wiederaufbau und Entwicklung

Um den Park im Sinne **Pücklers** wiederherzustellen und damit die touristische Attraktivität zu erhöhen, erfolgt seit 1993 durch den Freistaat Sachsen und unter erheblicher finanzieller Beteiligung des Bundes bzw. von Stiftungen die schrittweise Herrichtung der Gebäude sowie weniger gut erhaltener Parkareale. In die Restaurierungs- und Wiederaufbauprojekte sind seitdem mehr als 30 Millionen Euro investiert worden.

D22
D24
D26

D27

Sichtbarer Ausdruck der Arbeit der Denkmalpfleger im Muskauer Park – über Grenzen hinweg – ist der inzwischen erfolgte Wiederaufbau der Doppelbrücke, die den deutschen und den polnischen Parkteil inmitten des Muskauer Parks verbindet und so von Besuchern für den Parkspaziergang bzw. für die Fahrradtour durch das Parkareal benutzt werden kann.

Aus der intensiven und von enormer Dynamik geprägten Zusammenarbeit deutscher und polnischer Denkmalpfleger um die Wiederherstellung des ganzheitlichen Landschaftsparks resultierte im Juli 2004 die Aufnahme des Muskauer Parks in die UNESCO-Liste des Welterbes. »Der Muskauer Park/Park Mużakowski ist ein außergewöhnliches Beispiel für einen europäischen Landschaftspark und eine künstlerische Ideallandschaft. Der Park steht darüber hinaus für einen neuen Ansatz der Landschaftsgestaltung im städtischen Raum.« Mit dieser Begründung würdigt das UNESCO-Komitee nicht nur die

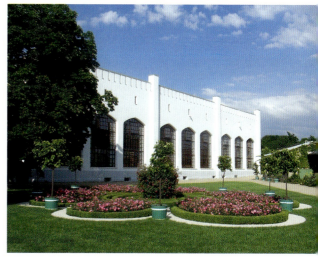

D27. Die Orangerie mit Rosary. – Foto: Stiftung »Fürst-Pückler-Park Bad Muskau«.

außerordentlichen Leistungen von Fürst PÜCKLER-MUSKAU sondern auch die gemeinsamen deutsch-polnischen Anstrengungen zur Pflege, Wiederherstellung und Erforschung dieses Landschaftsparks, der zu den schönsten Gartenkunstwerken weltweit zählt.

## Geologische Bezüge

Als naturräumliche Grundlage für seine Parkanlage stand PÜCKLER das Gebiet des Durchbruchs der Lausitzer Neiße durch die Hochfläche des Muskauer Faltenbogens zur Verfügung. Das geologisch D28 junge Neißetal ist hier mehr als 20 m tief mit mehreren Flussterrassen eingeschnittenen. Markante geologische Strukturen auf den seitlich begrenzenden Hochflächen sind die linearen glazialtektonischen Strukturen des Faltenbogens. Außerdem ist die Hochfläche vom Neißetal her durch mehrere hängende Seitentäler (Tälchen) angeschnitten. Es handelt sich höchstwahrscheinlich um am Ende der Weichseleiszeit entstandene (periglaziale) Talbildungen. PÜCKLER nutzte diese an drei Stellen, D30 um Scheinbrücken anzulegen. D31

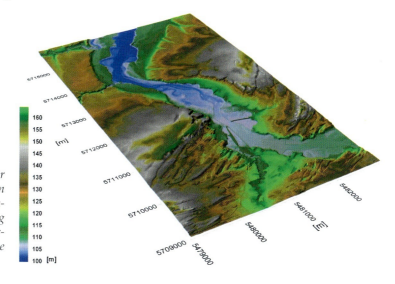

D28. Der Durchbruch der Lausitzer Neiße durch den Muskauer Faltenbogen. – Daten: Vattenfall Europe Mining & Generation AG, Bildbearbeitung: Milan Geoservice GmbH.

In diesen Seitentälern, häufig aber auch an anderen Stellen an beiden Neißehängen treten Überlaufquellen auf (vgl. **C4.3**, Abb. C 37, S. 146). Bad Muskau hat seinen Kurbadstatus wegen derartiger Quellen erhalten. Im Badepark existierten die Badequelle und der Hermannsbrunnen. Letzterer wurde während des zweiten Weltkrieges zerstört. Heute ist die Quelle im Badepark unter dem Namen Bergquelle in einem Schacht gefasst und tritt nach einer Ableitung durch eine etwa 250 m lange Rohrstrecke auf der Wiese zu Tage. Auf beiden Seiten der Neiße ist darüber hinaus etwa ein weiteres halbes Dutzend namenloser Quellen bekannt.

Diese Quellen sind Mineralquellen – saure, eisenhaltige Sulfatquellen. Sie werden landläufig mit verschiedenen Namen belegt. Man nennt sie Stahlquellen, Eisenquellen, Eisensäuerlinge bzw. Vitriol- oder Eisenvitriolquelle (lat. vitreus: gläsern; Vitriol ist eine alte Bezeichnung für wasserlösliche Salze zweiwertiger Metalle, wie Mangan, Eisen, Kobalt, Nickel, Kupfer, Zink). Beispielhaft sind in Tabelle 7 drei chemische Analysen der Bergquelle beigefügt. Der, wenn auch geringe, Gehalt an Schwefelwasserstoff verleiht dem Mineralwasser den charakteristischen »Schwefelgeruch«. Es schmeckt deutlich erkennbar sauer. Durch Oxidation des Eisens aus dem Quellwasser ausfallendes Eisen-III-hydroxid färbt seinen Untergrund rostbraun.

*Tabelle 7. Chemische Analysen der Bergquelle in Bad Muskau. – Archiv der Stiftung »Fürst-Pückler-Park Bad Muskau«. Analytik: \*, Hydrotest GmbH, Bad Elster; \*\*, Hydro-Geo-Consult GmbH, Dresden; \*\*\*, Laborunion Prof. Höll & Co GmbH, Bad Elster.*

| Parameter | 15.11. 1990* | 20.06. 1995** | 15.04. 1996*** |
|---|---|---|---|
| Wassertemperatur [°C] | 10,5 | 12,3 | 10,8 |
| pH | 4,39 | 4,4 | 4,5 |
| Lithium ($Li^+$) [mg/l] | 0,097 | 0,1079 | 0,06 |
| Natrium ($Na^+$) [mg/l] | 14,6 | 11,87 | 9,8 |
| Kalium ($K^+$) [mg/l] | 6,1 | 6,3 | 6,5 |
| Ammonium ($NH_4^+$) [mg/l] | 3,3 | 0,02 | 3,4 |
| Magnesium ($Mg^{2+}$) [mg/l] | 10,9 | 11,3 | 10,5 |
| Calcium ($Ca^{2+}$) [mg/l] | 43,2 | 47,8 | 46,0 |
| Strontium ($Sr^{2+}$) [mg/l] | 0,528 | 0,4421 | <0,01 |
| Aluminium ($Al^{3+}$) [mg/l] | 7,57 | 9,66 | 8,6 |
| Mangan, ges. (Mn) [mg/l] | 0,75 | 0,793 | 0,82 |
| Eisen, ges. (Fe) [mg/l] | 68,7 | 79,4 | 75,2 |
| Fluorid ($F^-$) [mg/l] | 0,25 | 0,15 | <0,2 |
| Chlorid ($Cl^-$) [mg/l] | 35,0 | 28,5 | 27,0 |
| Bromid ($Br^-$) [mg/l] | 0,11 | 0,06 | 0,15 |
| Jodid ($J^-$) [mg/l] | 0,25 | <0,01 | <0,1 |
| Nitrat ($NO_3^-$) [mg/l] | 0,7 | 0,1 | 0,25 |
| Nitrit ($NO_2^-$) [mg/l] | 0,005 | 0,02 | <0,005 |
| Sulfat ($SO_4^{2-}$) [mg/l] | 2,91 | 399,2 | 326 |
| Hydrogenkarbonat ($HCO_3^-$) [mg/l] | 0,1 | 61,0 | <0,1 |
| Kieselsäure ($H_2SiO_3$) [mg/l] | 39,6 | 79,903 | 49,0 |
| Borsäure meta ($HBO_2$) [mg/l] | 2,43 | 0,4499 | 0,45 |
| Trockenrückstand (180°) [mg/l] | 530 | 700 | 536 |
| Σ gelöste feste Stoffe [mg/l] | 530 | 737,076 | 563 |
| Schwefelwasserstoff $H_2S$ [mg/l] | 0,23 | n.b. | 0,51 |
| gelöste Kohlensäure ($CO_2$) [mg/l] | 317 | 343,3 | 319 |
| Σ gelöste Stoffe, gesamt [mg/l] | 842 | 1080,376 | 883 |

PÜCKLER bezog in geschickter Weise auch die Neißeterrassen in seine Parkgestaltung ein. Das heutige Neißebett ist etwa 3-5 m tief in die holozäne Aue eingeschnitten (Abb. D28, grau, grauviolette und blaue Farben). Etwa 6-8 m darüber liegt mit flächenhaft großer Verbreitung eine vermutlich weichselzeitliche Terrasse (Abb. D28, besonders schön erkennbar an den hellgrünen Farben auf der rechten Seite der Neiße). Auf der Hangkante der letztgenannten Terrasse ist der Pücklerstein in exponierter Position platziert.

Der Pücklerstein wurde Ende des 19. Jahrhunderts von TRAUGOTT HERRMANN VON ARNIM an der Stelle errichtet, an der Fürst PÜCKLER zu Ehren des Königs FRIEDRICH WILHELM III. einen »Tempel der Beharrlichkeit« errichten wollte. Der Pücklerstein ist ein 3 m hoher Gneisfindling mit einem Volumen von 2,1 m³. An seinem Fuß liegen ca. 90 weitere Geschiebe, 19 Geschiebe bis 0,8 m³ Größe liegen als Findlingskomposition in der nahen Umgebung (freundl. mündl. Mitt. von Herrn FRANK MÄDLER, Forst).

Nicht zuletzt ist an dieser Stelle auch Bezug auf den historischen Alaunbergbau zu nehmen. Seine erste urkundliche Erwähnung geht auf das Jahr 1573 zurück. Es existieren hierzu nur spärlich bergamtliche Unterlagen, jedoch umfangreichere Quellen zur Produktionstechnologie und den

D30. *Gartengestalterische Nutzung eines periglazialen Seitentälchens mit Quelle; Scheinbrücke über Sarah's Walk. – Foto: MANFRED KUPETZ.*

D31. *Blick auf den Unterpark. Auf der Kante einer Neißeterrasse steht der Pücklerstein (Bildmitte, halb rechts). Die Prinzenbrücke überspannt ein kleines periglaziales Seitental bei seinem Eintritt ins Neißetal (halb links). – Foto: Stiftung »Fürst-Pückler-Park Bad Muskau«.*

*D 32. Der Pücklerstein. – Foto: Stiftung »Fürst-Pückler-Park Bad Muskau«.*

Produktionszahlen (STORCH et al. 2000). Auf dem Gelände des heutigen Bergparks existieren zwei größere Haldenbereiche als Reste eines oberflächennahen, untertägigen Abbaus von Alaunton (in Abb. D 33 als Alaunerz bezeichnet). Der Alaunton ist ein schwarzer, kohliger Schluff bis Ton (so genannter Hangendschluff des 2. MFK) mit feinkörnig verteiltem Schwefelkies (Pyrit, Markasit). Nach der Stilllegung des Alaunbergbaus 1864 bezog der Parkinspektor CARL EDUARD PETZOLD die Halden des historischen Alaunbergbaus in die Parkgestaltung ein. Nach 1869 wurde der Bergpark mit umfangreichen Buchenbepflanzungen im Sinne der heutigen Terminologie »rekultiviert«.

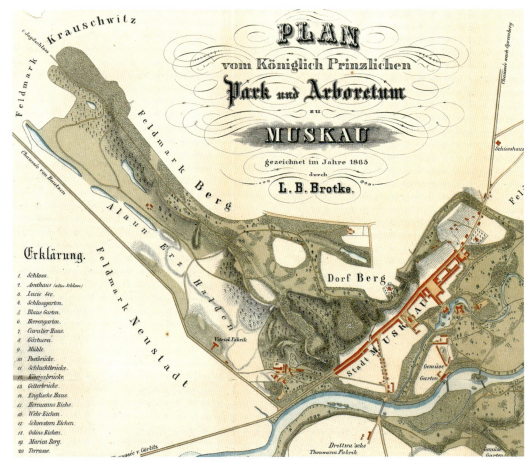

*D 33. Die »Alaunerzhalden« im Parkplan von A. REDLICH & B. BROTKE 1856 im späteren Bergpark. – Reproduktion: Stiftung »Fürst-Pückler-Park Bad Muskau«.*

Soweit das Quellenstudium ergeben hat, ist dies die älteste bekannte Rekultivierung einer Berg-baulandschaft überhaupt.

**Kontakt:** Stiftung »Fürst-Pückler-Park Bad Muskau« Tourismuszentrum Muskauer Park, Neues Schloss, D-02953 Bad Muskau (Tel.: 035771 63100, E-Mail: info@ muskauer-park.de).

**Öffnungszeiten:** April bis Oktober, täglich 10-18 Uhr; November bis März, täglich 10-17 Uhr.

**www.muskauer-park.de**

**Gastronomie direkt im Muskauer Park:** Fürst-Pückler-Café im Schlossvorwerk; weiterhin zahlreiche Restau-rants und Cafés im Stadtgebiet von Bad Muskau.

**Tipp für Wellness:** Therapeutisches Zentrum Moorbad Bad Muskau (Tel.: 035771 5330). Unter anderem Anwen-dung von Naturmoor aus der Umgebung.

**www.moorbad-badmuskau.de**

Literatur: BARUFKE, HARASZIN, KOLLEWE, KOSCHKE & KRAUSE 2004; PROCHNOW 1857; PÜCKLER-MUSKAU, H. FÜRST V. 1834; STORCH, JORDAN, GLÄSSER, ABRAHAM, GRIMM & MÜLLER 2000

D 34. Buchenbestandene »Alaunerzhalden« im Berg-park. – Foto: MANFRED KUPETZ.

 **Der Turnerstein in Trzebiel (Triebel)**

MANFRED KUPETZ

**Anfahrt:** An der Landstraße von Trzebiel (Triebel) nach Olszyna (Erlenholz) (gegenüber der Gaststätte und des Reiterhofes »Wiva«).

1908 wurde nordwestlich außerhalb des Ortes der Stadtpark von Trzebiel (Triebel) angelegt. Hier be- D35
findet sich umgeben von einem lichten Bestand stattlicher Rotbuchen und Stieleichen der Turnerstein. D36
Er wurde im Gedenken an die während des ersten Weltkrieges gefallenen Mitglieder des Männer- D37
turnvereins »M.V.T. 1873« errichtet. Der Turnverein hatte ab 1914 auch eine »Damenabteilung«.

Die Turnersteinanlage ist eine gartenarchi-tektonische Anlage auf einer Fläche von etwa 20 × 27 m Größe. Der Turnerstein (auch als Tur-nerdenkmal bezeichnet) wurde in ehrenamtlicher Gemeinschaftsarbeit von den Mitgliedern des Turnvereins errichtet (SCHWÄRZEL 1973). Die Grab-steine stellten die Angehörigen der Gefallenen. Der zentrale Stein ist ein 1,9 m hoher und 1,0 m breiter Findling. Er trägt die Inschrift »Unseren gefallenen Turnbrüdern zum Gedenken«. Es ist ein nicht näher bestimmter Granitfindling mit einem Volumen von etwa 1,9 m³ (freundl. mündl. Mitt. von Herrn FRANK MÄDLER), der in dem etwa 2 km südwestlich entfernt liegenden Eiserwald ausgegraben und herantransportiert

D35. Der Turnerstein in Triebel. – Bleistiftzeichnung: SEBASTIAN BARAN 2008, Łęknica.

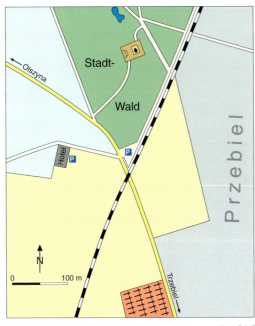

D 36. *Anfahrtsskizze zum Turnerstein von Trzebiel (Triebel).*

D 37. *Lageplan des Turnersteins von Trzebiel (Triebel).*

*D 38*
*D 39*
wurde. Er steht auf einer quadratischen, hochbeetartigen Aufschüttung. Sie wird durch 20 Grabsteine eingefasst. Weitere neun Grabsteine mit den Namen und Lebensdaten der Gefallenen umgeben den großen Findling in einem kleinen Kreis. Vor dem Turnerstein befindet sich ein Versammlungsplatz. Von Westen her ist die Gesamtanlage durch eine 5,5 m breite Freitreppe zugänglich. Der zentrale Stein kann durch eine zweite kleine Treppe erreicht werden. Die große Freitreppe wird durch zwei

D 38. *Bergung des zentralen Findlings für das Turnerdenkmal im Eiserwald. – Aus* Schwärzel *1973.*

D 39. *Auf einer Grubenlore wird der Findling an seinen Standort im Stadtwald gebracht. – Aus* Schwärzel *1973.*

Eichen flankiert. Eine dritte steht unmittelbar rechts vor dem Turnerstein. Es ist anzunehmen, dass die Gestaltung der Gesamtanlage eher ein Gemeinschaftswerk war, das dem damaligen Zeitgeist D37 entsprach, als dass es einen federführenden Gartenarchitekten dafür gab. Eingeweiht wurde der Turnerstein am 19. Juni 1921. Die Stätte diente als Traditionsstätte für sportliche Veranstaltungen des Turnvereins. Unter dem Schriftzug »Unseren gefallenen Turnbrüdern zum Gedenken« auf dem Turnerstein ist das Symbol eines doppelten Kreuzes eingraviert. Es setzt sich aus der viermaligen Wiederholung des Buchstaben F zusammen und ist Ausdruck des Turnermottos »Frisch, fröhlich, D35 fromm und frei«.

**Informationen:** In Höhe des Denkmals, auf der westlichen Straßenseite, befindet sich das Hotel mit Restaurant D36 (Abb. D36): Pokoje Gościnne »Wiva«, ul. Parkowa, PL-68-212 Trzebiel (Tel. 0048 68 3756908)

Literatur: SCHWÄRZEL 1973

# Die Waldeisenbahn Muskau (WEM)

Autor: WALDEISENBAHN MUSKAU E. V.

**Anfahrt:** Die Waldeisenbahn verkehrt im Pendelverkehr von der zentralen Abfahrt in Weißwasser (F3) nach Bad Muskau (D3) und zurück sowie nach Kromlau (Kromlauer Park, D2) und zurück. An allen drei Punkten gibt es Zusteigemöglichkeiten und Parkplätze.

Die Landschaft des Muskauer Faltenbogens mit ihren reichen Bodenschätzen begünstigte am Ende des 19. Jahrhunderts den Aufschwung der industriellen Entwicklung in dieser Region. Zur Bewältigung der steigenden Transportleistungen für Holz, Kohle, Sand, Ton u. v. m. ließ der Besitzer der Standesherrschaft Muskau, HERMANN GRAF VON ARNIM, ab 1895 seine zahlreichen Betriebe mit einer schmalspurigen Güterbahn verbinden. Zuerst wurde eine Pferdebahn eingerichtet. 1896 kamen die D40 ersten beiden Dampflokomotiven zum Einsatz. Rasch erreichte das Schienennetz der »Gräflich von Arnimschen Kleinbahn« eine Ausdehnung von 80 km. 1951 ging der Betrieb als »Waldeisenbahn Muskau« an die Deutsche Reichsbahn über. Mit zunehmender Bedeutung des Kraftverkehrs kam es 1978 zur Betriebseinstellung auf der WEM und zum Rückbau der Gleisanlagen. Lediglich die Ziegelei in Weißwasser übernahm eine 12 km lange Reststrecke und führte hier noch bis 1991 Werksverkehr

D40. Mit Ton beladener Waldbahnzug auf dem Weg von der Tongrube bei Mühlrose zur Ziegelei in Weißwasser. – Foto: FRIEDEMANN TISCHER 1977.

D41. Die Attraktion der Waldeisenbahn sind die historischen Dampfloks. – Foto: BERT ROSENFELD.

D42. *Personenzug mit Dampflok »Diana« im Bad Muskauer Berg-park. – Foto:* Heiko Lichnok.

durch. Einen umfassenden Überblick zur Entwicklung der Waldeisenbahn gab Tischer (2003).

Bestrebungen zum Erhalt der WEM als Museumsbahn erreichten ihr erstes Ziel Mitte der 1980er-Jahre mit regelmäßigen Sonderfahrten auf den verbliebenen Gleisen. Nach 1991 gelang der Wiederaufbau von Streckenabschnitten. So konnte 1992 zwischen Weißwasser und Kromlau erstmals regulärer Personenverkehr mit Dieselloks eingeführt werden. Seit 1995 fahren die Züge auch auf den wiedererrichteten Gleisen nach Bad Muskau.

Zwei als Denkmal in der Region erhalten gebliebene Dampflokomotiven der Waldeisenbahn wurden betriebsfähig aufgearbeitet. An ausgewählten Tagen sind diese nun vor Personen- oder Foto-Güterzügen zu erleben. Eine Ausstellung historischer Eisenbahnfahrzeuge im 2001 neu errichteten Museumsbahnhof »Anlage Mitte« in Weißwasser rundet das technische Denkmal »Waldeisenbahn Muskau« ab.

Mit z. Z. fünf Bahnhöfen und zwei Haltepunkten verbindet die einzige 600 mm-Museumsbahn Deutschlands heute Weißwasser, Bad Muskau und den Kromlauer Park miteinander. Auf der Strecke zwischen Bad Muskau und Kromlau quert die Bahn u. a. die ehemaligen Braunkohlengruben Adolf und Hermann. Diese Fahrt vermittelt einen unvergleichlichen Eindruck der Bergbaufolgelandschaft des Bergbaus aus der Mitte des 20. Jahrhunderts. Die Bahn passiert dort mehr als ein Dutzend Bergbaurestgewässer. Es sind wassergefüllte ehemalige Braunkohletagebaue, wassergefüllte Tagebruchgebiete über Braunkohlentiefbaugruben sowie ehemalige Tongruben.

**Informationen:**
www.waldeisenbahn.de, dort Fahrpläne, Fahrpreise und Veranstaltungen.

**Gastronomie:** Gaststätte »Zum Hemmschuh« an der zentralen Abfahrt in Weißwasser, Teichstraße.

Literatur: Tischer 2003

D43. *Dampflokschau im neuen Museumsbahnhof »Anlage Mitte«. – Foto:* Heiko Lichnok.

*D44. Ein versunkener Wald an der Bahnstrecke zwischen Bad Muskau und dem Kromlauer Park, Mulde IV der Grube Adolf. – Foto: HEIKO LICHNOK.*

*D45. Tagebaurestsee in der Grube »Hermann«. – Foto: MANFRED KUPETZ.*

 **Nochten –**
# Braunkohlentagebau und Braunkohlenfolgelandschaft

**Exkursionspunkte:** ❶ Der Lausitzer Findlingspark Nochten. ❷ Der Hermannsdorfer Radweg. ❸ Der Turm am Schweren Berg – Aussichtsturm am Tagebau Nochten.

**Anfahrt:** Von der B156 zwischen Bautzen und Weißwasser nach Nochten abbiegen, den Ort durchfahren, die Straße endet am Findlingspark. Von hier aus zurück auf die B156 nach Weißwasser, am Ortseingang nach Südwesten (links) abbiegen und der Ausschilderung bis zum Parkplatz am Turm folgen.

## E1 Der Lausitzer Findlingspark Nochten – eine Perle in der Bergbaufolgelandschaft

KLAUS KOTZAN und HANS ULBRICH

Unmittelbar am nördlichen Ortsausgang des Lausitzer Heidedorfes Nochten, nahe dem Kraftwerk Boxberg, ist auf der Innenkippe des Tagebaus Nochten am 01.05.2003 ein Besuchermagnet von überregionaler Bedeutung eröffnet worden – der Lausitzer Findlingspark Nochten. In ihm wird in

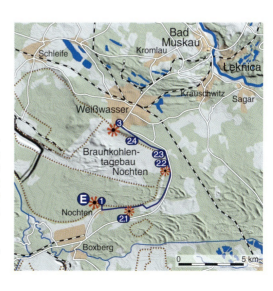

*E1. Lage der Exkursionspunkte und Verlauf der Fahrtroute*

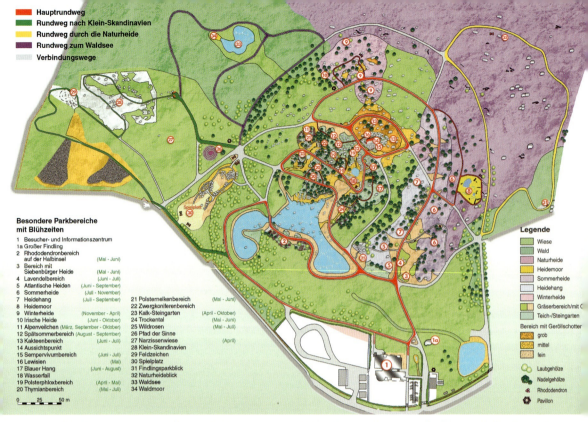

*E 2. Der Lausitzer Findlingspark Nochten. – Grafik: Förderverein Lausitzer Findlingspark Nochten e.V.*

greifbarer Nähe des Muskauer Faltenbogens der Eiszeit ein weiteres Denkmal aus ihren bekanntesten Zeugen, den Findlingen, gesetzt. Gleichzeitig wird dieser Findlingspark auch ein bleibendes Denkmal für den Braunkohletagebau sein, denn alle Findlinge des Parks stammen aus den Tagebauen der Lausitz, vorwiegend aus dem Tagebau Nochten. Insgesamt wurden ca. 5000 Findlinge in die Gestaltung einbezogen.

Der Grundgedanke für einen Findlingspark in der Bergbaufolgelandschaft des Tagebaus Nochten geht auf den Anfang der 1990er-Jahre zurück. Es wurde ein Konzept entwickelt, ein ca. 20 ha großes Areal auf dem Kippengelände das Tagebaus im Rahmen der Rekultivierung als Hügellandschaft zu modellieren und einen repräsentativen Findlingsgarten zu schaffen. Entscheidend für das Gelingen des Vorhabens waren die Nutzung der planmäßigen bergbaulichen Rekultivierungsleistungen der Vattenfall Europe Mining AG sowie die finanzielle und personelle Förderung durch das Land Sachsen und die Bundesanstalt für Arbeit. Das Land Sachsen stellte 500 000 € Fördermittel bereit. Das Arbeitsamt Bautzen förderte das Objekt über 3 Jahre lang mit maximal 15 Arbeitskräften. Einige von ihnen fanden im Findlingspark eine Anstellung.

1999 wurde der »Förderverein Lausitzer Findlingspark Nochten e.V.« gegründet. Unter seinem Dach liefen und laufen alle Aktivitäten zusammen. Der Förderverein ist auch Träger des Findlingsparkes. Nach dreijähriger Bauzeit wurde der Park im Jahre 2003 eröffnet und hat sich sehr schnell zu einem Besuchermagneten in der Region entwickelt. Bereits 2005 wurden mehr als 100 000 Besucher gezählt. 2007 waren es 125 000.

### Die wesentlichen Parkbestandteile

Konzeptionell besteht der Findlingspark aus dem eigentlichen Landschaftspark und Angeboten, die nach der Eröffnung hinzu kamen: 2004 »Klein-Skandinavien«, ein anspruchsvoller Abenteuerspielplatz (eröffnet 2005) sowie das »Feldzeichen und Ort der Versammlung« von Dieter Magnus (2008). Der Besucher wird auf einem ausgewiesenen Rundweg von über 3 km Länge von Höhepunkt zu Höhepunkt geleitet und kann über ca. 2 km Nebenwege einzelne Gartenteile erkunden. An ausge-

E2

E3. *Blick auf den Südhang des Steingartens. – Foto:* Hartmut Rauhut.

E4. *Blick aus dem Findlingspark auf das Kraftwerk Boxberg der Vattenfall Europe Generation AG. – Foto:* Hartmut Rauhut.

*E5. Blick auf »Klein-Skandinavien«. – Foto: LUDWIG KITTNER.*

wählten Punkten laden Ruheplätze mit Bänken und Tischen zum Verweilen ein. Die Infrastruktur des Parks wird durch ein multifunktionales Besucher- und Informationszentrum (eröffnet 2007) sowie einen großzügigen Parkplatz für Busse, PKW und Fahrräder gebildet.

E3     Den Kern des Landschaftsparks bildet der Steingarten. In diesem eigentlichen Findlingspark wird der Findling als wesentliches Gestaltungselement verwendet. Wichtig hierbei sind Form und Größe der Findlinge. Ziel ist es, die Findlinge in Verbindung mit der Morphologie so zu setzen, dass die entstehende Gartenlandschaft der Natur möglichst nahe kommt ganz im Sinne von W. RATHENAU: »Das Größte und Wunderbarste ist das Einfachste«. Der Steingarten wurde auf einem morphologisch reich gegliederten Gelände angelegt. Steile Hänge, Bergspitzen und Hohlwege sind felsig gestaltet. In den Tälern und um den zentralen Höhenzug herum bestimmen Schotterflächen das Bild. Die Bepflanzung des Steingartens ist so erfolgt, dass der Findling immer eine dominante Stellung behält. Ein besonderer Höhepunkt ist der Gipfelbereich, von dem man den gesamten Park überblicken kann. Außerdem erhält man eine Lehrstunde zum Braunkohletagebau und zur Rekul-

E4 tivierung. Wendet man sich nach Süden, öffnet sich der Blick bis zum Oberlausitzer Bergland. An manchen Tagen reicht der Blick sogar bis ins Riesengebirge. Zwei Haupttäler werden durch Bäche mit Kaskaden und kleinen Wasserfällen durchflossen. Sie münden in ein zentrales Gewässer von ca. 0,4 ha Größe, das um eine Halbinsel herum buchtenreich angelegt ist. Dieser Teichgarten nimmt inner- halb des Findlingsparks eine Sonderstellung ein. Es wurden gestalterische Elemente der japanischen Gartenkunst verwendet. Neben Wasserpflanzen dominieren hier Rhododendron und Formbäume. Rasenflächen vermitteln zu den anderen Gartenteilen, die im Süden und Osten parkartig gestaltet sind. Am zentralen Gewässer bildet die Rhododendronblüte einen weiteren Blickfang. Als Findlinge dominieren hier solche mit markanten Strukturen (meist metamorphe Gesteine) – »Gesteine mit Charakter«.

    Im Norden und Osten bildet ein etwa 1,5 ha großer Heidegarten einen weiteren Höhepunkt des Findlingsparks. Er ist der ideale Übergang zur umgebenden Naturheide. Um diesen Übergang so vollendet wie möglich zu gestalten, beginnt der Heidegarten mit der Schneeheide, die aus dem Gebirge stammt und von Anfang November bis April blüht. Ein steiniger Heidehang mit flachen Heidepolstern schließt sich an. Gräsergruppen in einem lang gezogenen Tal leiten zum eigentlichen

# Die glaziale Serie

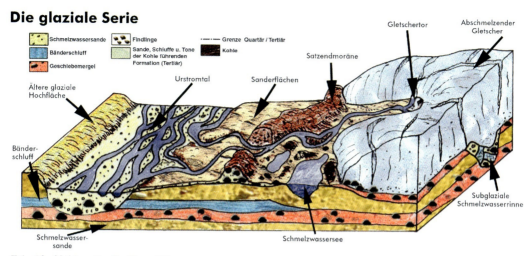

Schmelzwassersande · Findlinge · Grenze Quartär / Tertiär
Bänderschluff · Sande, Schluffe u. Tone der Kohle führenden Formation (Tertiär) · Kohle
Geschiebemergel

Ältere glaziale Hochfläche · Urstromtal · Sanderflächen · Satzendmoräne · Gletschertor · Abschmelzender Gletscher
Bänderschluff · Subglaziale Schmelzwasserrinne
Schmelzwasser-sande · Schmelzwassersee

*E 6. Blockbild. – Grafik:* RALF KÜHNER.

Heidegarten mit den unendlich vielen Sorten Besenheide über, die von Anfang Juli bis November blüht. In einer besonders tiefen Senke zwischen dünenartigen Hügeln befindet sich ein Heidemoor und schließlich geht der Heidegarten in Naturheide über, die außerhalb des Parks in einem nahezu kreisrunden Talkessel bis zu den Gipfelpunkten der umgebenden Höhen reicht und dort im landestypischen Wald endet. Sparsam verteilte Findlinge setzen im Heidegarten besondere Akzente.

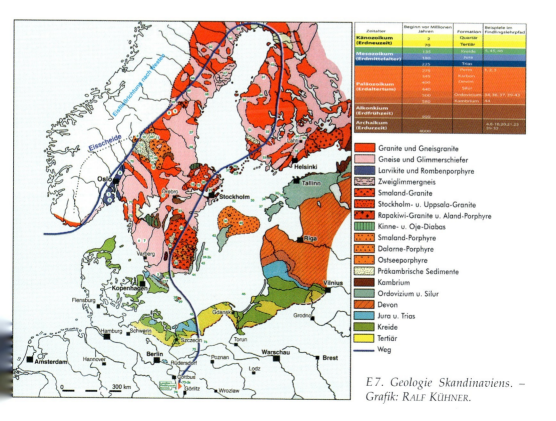

| Zeitalter | Beginn vor Millionen Jahren | Formation | Beispiele im Findlingslehrpfad |
|---|---|---|---|
| Känozoikum (Erdneuzeit) | 2 | Quartär | |
| | 70 | Tertiär | |
| Mesozoikum (Erdmittelalter) | 135 | Kreide | 5, 45, 46 |
| | 180 | Jura | |
| | 225 | Trias | |
| Paläozoikum (Erdaltertum) | 275 | Perm | 1, 2, 3 |
| | 345 | Karbon | |
| | 400 | Devon | |
| | 440 | Silur | |
| | 500 | Ordovicium | 34, 36, 37, 39-43 |
| | 580 | Kambrium | 44 |
| Alkonkium (Erdfrühzeit) | 900 | | |
| Archaikum (Erdurzeit) | 4000 | | 4-8-16,20,21,23 29-32 |

Granite und Gneisgranite
Gneise und Glimmerschiefer
Larvikite und Rombenporphyre
Zweiglimmergneis
Smaland-Granite
Stockholm- u. Uppsala-Granite
Rapakiwi-Granite u. Aland-Porphyre
Kinne- u. Oje-Diabas
Smaland-Porphyre
Dalarne-Porphyre
Ostseeporphyre
Präkambrische Sedimente
Kambrium
Ordovizium u. Silur
Devon
Jura u. Trias
Kreide
Tertiär
Weg

*E 7. Geologie Skandinaviens. – Grafik:* RALF KÜHNER.

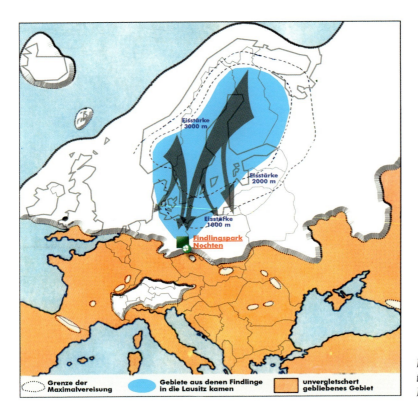

*E 8. Die Herkunftsgebiete der Findlinge. – Grafik:* RALF KÜHNER.

Der Findlingspark Nochten in seiner Art ist einzigartig in Mitteleuropa und wurde so aufgebaut, dass sich das ganze Jahr über Höhepunkt an Höhepunkt reiht. Es beginnt mit dem Blütenmeer der Winterheide im Februar/März, setzt sich fort über den Frühlingsflor des Polsterphlox-Bereiches im April/Mai, dem Thymian- und Polsternelken-Bereich im Mai/Juni bis hin zu den blauen Matten des Sommerbereichs und den exotischen Blüten der Sukkulenten. Gleichzeitig wird zu Beginn des Sommers das bunte Laub der Calluna-Heide immer schöner und schließlich stellt die Blüte der Calluna-Heide von August bis in Spätherbst hinein alles andere in den Schatten.

Herkunft, Geschichte und Petrographie der Findlinge finden im Landschaftsgarten (Heidegarten, Steingarten, Teichgarten) keine Beachtung. Diesem Thema ist »Klein-Skandinavien« gewidmet. Kern des ca. 1 ha großen Gartenteiles ist das Abbild Skandinaviens mit seinen umgebenden Gewässern Nord- und Ostsee. Die Landmasse besteht aus einer maximal 10 cm starken Schicht von nahezu weißen Quarzsiebsteinen der Körnung 1-10 cm (Abfall eines Kaolinwerkes). Die exakte maßstabsgerechte Abbildung befindet sich an einem steilen, vom Findlingspark einsehbaren Hang, wodurch der Besucher neugierig gemacht wird. Auf einem vorgelagerten Hügel, von dem aus der Nähe ganz »Klein-Skandinavien« überschaubar ist, befinden sich Informationstafeln zur Eiszeit, zur Geologie Skandinaviens, zu den Herkunftsgebieten der Findlinge, zum Vorkommen der Findlinge in den Tagebauen (s. auch **A5**) und deren Petrographie. Gletscherschliff und Windschliffe ergänzen den Lehreffekt. Die eigentliche touristische Attraktion »Klein-Skandinaviens« besteht darin, dass 77 verschiedene Findlinge, die möglichst genau bestimmt wurden, wieder an dem Ort liegen, wo das Eis sie aufnahm und in die Lausitz verfrachtete (Tabelle 8). So liegt der Stockholm-Granit wieder in Stockholm, der Larvikit bei Oslo, fossilführende Kalke auf Öland.

Zur Orientierung sind bedeutende Städte und Inseln markiert. Fast alle Findlinge sind an einer Stelle angeschliffen, damit der Besucher die Gesteinsstrukturen erkennen kann. Messingtafeln informieren zur Bezeichnung, Herkunft und Alter der Findlinge. Ein Weg erschließt Klein-Skandinavien.

*Tabelle 8. Die Findlinge in »Klein-Skandinavien«. Bei den metamorphen Gesteinen (51-72) sind das Herkunfts-gebiet und das Alter meist nicht eindeutig zu ermitteln. Die Findlinge sind deshalb in Verbreitungsgebieten dieser Gesteine platziert.*

| Nr. | Gestein | Herkunftsgebiet | Alter in Ma |
|---|---|---|---|
| 1,2 | Larvikit | Oslo-Gebiet | 260 |
| 3 | Rektangelporphyr | Oslo-Gebiet | 260 |
| 4 | Särnaporphyr | Nordwestliches Dalarne | 1669 |
| 5 | Basalt | Schonen | 70-140 |
| 6,7 | Granatamphibolit | Westsmåland, Halland | |
| 8 | Revsundgranit | Nordschweden, Angermanland, Provinz Våsterbotten | 1750 |
| 9 | Grauer Revsundgranit | Nordschweden, Angermanland, Provinz Våsterbotten | 1750 |
| 10 | Dalasandstein | Dalarne | 1200-1350 |
| 11 | Digerbergkonklomerat | Nördliches Dalarne, Gebiet um Hamra | 1200-1300 |
| 12 | Särnadiabas | Dalarne | 1200-1350 |
| 13 | Dalasandstein | Dalarne | 1200-1350 |
| 14 | Öjediabas | Mittelschweden | 1200 |
| 15 | Mandelstein | Mittelschweden | 1200 |
| 16 | Öjediabasporphyrit | Westliches Dalarne | 1200 |
| 17 | Südlicher Filipstadgranit | Småland | 1420-1560 |
| 18 | Salagranit | Mittelschweden, Uppland | 1830 |
| 19 | Arnögranit | Uppland | |
| 20 | Uppsalagranit | Provinz Uppsala und Våstmanland | 1950 |
| 21 | Stockholmgranit | Gebiet um Stockholm | 1750 |
| 22 | Östgötagranit | Östergötland | |
| 23 | Smålandgranit | Småland | 1770 |
| 24 | Trikoloregranit | Småland | |
| 25 | Grauer Växjögranit | Småland | |
| 26 | Sternödiabas | Südschweden, Blekinge | |
| 27 | Halleforsdiabas | Südschweden, Nerike, Dalsland | |
| 28 | Bornholmgneis | Bornholm | |
| 29 | Vanggranit | Bornholm | 1400 |
| 30 | Ålandgranit | Ålandinseln | 1650 |
| 31 | Ålandrapakiwi | Ålandinseln | 1650 |
| 32 | Ålandporphyr | Ålandinseln | 1650 |
| 33 | Old Red-Sandstein | Kalmarsund, Ostseegrund nördlich Gotland | Kambrium |
| 34 | Grauer Orthocerenkalk | Oeland, Ostseegrund im südlichen Bottnischen Meerbusen | Ordovizium |
| 35 | Brauner Ostseeporphyr | Ostseegrund zwischen Gotland und den Ålandinseln | 1669 |
| 36 | Grauer Orthocerenkalk | Oeland, Ostseegrund im südlichen Bottnischen Meerbusen | Ordovizium |
| 37 | Macrouruskalk | Estland bis Oeland | Ordovizium |
| 38 | Old Red-Sandstein | Kalmarsund, Ostseegrund nördlich Gotland | Kambrium |
| 39 | Roter Orthocerenkalk | Oeland, Ostseegrund im südlichen Bottnischen Meerbusen | Ordovizium |
| 40 | Macrouruskalk | Estland bis Oeland | Ordovizium |
| 41 | Grauer Orthocerenkalk | Oeland, Ostseegrund im südlichen Bottnischen Meerbusen | Ordovizium |
| 42,43 | Paläoporellenkalk | Ostseegrund bei Oeland, Gotland | Ordovizium |
| 44 | Scolithossandstein | Kalmarsund | Kambrium |
| 45,46 | Feuerstein | dänische Inseln, südliche Ostsee | Kreide |
| 47 | Roter Revsundgranit | Nordschweden, Angermanland, Provinz Våsterbotten | 1750 |
| 48 | Asbydiabas | Nordschweden, Jämland | 1200 |
| 49 | Dalasandstein | Dalarne | 1200-1350 |
| 50 | Old Red-Sandstein | Kalmarsund, Ostseegrund nördlich Gotland | Kambrium |

| Nr. | Gestein | Nr. | Gestein | Nr. | Gestein | Nr. | Gestein |
|---|---|---|---|---|---|---|---|
| 51,52 | Migmatit | 57,58 | Migmatit | 63 | Stengelgneis | 70 | Granatgneis |
| 53 | Granatgneis | 59 | Quarzit | 64 | Granatgneis | 71,72 | Migmatit |
| 54 | Migmatit | 60 | Gneisgranit mit Xenolithen | 65 | Migmatit | 73 | Windschliff |
| 55 | Quarzitgneis | 61 | Granitpegmatit | 66 | Gneis | 74 | Gletscherschliff |
| 56 | Augengneis | 62 | Paragneis | 67-69 | Migmatit | 75,76 | Problematikum |

| Nr. | Gestein | Herkunftsgebiet | Alter in Ma |
|---|---|---|---|
| 77 | Smålandporphyr | Småland | 1669 |

## E2       Der Hermannsdorfer Radweg

JOCHEN RASCHER

**Hinweis:** Beachten Sie bitte, dass der Hermannsdorfer Radweg teilweise über Betriebsgelände der Vattenfall Europe Mining AG führt. Zu Ihrer eigenen Sicherheit werden Sie gebeten, nur die ausgeschilderten Radwege zu nutzen und die ausgerufenen Waldbrandwarnstufen zu beachten.

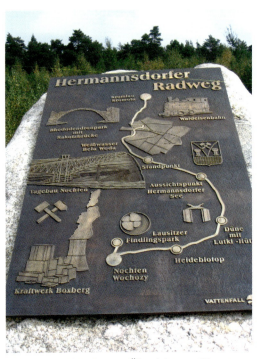

*E 9. Bronzetafel mit einer Übersicht zum Hermanns-dorfer Radweg am Kommunikations- und Naturschutz-zentrum Weißwasser. – Foto: JOCHEN RASCHER.*

Der Hermannsdorfer Radweg (benannt nach einer heute in die Stadt Weißwasser aufgegangenen Ortschaft) ist eine lokale Querverbindung zwischen den überregionalen Hauptradrouten Spreeradweg und Oder-Neiße-Radweg. Mit seinem Verlauf von Kromlau über Weißwasser nach Boxberg verbindet er die im 19. Jahrhundert angelegten Parkanlagen im Raum Bad Muskau (Weltkulturerbe Fürst-Pückler-Park Bad Muskau, Rhododendron- und Azaleen-Park Kromlau) mit dem auf der Innenkippe des Tagebaues Nochten angelegten und 2003 eröffneten Lausitzer Findlingspark. Der Hermannsdorfer Radweg ist damit eine radtouristische Vernetzung des vom 19. Jahrhundert bis etwa 1960 in Betrieb befindlichen Braunkohlenabbaugebietes im Bereich des Muskauer Faltenbogens mit dem noch bis etwa 2030/40 aktiven Braunkohlengroßtagebau Nochten der Vattenfall Europe Mining AG Cottbus. Über lokal ausgebaute Wegstrecken besteht die Möglichkeit, in einer Tagestour von ca. 50 km Länge den gesamten Tagebaubereich Nochten zu umfahren und dabei das Sorbische Kulturzentrum Schleife zu besuchen.

Reichlich 13 km Fahrstrecke des Hermannsdorfer Radweges führen am Ost- und Südrand des 1968 aufgeschlossenen Förderbrücken-Tagebaues Nochten entlang. Speziell zwischen dem Turm am Schwerern Berg und dem Lausitzer Findlingspark Nochten in der Nähe des Braunkohlenkraftwerkes Boxberg ist der Radweg mit entsprechenden Verweilpunkten versehen, an denen die Zusammenhänge zwischen Geologie – Landschaftsentwicklung – Rohstoffnutzung – Bergbau – Bergbaufolgelandschaft anhand einzelner, sichtbarer Sachzeugen und Informationstafeln demonstriert werden. Beginnend am Lausitzer Findlingspark Nochten, dem südwestlichen Abschnitt des Hermannsdorfer Radweges, werden dazu die nachfolgenden Themen behandelt.

## E2.1       Naturerlebnispunkt Muskauer Heide

Der Hermannsdorfer Radweg führt quer durch den Naturraum der Muskauer Heide, die sich vom Lausitzer Grenzwall (Endmoränenzug) im Norden bis zur Oberlausitzer Heide- und Teichlandschaft im Süden erstreckt. Geomorphologisch umfasst die Muskauer Heide Teile des Lausitzer (Breslau-Bremer) Urstromtales und die glaziale Tertiärhochfläche von Trebendorf. Auf armen, grundwasserfernen Standorten – besonders Sandböden – tritt als Folge der menschlichen Landnutzung die Calluna-

oder Heidekraut (Zwergstrauch-) Heide auf. Deren Charakterpflanze ist die Besenheide (*Calluna vulgaris*). In Abhängigkeit vom Boden und den Grundwasserverhältnissen sind aber in der Muskauer Heide noch andere Vegetationstypen vorhanden. Im Rahmen der Tagebaurekultivierung wird die Schaffung einer lausitztypischen Landschaft mit naturnahen Mischwäldern, Moor- und Dünenarealen sowie Heideflächen angestrebt. Für die Begrünung der Bergbaukippen mit Calluna wurden mehreren Methoden mit Erfolg getestet: Die Pflanzung von Wildlingen mit und ohne Verbringung von Heideboden, die Aussaat von Heidesamen nach Einarbeitung von Oberboden sowie das Ausbringen von Heidemähgut. Auf den nährstoffarmen und trockenen Kippenstandorten entwickelt

*E10. Spätsommer in der Muskauer Heide. – Foto: Vattenfall Europe Mining AG.*

sich, wie auch auf den ursprünglichen Sandböden, die Heidevegetation nur langsam.

In der Muskauer Heide sind Birkwild und Kraniche zu beobachten; eine für Deutschland einmalige Besonderheit ist das Vorkommen des Wolfes.

Wenige Meter abseits des Radweges kann eine Aussichtsplattform erstiegen werden, von der ein Rundblick über einen noch weitgehend intakten Teil der Calluna-Heide bis zum rekultivierten Innenkippenbereich des Tagebaues Nochten möglich ist. Als Landmarken sind das Kraftwerk Boxberg im Südwesten, die Außenhalde des Tagebaues Reichwalde im Osten und der Aussichtsturm am Schwerern Berg im Nordwesten zu sehen.

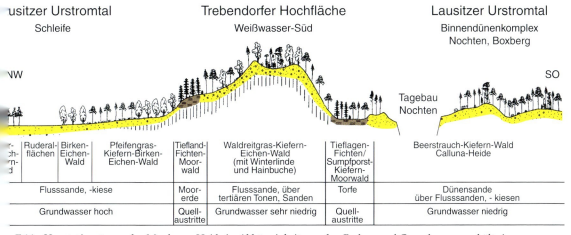

*E11. Vegetationstypen der Muskauer Heide in Abhängigkeit von den Boden- und Grundwasserverhältnissen. – nach WOLFGANG BÖHNERT und JÜRGEN MEIER in MEIER et al. 1996.*

**E22** ## Aussichtspunkt Hermannsdorfer See

An dieser Stelle wird ein Überblick zur forstlichen Rekultivierung im Tagebaubereich Nochten gegeben. Deren Ziel ist es, in weiten Teilen des ehemaligen Tagebaus Nochten einen naturnahen Wald wiederherzustellen. Dies bedeutet hier die Aufforstung eines Mischwaldes mit Dominanz von verschiedenen Kiefern- und Eichenarten. Es besteht damit die Chance zur Schaffung neuer Waldflächen, die sonst nur durch die Tätigkeit mehrerer Generationen von Forstleuten zu erhalten wären. Nach der Kippenaufschüttung werden die Kippbodensubstrate bodengeologisch kartiert und damit die Standortverhältnisse festgestellt. Das ist die Grundlage für eine jeweils standortgerechte Aufforstung.

*E 12*
*E 13*
*E 14*

Etwa 15 % der Nochtener Bergbaufolgelandschaft werden für den Naturschutz vorgehalten. Hierzu gehört auch die Schaffung des ca. 300 ha großen »Hermannsdorfer Sees« im südöstlichen Innenkippenbereich. Mit Bergbautechnik wird seit 2005 der Seeboden vorbereitet. Etwa 2013 soll die Flutung beginnen: Jahrzehnte, bevor der Braunkohlenbergbau in der Region zu Ende gehen wird.

In unmittelbarer Nähe des Aussichtspunktes befindet sich die europäische Hauptwasserscheide zwischen Nordsee und Ostsee. Wasser aus dem Einzugsgebiet der Spree fließt über die Havel und Elbe in Richtung Nordsee. Wasser aus dem Einzugsgebiet der Neiße fließt über die Oder in die Ostsee.

Von der Aussichtshütte am Tagebaurand ist ein schöner Überblick über das große Binnendünen-

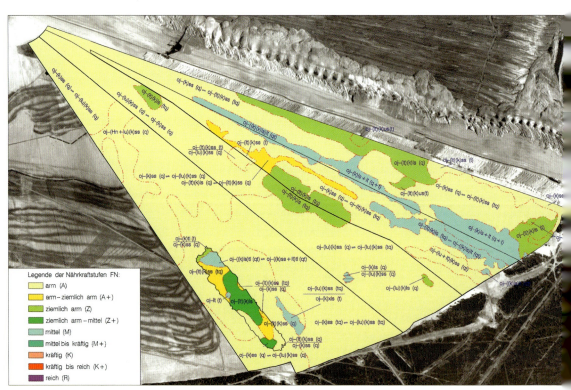

*E 12. Bodengeologische Kartierung der Kippsubstrate zur Bestimmung der Standortverhältnisse für die Bepflanzungsplanung im Rahmen der forstlichen Rekultivierung. – Grafik: Vattenfall Europe Mining AG.*

*E 14. Vision der Bergbaufolgelandschaft nach der Umsetzung der forstlichen Rekultivierungsmaßnahmen. – Grafik: Vattenfall Europe Mining AG.*

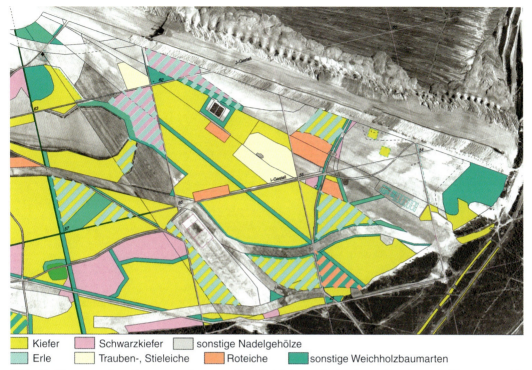

| ■ | Kiefer | ■ | Schwarzkiefer | ☐ | sonstige Nadelgehölze |
| ■ | Erle | ☐ | Trauben-, Stieleiche | ■ | Roteiche | ■ | sonstige Weichholzbaumarten |

*E13. Bepflanzungs- bzw. Baumartenplan unter Berücksichtigung der kartierten Standortverhältnisse. – Grafik: Vattenfall Europe Mining AG.*

Aufgelockerter Wald, Vorwald, Offenland
Strauch/externes Grasland
Zwergstrauchheide (Calluna-Heide)
See, Teich
Offenlandfläche mit natürlicher Sukzession
Landwirtschaft
•••• Baumgruppe, Allee

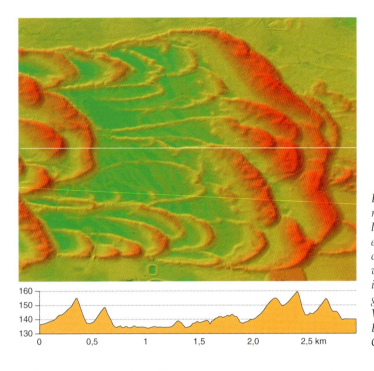

160
150
140
130

0    0,5    1    1,5    2,0    2,5 km

E 15. Ausschnitt aus dem Dünenfeld nördlich des Braunkohlentagebaus Reichwalde. Deutlich erkennbar ist im Profil der flache Anstieg der Dünen auf der windzugewandten Seite (Luv) und ihr steiler Abfall auf der windabgewandten Seite (Lee). – Daten: Vattenfall Europe Mining AG, Bildbearbeitung: Milan Geoservice GmbH.

E 15  Feld möglich, dass sich von Boxberg nach Osten bis an die Neißeniederung zieht. Bevorzugt westliche Winde haben seit der ausgehenden Weichseleiszeit bis ins Holozän hinein im Lausitzer Urstromtal große Parabeldünen angelegt (Abb. E 15; s. auch »Quartär«, S. 49 ff.). In den »Zwickeln« der Dünenzüge können kleine Heidemoore vorkommen. Der Hermannsdorfer Radweg berührt an mehreren
E 16  Stellen die Ausläufer dieser Dünen. Durch den Wind bewegter Sand soll auch in der Bergbaufolgelandschaft eine Rolle spielen. Die Vattenfall Europe Mining AG hat deshalb auch im Rahmen der
E 17  Rekultivierung Düneninitiale aus originalen, gleichkörnigen Dünensanden geschüttet.

E 16. Ein unbewaldeter Teil einer Binnendüne. – Foto: MANFRED KUPETZ.

E 17. Im Rahmen der Bergbaurekultivierung entstandenes Düneninitial am Randbereich des Braunkohlentagebaues Nochten. – Foto: JOCHEN RASCHER.

## E23 Verweilpunkt Hermannsdorfer Moor

Das Hermannsdorfer Moor ist ein Verlandungsmoor mit einer 10000-jährigen Entwicklungsge- *E18* schichte. Die Vegetation der letzten natürlichen Sukzessionsstufe war ein Hochmoor-Kiefernwald. Das Moor wurde in historischer Zeit mehrfach von Waldbränden und Entwässerungsmaßnahmen geschädigt. Das Moor trocknete aus und der Torf veränderte seine Struktur, d. h. er vererdete, so dass die Birke einwandern konnte. *E19*

Der Tagebau Nochten überbaggerte Teile des Moores. Zuvor wurde es intensiv geologisch und vegetationskundlich untersucht. Derzeit sind Bemühungen zur Wiedervernässung im Gange. Im Zusammenhang mit der bergbaulichen Inanspruchnahme weiterer Moore im Tagebauvorfeld wurden seltene Moorpflanzen, wie beispielsweise Rosmarinheide, Sonnentau und Glockenheide auf geeignete

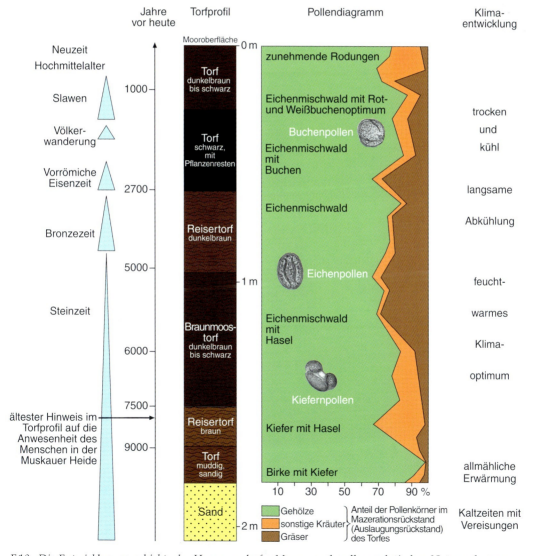

*E18. Die Entwicklungsgeschichte des Hermannsdorfer Moores nach pollenanalytischen Untersuchungen. – Grafik: JOCHEN RASCHER nach Daten von MARIA SEIFERT-EULEN (1998).*

*E 20. Lutken als Helfer der Menschen. – Grafik:* Mar-
tin Novak-Neumann *in* Erich Schneider *(1982).*

*E 19. Birkenbestockung an Stelle des ursprüngli-
chen Hochmoor-Kiefernwaldes im Hermannsdorfer
Moor, eine Folge von Waldbränden und Entwässerungsmaßnahmen in historischer Zeit. – Foto:* Ines
Rumplasch.

Moorstandorte im Umland des Tagebaus Nochten
umgesetzt. In der Bergbaufolgelandschaft sollen
ebenfalls wieder Moore entstehen, so z. B. am
»Hermannsdorfer See« in der Südostecke des
abgegrabenen Tagebaubereiches. Am zukünftigen
Südufer des Sees wurden 2008 mit Bergbautechnik
die morphologischen Voraussetzungen für einen
mehrere Hektar großen Moorstandort mit Wassereinzugsgebiet geschaffen.

E18 Palynologische Hinweis auf die Anwesenheit des Menschen in der Muskauer Heide (Getreide-
Pollen als Siedlungsanzeiger) findet man bereits im Torf, der vor 7500 Jahren gebildet wurde. Im
8. Jahrhundert wanderten slawische Stämme ein. Deren Nachfahren, die Sorben (in Sachsen und

*E 21. Der Steingarten im Überblick, Erläuterung der Ziffern in Tabelle 9. – Foto:* Heidrun Domko.

Brandenburg ca. 60 000 Angehörige) leben noch heute u. a. auch in der Muskauer Heide. Die sorbische Sagenwelt ist sehr erdverbunden. So wird davon berichtet, dass die Schätze der Erde von winzigen Menschen, den Lutki oder Lutken, gehütet werden. Ihre Wohnungen hatten sie auf den buschigen Hügeln der Muskauer Heide. Mit den Lutken war die Vorstellung verbunden, dass es sich um kleine Menschen gehandelt habe, die einst auf der Erde gewohnt hätten und erst beim Eindringen des Christentums – durch den Klang der Glocken erschreckt – in das Erdinnere geflüchtet seien. Meist waren sie den Menschen freundlich gesinnt, verkehrten in deren Häusern, konnten zaubern und erfreuten die Armen mit Geschenken.

*Tabelle 9. Die Gesteine des Steingartens.*

| Nr. | Gestein / Gesteinsgruppe / Tafel |
|---|---|
| 1 | Gneise und Granite / Verwerfungen und Gesteinsgänge |
| 2 | Tafel magmatische Gesteine |
| 3-14: | magmatische Gesteine |
| 3 | Åland-Rapakiwigranit |
| 4 | Karlshamngranit |
| 5 | Asbydiabas (Diorit) |
| 6 | Ålandgranit |
| 7 | Basalt |
| 8 | Pegmatit |
| 9 | Flipstadgranit |
| 10 | Ignimbrit |
| 11 | Ålandgranitporphyr |
| 12 | Ålandquarzporphyr (Rhyolith) |
| 13 | Öjediabasporphyrit (Grauer Porphyrit) |
| 14 | Xenolithe |
| 15 | Tafel metamorphe Gesteine |
| 16-18: | metamorphe Gesteine |
| 16 | Migmatit (Injektionsgneis) |
| 17 | Granatgneis |
| 18 | Hälleflint |
| 19 | Tafel sedimentäre Gesteine |
| 20-23: | sedimentäre Gesteine |
| 20 | Sandstein mit Wurmröhren |
| 21 | Kalmarsundsandstein |
| 22 | Konglomerat |
| 23 | Crinoidenkalkstein |
| 24 | Windkanter / Findlingsmorphologie |

*E 22. Gesteinsgefüge der Findlinge des Steingartens. – Motivauswahl und Fotos:* CLAUDIA DOMKO *und* HEIDRUN DOMKO.

*a, Gneis mit Boudinagebildung (oben) und mindestens zweiphasigem Pegmatitgang (älterer Gang mit rotem Kalifeldspat, jüngerer Gang mit weißem Feldspat), Boudinage (frz. ‹boudin›: Blutwurst) ist ein Gesteinsgefüge, in dem einzelne Gesteinslagen durch Zerrung in »wurstförmige« Körper zerlegt werden.*

*b, Feinkörniger Granitgang (Aplit; blassviolett) durchschlägt einen migmatischen Gneis (grau), dabei wurden einzelne Gesteinslagen zerbrochen und ein weißer Feldspatkristall ist neu gewachsen, wobei er andere Minerale verdrängt hat (Blastese).*

*c, Migmatit, ein in Aufschmelzung begriffener Gneis bildet helle und dunkle Lagen.*

*d, Das metamorphe Lagengefüge bildet sich durch einen Umkristallisationsprozess im Gestein bei hohem Druck und hohen Temperaturen (Metamorphose), der Druck wird dabei senkrecht zum Lagengefüge ausgeübt.*

*e, Skolithosquarzit. Skolithos ist der Name für einen Wohnbau (Domichnia) nicht näher bekannter wurmartiger Meerestiere im sandigen Milieu. Es handelt sich um vertikale, einfache Röhren von 2-8 mm Durchmesser und bis zu einigen Dezimetern Länge. Das Bild zeigt die runden Querschnitte der Röhren an der Oberfläche eines Geschiebes.*

*f, Feldspat führender Sandstein (Arkose), einzelne Lagen von feineren und gröberen Sandkörnern verursachen die Schichtung.*

*g, Asbydiabas, das typische »Diabasgefüge« wird durch weiße Plagioklasleisten und Zwickelfüllungen verschiedener grünschwarzer Silikate gebildet (Intersertalgefüge).*

*h, Ålandgranit, große fleischrote Kalifeldspäte beherrschen das Bild dieses Granits, dunkelrote Feldspäte, grauer Quarz und wenige dunkle Minerale (Biotit und Chlorit) füllen die Zwickel zwischen ihnen aus.*

*i, In Gneisen, die sich bereits nahe an der Grenze zur Aufschmelzung zum Granit befinden, wachsen nicht selten große, rundliche, rotviolette Granatkristalle (Almandin).*

*j, Ålandgranitporphyr, er hat eine körnige Grundmasse, in der noch die einzelnen Mineralkörner erkennbar sind, auffallend ist die Rapakiwistruktur mit großen, zonar aufgebauten Feldspäten (ein fleischroter Kalifeldspatkern mit hellem Plagioklassaum).*

*k, Filipstadgranit, neben rosagrauen bis braunvioletten Feldspäten sowie dunkler Hornblende und dunklem Biotit ist das Gestein durch sog. »Blauquarze« gekennzeichnet.*

*l, Ålandquarzporphyr, in einer feinkörnigen Grundmasse (rot) schwimmen größere Einsprenglinge (Quarz: grau, Feldspat: blassrosa).*

## **E2.4** Die nordischen Geschiebe im Steingarten

Aus den reichen Findlingsvorkommen im Tagebau Nochten (s. auch **A5**) wird am Verweilpunkt eine Auswahl von Gesteinen in Form eines kleinen Lehrpfades präsentiert. Didaktisches Ziel ist nicht die Vorstellung von Leitgeschieben, sondern einen allgemeinen Überblick über die Petrographie zu geben. Gegliedert in die Gruppen magmatische Gesteine, metamorphe Gesteine und Sedimentge-
*E 21* steine werden attraktive Gesteinsgefüge gezeigt. Das bezieht sich einerseits auf mit bloßem Auge leicht erkennbare reine petrographische Korngefüge wie z. B. Granitgefüge, Diabasgefüge, Porphyre, Konglomerate oder fossilführende Kalksteine. Auf der anderen Seite werden Gesteinstexturen aus-gestellt wie die Schichtung in Sandsteinen oder die Schieferung in Gneisen, Migmatitgefüge sowie
*E 22* Gesteinsgänge und Kluftfüllungen.

## **E3** Der Turm am Schweren Berg – Aussichtsturm am Tagebau Nochten

HEIDRUM DOMKO und ROSWITHA ZIMMERMANN

**Anfahrt:** Die B156 am südöstlichen Ortsausgang von Weißwasser an der 90°-Kurve nach Süden (in Fahrtrichtung links) gerade aus verlassen. Der Turm ist ausgeschildert.

Das Kommunikations- und Naturschutzzentrum Weißwasser mit dem Namen »Turm am Schwe-ren Berg« des Energieunternehmens Vattenfall ist ein architektonisch reizvolles Gebäude am Rand
*E 23* des Tagebaus Nochten. Es wurde am 28. April 2008 eröffnet. Vom Aussichtsturm aus bietet sich ein imposanter Blick auf die Tagebaulandschaft und in das Lausitzer Umland. Eine auf dem Turm installierte Kamera projiziert diesen Panoramablick auch in das Foyer des Hauses. Eine Ausstellung im Erdgeschoss informiert über den Energiestandort mit den Braunkohletagebauen Nochten und Reichwalde, das Kraftwerk Boxberg sowie zur Rekultivierung der Bergbaufolgelandschaft und zum praktizierten Naturschutz in der Region.

**Tipp**: Hier starten Führungen in und um den Tagebau Nochten. Zugleich bietet das Haus Möglichkeiten für Ausstellungen, Vortrags- und andere Veranstaltungen sowie Konferenzen. Tagungstechnik und ein Bistro mit Terrasse stehen hierfür zur Verfügung. (Ansprechpartner: KLAUS-JÜRGEN HAHN, Tel.: 03576 211574).

**Öffnungszeiten:**
Täglich von 10 bis 18 Uhr oder nach Vereinbarung.
Bistro: täglich außer montags von 10 bis 18 Uhr oder nach Vereinbarung.

**Adresse:** Vattenfall Europe Mining & Generation AG, Kommunikations- und Naturschutzzentrum Weißwasser – Turm am Schweren Berg, Am Schweren Berg 2, D-02943 Weißwasser.

### Zur Geschichte des Tagebaus Nochten

Die Vorlaufzeit bis zur Aufnahme der Kohleförderung betrug in Nochten 20 Jahre. 1953 wurde mit der Kohleexploration durch ein Bohrprogramm begonnen. Die Grundwasserabsenkung begann 1960 mit dem Abteufen des 1. Schachtes zur Streckenentwässerung. 1965 wurden die ersten Filterbrun-nen zur Feldesentwässerung in Betrieb genommen. Von 1968 bis 1973 wurde die Aufschlussfigur mit einem Volumen von ca. 74 Mio. m³ Aufschlussabraum gebaggert (vgl. **A3**). Die Förderung der Rohbraunkohle aus dem 2. Miozänen Flözkomplex (2. MFK) wurde am 03.08.1973 aufgenommen. Lagerstättengeologisch bedingt wurde zwischen 1974 und 1982 sowie wieder beginnend ab 2006 zusätzlich das Oberflöz (Unter- und Oberbank des 1. Miozänen Flözkomplexes) gewonnen. Entspre-chend des bestätigten Braunkohleplans hat der Tagebau eine Laufzeit bis etwa 2028. Ein Vorranggebiet mit einer anschließenden Laufzeit bis etwa 2050 ist beantragt. Hauptabnehmer der Kohle sind die Kraftwerke Boxberg und Schwarze Pumpe (bei der Vattenfall Europe Generation AG) sowie die Kohleveredlung (Braunkohlenbrikettierung und Kohlestaubproduktion).

*E 23. Das Kommunikations- und Naturschutzzentrum Weißwasser – Turm am Schweren Berg. – Foto: HARTMUT RAUHUT.*

## Gewinnungstechnologie

*E 24*

Die Entwässerung des Kohlefeldes einschließlich der Rand- und Kippenabriegelung erfolgt mit ca. 450 Filterbrunnen. Insgesamt werden ca. 86 Mio. m³ Wasser pro Jahr gehoben. Davon entfallen ca. 4 Mio. m³ auf die Oberflächenentwässerung und ca. 3 Mio. m³ auf die Streckenentwässerung. 12 Mio. m³ Ersatzwasser zur Sicherung des ökologisch erforderlichen Mindestabflusses werden wieder in die Vorfluter, den Rothwasser- und den Floßgraben, eingeleitet. Rund 70 Mio. m³ pro Jahr durchlaufen die drei Grubenwasserreinigungsanlagen in Schwarze Pumpe, Tzscheln und Kringelsdorf. Ziel der Reinigung ist eine Enteisenung und die Erhöhung des pH-Werts (Sauerstoffzuführung durch Belüftung sowie Kalkzugabe). Rund 4 Mio. m³ Wasser pro Jahr versickern, verdunsten und werden für den Eigenbedarf genutzt.

*E 24. Technologischer Betriebsablauf im Tagebau Nochten. – Grafik: Vattenfall Europe Mining AG.*

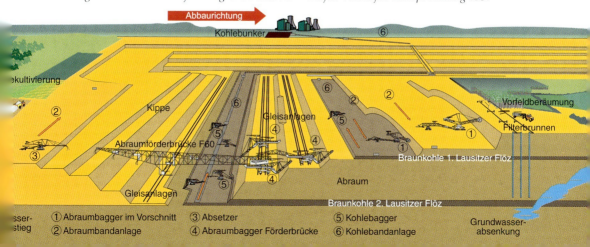

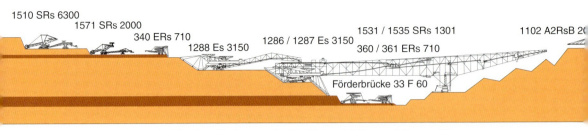

1510 SRs 6300
1571 SRs 2000
340 ERs 710
1288 Es 3150
1286 / 1287 Es 3150
1531 / 1535 SRs 1301
360 / 361 ERs 710
1102 A2RsB 2(
Förderbrücke 33 F 60

*E 25. Geräteeinsatz im Tagebau Nochten. – Grafik: Vattenfall Europe Mining AG.*

Der Tagebaubetrieb beginnt mit der Vorfeldberäumung (Holzeinschlag, Eisensuche und -bergung, Rückbau baulicher Anlagen). Das Abbaugeschehen veranschaulichen die Abbildungen E 24 und E 25. Das Deckgebirge über dem Oberflöz wird in zwei Vorschnitten mit Schaufelradbaggern (1510 SRs 6300 und 1571 SRs 2000) abgetragen. Mittels Bandförderung wird der Abraum auf die Kippenseite des Tagebaus gebracht und dort mit einem Absetzer verkippt. Die Kippe erhält eine Abschlussschüttung mit rekultivierungsfähigem Material und wird anschließend rekultiviert. Die Gewinnung des Oberflözes erfolgt mit einem Eimerkettenbagger 340 ERs 710 und der Weitertransport der Kohle ins Kraftwerk Boxberg mit einer Bandanlage. Herzstück des Tagebaus ist die Abraumförderbrücke 33 F 60 mit ihren drei angeschlossenen Eimerkettenbaggern. Der Abbau erfolgt von zwei getrennten Arbeitsebenen aus im Hoch- und Tiefschnitt. Der Gesamtabtrag der F 60 liegt bei max. 70 m. Der Abraum wird mit Gurtbandförderern über die Brücke zur Kippenseite transportiert und unmittelbar hinter dem ausgekohlten Bereich direkt verstürzt.

Als Grube i. e. S. wird im Tagebau der Bereich des freigelegten 2. Lausitzer Flözes (= Teil des 2. MFK) bezeichnet. Hier erfolgt die Kohlegewinnung mit zwei Schaufelradbaggern (1531 SRs 1301 und

*E 26. Schaufelradbagger 1510 SRs 6300 im 1. Vorschnitt. Der Durchmesser des Schaufelrades beträgt 17 m, das Fassungsvermögen einer Schaufel 3,3 m³. – Foto: Vattenfall Europe Mining AG.*

E 27. *Absetzer 1102 A$_2$RsB 20000 mit einer theoretischen Leistung von 20 000 m³/h. – Foto: Vattenfall Europe Mining AG.*

E 28. *Die Förderbrücke 33 F 60 bei der Abraumgewinnung auf zwei Arbeitsebenen (rechts). Sie hat eine Länge von ca. 460 m, mit Zubringerbrücke ca. 610 m. Im Vordergrund steht ein Schaufelradbagger SRs 1301 im 2. MFK. – Foto: Vattenfall Europe Mining AG.*

*E 29. Kohlegewinnung im 2. MFK mit dem Schaufelradbagger SRs 1301. – Foto: Vattenfall Europe Mining AG.*

1535 SRs 1301) und zwei Eimerkettenbaggern 360 ERs 710 und 361 ERs 710).

Insgesamt werden im Tagebau Nochten ca. 130 Mio. m³ Abraum pro Jahr bewegt, davon ca. 50 Mio. m³ im Vorschnitt und ca. 80 Mio. m³ über die Förderbrücke. Die Kohleförderung beträgt ca. 19 Mio. t pro Jahr. Rund 1 Mio. t Kohle stammen aus dem Oberflöz und 18 Mio. t aus dem 2. Miozänen Flözkomplex (2. MFK). Die wichtigsten Parameter der Kohle zeigt Tabelle 10.

Der Tagebau begann 1973 mit einer Tiefe von 60 m bis 70 m, bewegt sich heute zwischen 100 m und 120 m und wird nach 2015 wieder etwa 90 m tief sein.

*E 30. Kohlegewinnung im 2. MFK mit dem Eimerkettenbagger ERs 710. – Foto: Vattenfall Europe Mining AG.*

*Tabelle 10. Förderkohlenqualitäten 2007 im Tagebau Nochten.*

|  | Heizwert [kJ/kg] | Wasser [%] |
|---|---|---|
| 1. Miozäner Flözkomplex (Oberbank) | 7860 | 52,8 |
| 2. Miozäner Flözkomplex | 8600 | 56,5 |

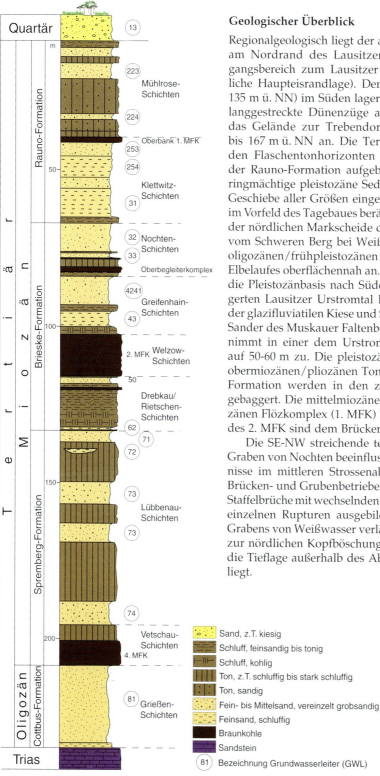

## Geologischer Überblick

Regionalgeologisch liegt der aufgeschlossene Tagebau am Nordrand des Lausitzer Urstromtals im Übergangsbereich zum Lausitzer Grenzwall (Warthezeitliche Haupteisrandlage). Dem flachen Gelände (132-135 m ü. NN) im Süden lagern noch bis zu 10 m hohe langgestreckte Dünenzüge auf. Nach Norden steigt das Gelände zur Trebendorfer Hochfläche auf 160 bis 167 m ü. NN an. Die Tertiärhochfläche wird von den Flaschentonhorizonten (FTH) und Kiessanden der Rauno-Formation aufgebaut. Darüber lagern geringmächtige pleistozäne Sedimente, in die nordische Geschiebe aller Größen eingelagert sind, die teilweise im Vorfeld des Tagebaues beräumt werden. (s. A5). An der nördlichen Markscheide des Tagebaues stehen die vom Schweren Berg bei Weißwasser bekannten oberoligozänen/frühpleistozänen Schotter des Bautzener Elbelaufes oberflächennah an. Von der Hochfläche fällt die Pleistozänbasis nach Süden zum bereits überbaggerten Lausitzer Urstromtal hin ein. Die Mächtigkeit der glazifluviatilen Kiese und Sande, die genetisch dem Sander des Muskauer Faltenbogens zuzurechnen sind, nimmt in einer dem Urstromtal zufließenden Rinne auf 50-60 m zu. Die pleistozänen Sedimente und die obermiozänen/pliozänen Tone und Kiese der Rauno–Formation werden in den zwei Vorschnittbetrieben gebaggert. Die mittelmiozänen Schichten vom 1. Miozänen Flözkomplex (1. MFK) bis zum Hangendschluff des 2. MFK sind dem Brückenbetrieb zugeordnet. *E31*

Die SE-NW streichende tektonische Störungszone Graben von Nochten beeinflusst die Lagerungsverhältnisse im mittleren Strossenabschnitt des Vorschnitt-, Brücken- und Grubenbetriebes. Die Störungen sind als *E32* Staffelbrüche mit wechselnden Versetzungsbeträgen der einzelnen Rupturen ausgebildet. Die SW-Flanke des Grabens von Weißwasser verläuft im Streichen parallel zur nördlichen Kopfböschung des Tagebaues, so dass die Tieflage außerhalb des Abbaubereiches der Kohle liegt.

*E31. Stratigraphisches Normalprofil der tertiären Schichtenfolge im Tagebau Nochten. – Grafik: Vattenfall Europe Mining AG.*

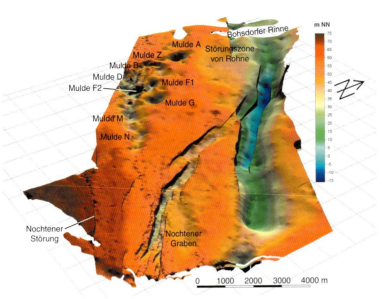

*E 32. Hangendisohypsen des 2. MFK im Tagebau Nochten mit den beiden tektonischen Gräben und Subrosionssenken. – WOLFRAM BAHRT & WOLFGANG SCHEEL, Vattenfall Europe Mining AG 2007, unveröff.*

*E 33. Die Störung WW1 an der Südwestflanke des Grabens von Weißwasser im Vorschnitt 1. In der Normalablagerung stehen in den unteren beiden Abbauscheiben die grauen Tone des 3. Flaschentonhorizontes über der Vorschnitt-Arbeitsebene an. Die Sprunghöhe an der Störung beträgt ca. 35 m, so dass in der Grabentieflage die Flammentone mit verockerten Kiesen an den 3. Flaschentonhorizont grenzen. – Foto: HEIDRUN DOMKO.*

## Der Tagebauaufschluss

Vom Aussichtsturm aus eröffnet sich ein Blick in den Tagebau, der der Darstellung in Abbildung E 24 entspricht. Aus dieser Perspektive heraus wird im Folgenden die im 1. und 2. Vorschnitt sowie in den 3 Brückenschnitten und der Grube anstehende Schichtenfolge vom Hangenden zum Liegenden beschrieben.

Im Vorschnitt sind die FTH 1-4 (Mühlrose-Schichten) mit den zwischengelagerten Kiessanden des Älteren Senftenberger Elbelaufes aufgeschlossen. In den tektonischen Störungszonen Graben von Nochten und Graben von Weißwasser sind über der Flaschentonabfolge auch die Flammentone in bis zu fünf Horizonten (Weißwasser-Schichten) von der Erosion verschont geblieben.

Die Ausbildung der grauen – graubraunen, aber auch schwarzbraunen Flaschentone ist entsprechend ihrer stark wechselnden Sedimentationsbedingungen sehr unterschiedlich. Der 4. FTH, der überwiegend den 1. MFK direkt überlagert, ist ein kompakter, fetter Ton, während der darüber anstehende 3. FTH sehr inhomogen und stark sandig ausgebildet ist. In lokalen Einmuldungen an der Basis des 4. Tonhorizontes treten in geschichteten Tonen Blätter und andere Pflanzenfossilien auf, die von SCHNEIDER (2004) bearbeitet wurden (s. »Tertiär«, Abb. 12a, S. 17). Die oberen Flaschentonhorizonte 1 und 2 sind oft nur als geringmächtige, z. T. stark strukturgestörte Lagen in vorwiegend fluviatile Sedimente eingelagert. Im Graben von Weißwasser wird der FTH 1 bis zu 10 m mächtig.

Die Flammentonhorizonte sind geringmächtig ausgebildet und halten horizontal nicht aus. Die hellgrauen – graubraunen, aber auch rötlich – schwarzbraunen Tone werden im Hangenden und Liegenden

*E 34. Der 1. Flaschentonhorizont der Mühlrose-Schichten im Graben von Weißwasser (Böschungshöhe im 10 m). – Foto: Heidrun Domko.*

*E 35. Die xylitreiche (holzreiche) Oberbank des 1. Miozänen Flözkomplexes wird von den hellen Tonen des 4. Flaschentonhorizontes überlagert. – Foto: Heidrun Domko.*

vielfach von stark verockerten Lagen und Krusten begrenzt. Die umgebenden Sande und Kiese enthalten ebenfalls rostbraune eisenhaltige Lagen (s. »Tertiär«, Abb. 25, S. 29, und Abb. E 33).

*E 33*
*25*

Aufgrund der hohen Abraummächtigkeit ist der Vorschnitt im nördlichen Strossenabschnitt zweigeteilt. Mit dem 2. Vorschnittbetrieb wird in abbauwürdigen Bereichen das 1. MFK mit Mächtigkeiten von 2,0 bis 2,5 m freigelegt.

Im 1. Brückenschnitt stehen die Liegendschichten des 1. MFK in Form von sehr wechselhaft ausgebildeten Fein- bis Mittelsanden und Schluffen an.

Die Unterbank des 1. MFK ist nur als geringmächtige Kohlelage oder als Schluffäquivalent entwickelt. Bis zum Hangenden des wieder durchgängig ausgebildeten GWL 31-Komplexes setzen sich die Wechsellagerungen von küstennahen und fluviatilen Bildungen fort. Eingeschaltet sind zwei mittel- bis grobsandige Lagen (GWL 255 und 256) von lokal 2-4 m Mächtigkeit. In den Schluffen an der Basis des GWL 31 sind zahlreiche Grabbauten zu finden. Mikropaläontologische Untersuchungen diagnostizierten ein ausschließlich terrestrisches Ablagerungsmilieu. Die im Liegenden dieser Schichtenfolge ausgebildeten Sande (GWL 32) gehören noch zum marinen Sedimentationzyklus der Brieske-Formation.

Quartäre Sande und Kiese sind nur am

*E 36. Fein laminierte Sande mit Flaserschichtung (GWL 254) in den Klettwitz-Schichten unterhalb des 1. MFK. – Foto: Heidrun Domko.*

194

E 38. *Erosionsdiskordanz an der Oberkante des 2. Brückenschnittes: An der Basis einer pleistozänen Rinne im Übergangsbereich von der Trebendorfer Hochfläche zum Urstromtal liegen Flaschentonschollen. – Foto: HEIDRUN DOMKO.*

E 37. *Grabbauten wurmartiger Tiere im unteren Teil der Klettwitz-Schichten (GWL 31; Scolithus isp., Durchmesser ca. 2 mm). – Foto: HEIDRUN DOMKO.*

E 39. *2. Brückenschnitt: Der Oberbegleiterkomplex in den Nochten-Schichten (von unten nach oben: Sande des GWL 4, Unterbank des Oberbegleiters, toniges Mittel, Oberbank des Oberbegleiters, Sande GWL 322, Hangendschluff des Oberbegleiters, Sande GWL 321). – Foto: HEIDRUN DOMKO.*

E 40. *Störungsbahn (Einfallen 60°) an der Nordostflanke des Grabens von Nochten (vergleiche zur Orientierung Abb. E 32) im 3. Brückenschnitt: Der 2. MFK in der Hochlage grenzt an die GWL 4-Sande der Greifenhain-Schichten. – Foto: HEIDRUN DOMKO.*

südlichen Strossenanfang in einer ehemals dem Urstromtal zufließenden Rinne ausgebildet.

Im 2. und 3. Brückenschnitt stehen die Schichten der Brieske-Formation vom Oberbegleiterkomplex bis zum Hangendschluff des 2. MFK an. Der tonige Hangendschluff des Oberbegleiters wird von den meist schräggeschichteten hellen Sanden des GWL 321 überlagert. Der Aufbau des Oberbegleiters des 2. MFK ist in Abbildung E 39 beschrieben.

In den Tieflagen des Grabens von Nochten ist der Oberbegleiterkomplex bis in den 3. Brückenschnitt abgesenkt. Darunter stehen die sandigen und schluffigen Bildungen der Greifenhain-Schichten bis zum Hangendschluff des 2. MFK an.

Der Brückentiefschnitt legt das Hangende des 2. MFK frei. Die Flözmächtigkeit beträgt derzeitig zwischen 10 und 13 m. Aufgrund ihres geringen Inkohlungsgrades enthält die Kohle zahlreiche gut erhaltene Pflanzenreste und Baumstubben.

*E 41. Die Kohle des 2. MFK im Kohlehochschnitt mit Baumstubben. – Foto: SIRKE BEUERMANN.*

Literatur: MEIER, BÖHNERT, HAUBOLD, MARKMANN, LABUDE, RASCHER & ESCHER 1996; SCHNEIDER 1982; SEIFERT-EULEN 1998

# Ⓕ Glas und Keramik im Muskauer Faltenbogen

ALMUT KUPETZ und MANFRED KUPETZ

**Exkursionspunkte:** ❶ Die gelben Ziegelhäuser in Halbendorf und der Halbendorfer See. ❷ Der Tagebaurestsee Mulde VII (›Hosenmulde‹) der Braunkohlengrube Frieden West bei Halbendorf. ❸ Das Glasmuseum in Weißwasser. ❹ Die Gieserlandschaft in den Drachenbergen bei Krauschwitz. ❺ Das Museum Sagar

**Fahrtroute:** Beginn in Halbendorf 6 km nordwestlich von Weißwasser, am südöstlichen Ortsausgang halb links auf die Landstraße nach Kromlau abbiegen. Weiterfahrt Halbendorf.

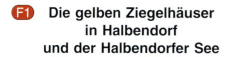

*F1. Lage der Exkursionspunkte und Verlauf der Fahrtroute.*

## Ⓕ1 Die gelben Ziegelhäuser in Halbendorf und der Halbendorfer See

Ziegel sind in der Nieder- und Oberlausitz ein traditionelles Baumaterial. Die Rohstoffe dafür treten im miozänen Schichtprofil auf. Verbreitet sind sie überwiegend in zwei stratigraphischen Niveaus, in den Lübbenau-Schichten der Spremberg-Formation sowie in den Mühlrose-Schichten und den Weißwasser-Schichten der Rauno-Formation (s. »Tertiär« Abb. 19, 24 und 25 sowie Ⓔ Abb. E 33 und E 34). Ihre charakteristische gelbe, manchmal auch graugelbe und seltener hellbraunrote Farbe verdanken sie der Zusammensetzung der Tone. Der Ton wurde ohne Zusatz von färbenden

19
24
25
E 33
E 34

196

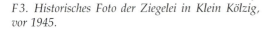

*F2. Farbfehler bei gelben Ziegeln. – Foto: Manfred Kupetz.*

*F3. Historisches Foto der Ziegelei in Klein Kölzig, vor 1945.*

*F4. Wohnhaus an der Dorfstraße in Halbendorf. – Foto: Manfred Kupetz.*

*F5. Wohnhaus an der Dorfstraße in Halbendorf. – Foto: Manfred Kupetz.*

Stoffen bei niedrigen Temperaturen (um 900 °C) gebrannt. Schwarze oder rote, meist diagonal über die Ziegel verlaufende Streifen sind auf örtlich oxidierende oder reduzierende Bedingungen beim Brand zurückzuführen. Es sind Produktionsfehler. Wahrscheinlich hat man die fehlerfreien Ziegel

◁

*F6. Renoviertes Bauernhaus in Halbendorf Dorfstraße/Ecke Bahnhofstraße. – Foto: Manfred Kupetz.*

*F 7. Der Halbendorfer See, Blick nach Südosten. – Foto:* Peter Radke, *Lausitzer und Mitteldeutsche Bergbau-Verwaltungsgesellschaft mbH.*

F 8. *Die Hirschapotheke in Döbern. – Foto:* NORBERT ANSPACH.

verkauft und die fehlerhaften selbst verwendet. Vollständige Ringöfen aus dem 19. Jahrhundert sind noch in Klein Kölzig und Tuplice erhalten. Das Hauptgebäude der Klein Kölziger Ziegelei wird unter Beibehaltung der historischen Kulisse (gelbe Ziegel und Fachwerk) zum Besucherzentrum des Geoparks Muskauer Faltenbogen umgebaut. Insgesamt existierten im Muskauer Faltenbogen elf Ziegeleien (SCHANZE 2001).

Gelbe Ziegel wurden allgemein als Sichtmauerwerk verarbeitet. Zur farblichen Kontrastierung wurden häufig rote Ziegel für Häuserkanten, Fensterumrahmungen u. ä. eingesetzt. Repräsentative Gebäude, wie Schulen, Bahnhöfe oder Fabrikantenvillen, mehrstöckige Bürgerhäuser, Forsthäuser oder große Bauernhöfe wurden architektonisch und handwerklich anspruchsvoll ausgeführt. Einfache Wohnhäuser und Bauerngehöfte prägten das Bild der Ortschaften. Durch umfangreiche Renovierungsarbeiten mit vorgesetzter Wärmedämmung ist ein Großteil des attraktiven Sichtmauerwerkes in den 1990er-Jahren verloren gegangen. Des Weiteren werden für Renovierungs- und Ergänzungsarbeiten am Mauerwerk gelbe Ziegel bzw. Klinker aus der heutigen Zeit verwendet. Diese sind stark leuchtend gefärbt und verändern dadurch den ästhetischen Gesamteindruck. Als dörfliche Gesamtanlage ist »der gelbe Ziegel« wahrscheinlich in Halbendorf am besten erhalten geblieben. Einzelne gelbe Ziegelhäuser findet man in fast allen Dörfern und Städten, nicht nur des Muskauer Faltenbogens, sondern der gesamten Lausitz. Eines der schönsten gelben Ziegelhäuser im Muskauer Faltenbogen ist die Hirschapotheke in Döbern.

Der Halbendorfer See südöstlich des Ortes ist das Restloch des Braunkohlentagebaus Frieden. Er ist zu einem Badegewässer umgestaltet worden und hat sich zu einem Naherholungszentrum entwickelt. In ihm wurde von 1959 bis 1969/1970 die Braunkohle der Mulde D und teilweise der Mulde C der so genannte Trebendorfer Felder abgebaut. Die Mulde D ist das bekannteste und größte glazialtektonische Einzelstrukturelement im Muskauer Faltenbogen. Sie hat eine streichende Länge von 6,5 km und eine Breite von 150 bis 400 m. Der Tagebau umfasst davon nur einen 3,0 km langen Abschnitt. Als wesentlichen Eindruck für den Geologen vermittelt der Halbendorfer See eine visuelle Vorstellung von der Dimension einer einzelnen glazialtektonischen Schuppe.

**Tipp**: Campingplatz, Gastronomie, Badestrand (auch FKK), Parkplatz etc. (**www.halbendorfersee.de**).

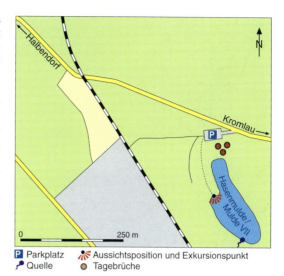

## F2  Der Tagebaurestsee Mulde VII (›Hosenmulde‹) der Braunkohlengrube Frieden West bei Halbendorf

**Anfahrt:** Die Anfahrt erfolgt von Halbendorf aus in Richtung Kromlau. Südlich der Straße zweigt ein Waldweg scharf in Richtung Südwesten ab. Unmittelbar zu Beginn des Waldes sind Parktaschen ausgewiesen.

Die Mulde VII wurde um 1951 im Tagebau (ca. 350 m lang und maximal 120 m breit) ausgekohlt. Der Tagebau umfasst den Verzweigungsbereich von zwei großdimensionalen Schuppenstrukturen.

Von Südosten her streicht eine glazialtektonische Großschuppe in den Bereich des Tagebaus hinein. Hier bildete sich auf der Schuppe eine 30-50 m breite Aufsattelung, die sich zu einer Falte mit gleicher Vergenz wie die Schuppe entwickelt. Die Falte ist eine Größenordnung kleiner als die Schuppe. Bevor es durch fortschreitende Einengung in streichender Fortsetzung zur Bildung einer liegenden oder überkippten Falte kommt, wird eine Flexur angelegt und es entsteht eine Scherfläche. Der kleine liegende Faltenschenkel entwickelt sich zum steil stehenden bis überkippten unteren Teil der neuen liegenden Schuppe. Der hangende Faltenschenkel stellt das konvex gebogene, obere Ende der neuen, überschobenen, oberen Schuppe dar. Im Nordwesten verlassen die beiden neuen Schuppen den Tagebaubereich. Nach der Einebnung des Muskauer Faltenbogens lag das Erosionsniveau zufällig genau in der Höhe der Schuppenverzweigung, so dass bei der jungholozänen Gieserbildung ein Y-förmiger Gieser entstand. Die »Alten Bergleute« erkannten die Situation aus der Lage der Gieser heraus richtig und legten den Tagebau so an, dass die erdoberflächennahe Kohle abgebaut werden konnte. Ihr Wissen um die prinzipiellen Lagerungsverhältnisse kommt darin zum Ausdruck, dass sie zur Detailerkundung gezielt 12 geologische Schnitte senkrecht zur Struktur anlegten. Im aufgehenden Grundwasser nach dem Bergbau bildete sich ein See mit charakteristischer Form. Wegen ihrer Form wird die Mulde VII auch

**P** Parkplatz  **☀** Aussichtsposition und Exkursionspunkt
**⚲** Quelle  **⬤** Tagebrüche

*F 9. Anfahrtskizze zur Mulde VII, sie liegt versteckt in einem Kiefernforst ca. 3 km südöstlich von Halbendorf.*

*F 10. Bergbaurestsee der Mulde VII bei Halbendorf von Südosten aus gesehen. – Foto: PETER RADKE, Lausitzer und Mitteldeutsche Bergbau-Verwaltungsgesellschaft mbH.*

200

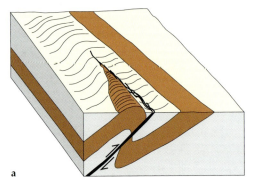

a

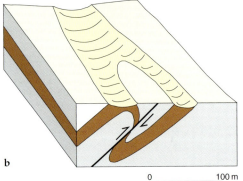

b

```
0 _____ 100 m
```

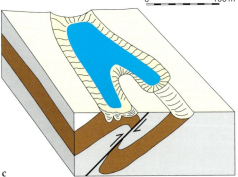

c

F11. Die geologische Situation in der Mulde VII.
a, Aus einer glazialtektischen Schuppe entwickelt sich im Streichen ein Schuppenpaar.
b, Über der Schuppenverzweigung bildete sich ein Y-förmiger Gieser.
c, Im Tagebau wurde die oberflächennahe Braunkohle abgebaut und hinterließ einen Bergbaufolgesee mit charakteristischer Form.

F14. Tagebrüche über untertägigem Braunkohlenabbau nordnordwestlich der Mulde VII.- Foto: MANFRED KUPETZ.

F12. In der Mulde VII ist noch mehr als 50 Jahre nach dem Bergbau ein Gieser als Aufschluss angeschnitten. Die hellen Sande in der Bildmitte sind Glassande. – Foto: MANFRED KUPETZ.

F13. Gieser in nordwestlicher Forstsetzung der Mulde VII. – Foto: MANFRED KUPETZ.

als Hosenmulde bezeichnet. Zurzeit ist die Mulde VII die einzige im Faltenbogen zu beobachtende Schuppenverzweigung und damit ein Besonderheit.

Möglicherweise stellt die gesamte Mulde VII eine wurzellose Scholle von ca. 400 m Länge und (?) 200 m Breite dar. Darauf könnten die abrupten Gieserenden im NW und im SE sowie die ungewöhnliche Hochlage des Flözes (2. MFK) hinweisen. Die Basis des ungestörten Flözes würde bei etwa 30 m ü. NN liegen. Das Flözniveau in der Mulde VII wurde bei 120 m, z. T. auch bis 130 m ü. NN ansteigend, angetroffen.

Der Besuchspunkt der Mulde VII ist ein beliebter Badestrand. Hier sind gelbweiße Feinsande im Liegenden des 2. MFK aufgeschlossen, die Ende des 19. und Anfang des 20. Jahrhundert an anderen Orten als Glassande abgebaut wurden (Drebkau-Schichten, in der Bergmannssprache GWL 500).

Die südwestliche der beiden Schuppen setzt sich außerhalb des Tagebaus in einem naturnah erhaltenen Gieser fort (unzerstörtes Bodenprofil auf der Giesersohle, charakteristische Vegetation: Birken, verschiedene Sträucher, Adlerfarn). Am äußersten SW-Ende des Restloches fließt periodisch aus dem tertiären Lockergebirge eine saure, eisenhaltige Quelle dem See zu. Beim Eintritt des Wassers fällt brauner Eisenhydroxidschlamm aus. Teilweise ist der Sand im Uferbereich zentimeterstark limonitverkrustet (rezente »Raseneisenerzbildung«). *F12 F13*

Am Nord- und Nordostrand der Mulde VII hat es in geringem Umfang auch Tiefbau auf Braunkohle gegeben. Die Abbauhohlräume haben sich wie der Tagebau mit Grundwasser gefüllt. Sie verbrechen im Laufe der Zeit und bilden an der Erdoberfläche so genannte Tagebrüche. Nach Berichten von Anliegern erfolgen derartige Ersteinbrüche relativ langsam, einzelne Krater sollen sich etwa im Zeitraum von 10-12 Stunden bilden. An einmal entstandenen Tagebrüchen setzen sich die Senkungen oftmals über mehrere Jahre hinweg fort. Frische Hangabrisse an alten Tagebrüchen zeigen an, dass wiederholt sekundäre Senkungen von etwa 10 bis 30 cm stattfinden (linker Kraterrand in Abb. E14). *F14*

*F14*

Das Betreten der Bergbaubruchgebiete ist untersagt!
Bergrechtlich handelt es sich um Altbergbau ohne Rechtsnachfolger.
Ordnungsbehörden sind die jeweiligen Bergbehörden.

## 🔴 F3      Das Glasmuseum in Weißwasser

**Anfahrt:** Die Landstraße von Halbendorf in die Stadt Weißwasser benutzen (Berliner Straße) und der Ausschilderung zum Bahnhof folgen. Das Museum befindet sich unmittelbar nordwestlich des Bahnhofs und hat einen Parkplatz auf seinem Gelände. (Adresse: Forster Straße 12, D-03576 Weißwasser; **www.glasmuseum-weisswasser.de**).

**Öffnungszeiten:** Mo, Di und Do 8 bis 15 Uhr, Mi 8 bis 17 Uhr, So und feiertags 14 bis 17 Uhr sowie nach Vereinbarung (Tel.: 03576 204000).

Zu Beginn des 18. Jahrhunderts wanderten böhmische Glasmacher von Süden her in die Region des Muskauer Faltenbogens ein. Hier fanden sie an der Erdoberfläche anstehenden Glassand sowie einen großen Reichtum an Holz, das als Brennmaterial für die Schmelzöfen benötigt wurde. Sie begannen die Glasproduktion in Waldglashütten. Später wurden Glassande von besserer (eisenärmerer) Qualität

*F15. Bleiverglastes Fenster in der Gelsdorf-Villa (heute Glasmuseum), Künstler unbekannt, um 1928, Größe 0,80 × 1,10 m. – Foto: Glasmuseum Weißwasser.*

F 16. *Ansicht des Glaswerkes Gelsdorf in Weißwasser um 1890, historisches Foto eines Firmenkopfbogens. – Foto: Glasmuseum Weißwasser.*

aus dem Raum Hohenbocka und Hosena verwendet. Etwa ab Mitte des 19. Jahrhunderts löste die ebenfalls im Faltenbogen vorkommende Braunkohle das Holz ab. Mit Inbetriebnahme der Bahnstrecke Cottbus-Görlitz im Jahre 1867 eröffneten sich ungeahnte Möglichkeiten für den Glasabsatz. Die Gemeinde Weißwasser war bis Ende der 1930er-Jahre der bedeutendste Glas produzierende Ort weltweit. 1873 wird hier erstmals Glas geschmolzen. In den folgenden drei Jahrzehnten entstehen in Weißwasser elf Glasfabriken, vier Glasraffinerien, eine Spiegelfabrik, eine Glasschablonenfabrik und viele Zulieferbetriebe. Beim Rundgang durch die Museumsvilla wird der Besucher mit der Entwicklung der elf Glasbetriebe und der Technologie vertraut gemacht. Modelle und Originalwerkstellen veranschaulichen diesen Prozess. Im großzügigen Treppenhaus steht der Besucher vor einer Glasmacherwerkstelle mit allen dazugehörigen Werkzeugen. Der Rundgang geht weiter unter dem Stichwort Technologie und den theoretischen Grundlagen der Glasherstellung. So sieht man die Entwicklung der Schmelzöfen, die Bestandteile und Zusammensetzung der Rohstoffe zur Glasschmelze und Glasfärbung, die Herstellung der Formen für künftige Erzeugnisse und viele Details

F 15
F 16
F 17
F 18

F 17. *Im Museum nachgestaltete Schleifereiwerkstelle um 1910. – Foto: Glasmuseum Weißwasser.*

F 18. *Im Museum nachgestellte Kelchwerkstelle. – Foto: Glasmuseum Weißwasser.*

aus dem Produktionsprozess, wie z. B. die Glasabsprengmaschine, die von der Firma Hirsch, Janke & Co. entwickelt wurde – eine Pionierleistung für die gesamte Glasindustrie der Welt. In einem Videofilm wird die Glasherstellung und weitere Verarbeitung bis zur Veredlung gezeigt. Von einem Förderverein, den Glasbetrieben und Bürgern wurden in wenigen Jahren ca. 20000 Glasexponate und ebenso viel Schriftgut zusammengetragen, von denen ca. 3000 in der Ausstellung zu sehen sind. Auch die Spezialsammlungen von Wilhelm Wagenfeld, Friedrich Bundtzen und der »Arsall«-Gläser haben bereits einen beachtlichen Bestand. Sonderausstellungen bereichern die Dauerausstellung und die musealen Darstellungen zur Entwicklungsgeschichte von Weißwasser.

**Weitere Sehenswürdigkeiten:**
Das **Glaswerk Stölzle in Weißwasser mit Schauwerkstatt** bietet einen Werksverkauf und organisiert auf Anfrage Betriebsbesichtigungen: Stölzle Lausitz GmbH, Berliner Straße 22-32, Tel.: 03576 268-0, **www.stoelzle-lausitz.com**. Der **Tierpark Weißwasser** (gegründet 1996) zeigt auf einer an Grünflächen reichen Anlage auf 6,5 ha über 350 Tiere von mehr als 80 verschiedenen Arten. Öffnungszeiten: April bis Oktober 9 bis 18 Uhr, November bis Februar 9 bis 16 Uhr, März 9 bis 17 Uhr (Tel.: 03576 208366, **www.tierpark-weisswasser.de**).

## F4  Die Gieserlandschaft in den Drachenbergen bei Krauschwitz

**Anfahrt:** Etwa 500 m westlich der Kreuzung der B 156 und der B 115 in Krauschwitz befindet sich nördlich der Straße ein großer asphaltierte Eingangsbereich zu einem Umspannwerk, hier besteht Parkmöglichkeit.

Im Bereich der Drachenberge ist in einem etwa 3 km² großen Kiefernhochwaldgebiet (Aufforstung) zwischen den Orten Krauschwitz (im Osten), Weißwasser (im Westen), der B 156 (im Norden) und der ehemaligen Eisenbahnlinie Weißwasser-Forst (im Süden) eine Gieserlandschaft erhalten geblieben, deren Morphologie durch den Menschen nicht verändert wurde. Entlang einer Waldschneise mit Fußweg können hier auf einer Strecke von etwa 400 m Länge fünf Gieser überquert werden. **Es ist festes Schuhwerk notwendig!**

Entlang des Exkursionsweges werden Gieser besucht, die zu den größten und tiefsten im Muskauer Faltenbogen gehören (Breite teilweise um 50 m, vereinzelt bis 70 m, Tiefe 3-15 m). Abbildung F 23 gibt eine Interpretation des glazialtektonischen Tiefenbaus in Anlehnung an Strukturformen, die an anderen Stellen im Muskauer Faltenbogen durch geologische Erkundungsergebnisse belegt sind. In den Drachenbergen selbst existieren keine Kenntnisse zum Tiefenbau. Die mittleren beiden Gieser in der Abbildung F 23 haben

*F 19. Anfahrtskizze zu den Drachenbergen.*

*F 20. Das Gebiet der Drachenberge im digitalen Geländemodell ohne Bewaldung (digital terrain model), Die Größe der Fläche beträgt 1500 × 2000 m, 2-fach überhöht. – Daten: Vattenfall Europe Mining & Generation AG.*

F 21. *Der Doppelgieser am Südende des Exkursions-weges gehört mit 15 m Tiefe zu den tiefsten Giesern im Faltenbogen. – Foto:* MANFRED KUPETZ.

F 22. *Keramik-Säurebehälter vor dem Gasthof Linde in Krauschwitz. – Foto:* MANFRED KUPETZ.

eine asymmetrische Morphologie, wie sie typischerweise über glazialtektonischen Schuppen auftreten. Die jeweils flachere Gieserflanke liegt auf der Seite in deren Richtung hin das Kohleflöz einfällt. Im *F23* rechten Drittel der Abbildung F 23 tritt ein Doppelgieser auf. Seine beiden Mulden liegen über den steilstehenden Flanken einer aufrechten Flözfalte (Diapir). In dem heute abgetragenen Luftsattel haben die Liegendschichten möglicherweise das Flöz (2. MFK) durchstoßen (s. auch »Entstehung des Muskauer Faltenbogens« S. 54 ff.). Eine detaillierte Beschreibung der Giesermorphologie und ihrer Pflanzengeographie gibt GÖHLER (1999).

*F19* (Tipp): An der Kreuzung zwischen der B 115 und B 156 befindet sich die Gaststätte »Linde« mit einem Parkplatz.
*F22* Vor der Gaststätte hat der Inhaber fünf große historische Keramik-Säurebehälter aufgestellt (vgl. (F5)).

Literatur: GÖHLER 1999

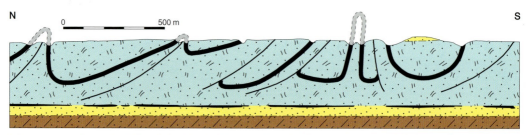

F 23. *Geologischer Schnitt durch die Drachenberge entlang des Exkursionsweges, da keine geologischen Daten zum Untergrund vorliegen, handelt es sich um eine Interpretation, Zeichnung ohne Überhöhung!*

# Museum Sagar

**Anfahrt:** In Weißwasser der B115 nach Osten bis nach Bad Muskau folgen. In Bad Muskau an der Neiße von der B115 auf die Landstraße in Richtung Süden (rechts) nach Sagar abbiegen. Das Museum liegt in Sagar an der Hauptstraße des Ortes. Adresse: Skerbersdorfer Straße 68, D-02957 Krauschwitz, Ortsteil Sagar (www.museum-sagar.de).

**Öffnungszeiten:** Ostersonntag bis 3. Oktober: Mo-Fr 9 bis 15 Uhr, Sa, So und feiertags 15 bis 18 Uhr und nach Vereinbarung (Tel. 035771 60896).

Das Museum widmet sich der Entwicklung von Handwerk und Gewerbe der Region mit starkem Bezug zur Standesherrschaft Muskau in den letzten 150 Jahren. Es beleuchtet die natürlichen Grundlagen der Wirtschaft, d.h. die Bodenschätze (Braunkohle, Ton, Raseneisenerz) und den Holzreichtum. Die Ausstellungen umfassen drei große Gebäude. Präsentiert werden Exponate zu drei Themenkomplexen:

- Waldwirtschaft, Jagd und Holzverarbeitung (u.a. ein Sägegatter und eine Dampfmaschine in Funktion),
- Industrie- und Gebrauchskeramik sowie zum Eisenschmelzen und
- dörfliches Handwerk, wie Stellmacherei, Korbmacherei, Sattlerei und Schuhmacherei.

*F 24. Blick in den Museumshof mit Sägewerk. – Foto: Museum Sagar.*

Sonderausstellungen und spezielle, thematische Veranstaltungen runden das Programm ab. Von besonderem geologischem und rohstoffwirtschaftlichem Interesse sind die Themen der Verhüttung von Raseneisenerz sowie die Keramik. Krauschwitz war in der Vergangenheit ein bedeutender Hüttenstandort. Zu besonderen Anlässen werden Schauschmelzen veranstaltet. Die hochwertigen Tone führten im Faltenbogen zur Herausbildung einer breitgefächerten handwerklichen und industriellen Herstellung von Industriekeramik, Gebrauchskeramik, Buntgeschirr sowie Ziegeln und Dachziegeln. Hierzu wird eine umfangreiche Sammlung gezeigt. Von deutschlandweiter Bedeutung sind jedoch die Exponate zur Industriekeramik. Der wichtigste Betrieb innerhalb einer Ansammlung weiterer Un-

*F 25. Nachbau eines historischen Rennofens, mit dem auch im Muskauer Faltenbogen Raseneisenerz verarbeitet wurde. – Foto: Museum Sagar.*

F 26. Das Museum Sagar besitzt eine umfangreiche Sammlung historischer Dachziegel. – Foto: MANFRED KUPETZ.

F 27
F 28
ternehmen der Branche war die Deutsche Ton- und Steinzeugwerke Aktiengesellschaft (DTS, gegründet 1904). Fortgesetzt wurde die Produktion Werk im VEB Kombinat Keramische Werke Hermsdorf. Mitte der 1990er-Jahre fand die Keramikherstellung in Krauschwitz ihr Ende.

Literatur: GÖHLER 1999, SCHANZE 2001

F 27. Messemodell eines Kreisellüfters LAXG 350. Die Lüfter dienten zur Ausleitung von Säuredämpfen aus Fabrikhallen der Chemie-, Metall- und Textilindustrie, Hersteller: VEB Steinzeugwerk Krauschwitz (STK). – Foto: Museum Sagar.

F28. Säurebehälter mit Standrohr, 400 l und 1000 l Inhalt, Der Fachbegriff dafür lautete Vakuumtourill (Druckbirne mit Fuß), Hersteller: VEB Steinzeugwerk Krauschwitz (STK). – Foto: Museum Sagar.

# G

# Rezerwat geologiczno-krajobrazowy Kopalnia »Babina« bei Łęknica – Das Landschafts- und geologische Schutzgebiet Grube »Babina« bei Lugknitz

Jacek Koźma

**Exkursionspunkte:** Die Exkursion führt durch das »Landschafts- und geologische Schutzgebiet Grube Babina« (»Rezerwat geologiczna – krajobrazowy Kopalnia Babina«) und kann nur im Rahmen geführter Wanderung besucht werden (ca. 6 km, ca. 3 bis 4 Stunden). Sie können angemeldet werden im
OKSIR (Ośrodek Kultury, Sportu i Rekreacj – Haus der Kultur), ul. Wojska Polskiego 2, PL-68-208 Łęknica (Tel.: 0048 68 3624135, E-Mail: info@oksir.pl, **www.oksir@pl**), oder in der
Geschäftsstelle Geopark Muskauer Faltenbogen, Forster Str. 8, D-03159 Döbern (Tel.: 035600 385-18; E-Mail: info@ muskauer-faltenbogen.de).
Die Exkursion beginnt und endet am OKSIR.

*G2*
*G3*

**Fahrtroute:** Von deutscher Seite kommend überquert man in Bad Muskau die Stadtbrücke (Postbrücke, Grenzübergang) und folgt der Route gemäß Abbildung G2. Auf dem eingefriedeten Gelände des OKSIR existiert ein Parkplatz.

*G2*

Die Exkursion führt in das »Landschafts- und geologische Schutzgebiet Grube Babina« (»Rezerwat geologiczna – krajobrazowy Kopalnia Babina«). Dieses ist Teil des Landschaftsparks »Park Krajobrazowy Łuk Mużakowa« (deutsch: Muskauer Faltenbogen) und besitzt einen besonderen Schutzstatus nach polnischem Naturschutzrecht (s. **B5**). Deshalb sind Exkursionen in dieses Gebiet nur im Rahmen geführter Wanderungen möglich.

*G1. Das Exkursionsgebiet vom Hubschrauber aus gesehen. – Foto: Peter Radtke, Lausitzer und Mitteldeutsche Bergbau-Verwaltungsgesellschaft mbH.*

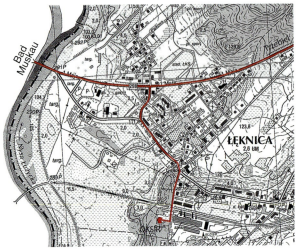

*G2. Anfahrskizze zum Kulturhaus OKSIR (Ośrodek Kultury, Sportu i Rekreacj – Haus der Kultur, des Sportes und der Erholung) in Łęknica. – Grafik: JACEK KOŹMA.*

*G3. Das Kulturhaus OKSIR ist eine renovierte und umgenutzte Fabrikantenvilla aus den 1920er-Jahren. – Foto: JACEK KOŹMA.*

Die Babina ist die größte und bedeutendste Braunkohlengrube im polnischen Teil des Muskauer Faltenbogens. Nach 1945 erhielt sie bis zur Einstellung des Bergbaus 1973 den Namen »Przyjazn Narodow« (deutsch: Völkerfreundschaft). In der aktuellen Lagerstättenbewertung wird der polnische Teil des Muskauer Faltenbogens von Südosten nach Nordwesten in die vier Braunkohlenfelder Pustk, Żarki, Trzeb und Tuplice eingeteilt. Das Exkursionsgebiet ist Teil des Feldes Pustk. Abbildung G4 gibt einen Überblick zur Lagerstättensituation östlich von Łęknica.

In ihrer Längserstreckung folgen die Braunkohlen- und Tonvorkommen dem südwest-nordost gerichteten Generalstreichen des Muskauer Faltenbogens in diesem Bereich. Im Stadtgebiet von Łęknica existieren drei sog. Mulden des 2. Miozänen Flözkomplexes (= 2. pokład łużycki; s. »Tertiär«, Abb. 19, S. 23) mit den Bezeichnungen O1, O2 und O3. Östlich der Stadt schließt sich ein 500 m bis 1000 m breiter Streifen mit Tonvorkommen an, von denen »Łęknica«, »Irena« und Halina Nowa« (deutsch: »Neue Halina«) als Lagerstätten erkundet und z.T. abgebaut wurden. Die Tone wurden anfangs in zwei großen Ziegeleien mit Ringofen und Schornstein zu Ziegeln, später mit Sägespänen versetzt zu Schamottesteinen, verarbeitet. Der Betrieb gehört zum Lubuskie Zakłady Materiałów Ogniotrałych (deutsch: Lubusker Werke für Feuerfestwerkstoffe) mit Sitz in Żary (Sorau). 2003/2004 wurden die meisten Gebäude abgerissen. Es erfolgt jedoch noch eine geringe Produktion von Schamottesteinen. An die Tonvorkommen schließt sich eine Schar von glazialtektonischen Schuppen- und Faltenstrukturen an, in denen im Untertage- und Übertagebergbau der 2. MFK abgebaut wurde. Die einzelnen Strukturen werden als Mulden A bis G bezeichnet. Der Ton- und Kohlebergbau hat eine sehr abwechslungsreiche und reizvolle, waldreiche Bergbaufolgelandschaft mit etwa 15 größeren und zahlreichen kleineren Bergbaurestgewässern hinterlassen (weiterführende Literatur: HEYDUK et al. 2005 sowie JANOWSCY et al. 2001).

**G1** ### Ehemalige Tongrube »Irena«

Nach Beendigung des 1973 begonnenen Tonabbaus wurde das Restloch mit einer Basisabdichtung versehen und wird heute als geordnete Siedlungsabfalldeponie der Stadt Łęknica genutzt. Am Nordwest- und Südostrand der Grube existieren sehr attraktive Aufschlüsse steil stehender, glazialtektonisch deformierter Schichten.

G5
G6
G7

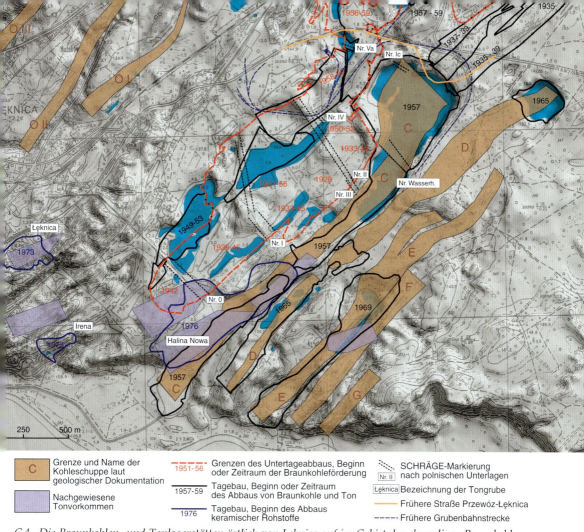

Nr. Va

Nr. Ic

1965

1957

C

D

Nr. IV

1950-52

1933-45

Łeknica

1973

Nr. II

Nr. III

C

Nr. Wasserh.

1949-53

1928

1932-45

Nr. I

1957

E

F

Irena

1942

Nr. 0

1976

Halina Nowa

1965

1969

1957

C

D

E

G

250    500 m

| | C | Grenze und Name der Kohleschuppe laut geologischer Dokumentation | | 1951-56 | Grenzen des Untertageabbaus, Beginn oder Zeitraum der Braunkohleförderung | | | SCHRÄGE-Markierung |
|---|---|---|---|---|---|---|---|---|

**Legende:**

- C — Grenze und Name der Kohleschuppe laut geologischer Dokumentation
- Nachgewiesene Tonvorkommen
- 1951-56 — Grenzen des Untertageabbaus, Beginn oder Zeitraum der Braunkohleförderung
- 1957-59 — Tagebau, Beginn oder Zeitraum des Abbaus von Braunkohle und Ton
- 1976 — Tagebau, Beginn des Abbaus keramischer Rohstoffe
- Nr. II — SCHRÄGE-Markierung nach polnischen Unterlagen
- Łeknica — Bezeichnung der Tongrube
- Frühere Straße Przewóz-Łeknica
- Frühere Grubenbahnstrecke

G4. Die Braunkohlen- und Tonlagerstätten östlich von Łeknica auf im Gebiet der ehemaligen Braunkohlengrube Babina. – Grafik: Jacek Koźma.

G5. Steil stehende Sande (weiß) und schluffige Sande (hellbraun) der seria Poznańska (= Rauno-Formation) am Nordwestende der ehemaligen Tongrube »Irena«. – Foto: Manfred Kupetz

G6. Von Südwesten (links) nach Nordosten (rechts) auf- bzw. überschobene Sande (weiß), schluffige Sande (hellbraun) der seria Poznañska. Eingeschaltet ist ein linsenförmiger Scherkörper (Duplex) aus Braunkohle (schwarz). – Foto: JACEK KOŹMA.

G7. Detail aus dem Aufschluss in Abbildung G6. Die gesamte Schichtenfolge ist sehr stark und in mehreren Phasen plastisch und rupturell deformiert worden. Deutlich erkennbar sind plastische Schichtdickendeformationen, flache Überschiebungen und jüngere, vertikale Rupturen. – Foto: JACEK KOŹMA.

## **G2** Die Mühlenstruga (Mlynska Struga)

Die Mlynska Struga ist ein kleiner Bach von ca. 1,5 km Länge, der in die Neiße mündet. An seinem Oberlauf liegen die Babinaquellen (**G4**). Im Unterlauf durchfließt er einen See, der Ende der 1950er-Jahre ein kleiner Braunkohlentagebau war. Er schüttet einen großen Sedimentfächer in das Gewässer. Aufgrund des niedrigen pH-Wertes des Wassers (**G4**) ist dieses vegetationsfrei. Man kann deshalb in modellhafter Klarheit die geologischen Prozesse einer Deltasedimentation studieren.

*G10*

G8. Ein verwildertes System von Flussarmen der Mlynska Struga (Mühlenstruga). – Foto: JACEK KOŹMA.

G9. Tief eingeschnittenes Tal der Mlynska Struga (Mühlenstruga). – Foto: JACEK KOŹMA.

*G 10. Mit einem großen Sedimentfächer ergießt sich die Mlynska Struga (Mühlenstruga) in ein Tagebaurestloch der Grube Babina. – Foto: Lausitzer und Mitteldeutsche Bergbau-Verwaltungsgesellschaft mbH.*

Kleine Wasserläufe schneiden sich in das Deltasediment ein. Sie bilden Prall- und Gleithänge aus, unterschneiden die Prallhänge, verzweigen und vereinigen sich wieder. Am Mittellauf der Struga bildet der Bach wilde V-Täler aus.

*G 8*
*G 9*

## **G3**        Der ehemalige Kleintagebau in der Mulde D

In der zweiten Hälfte der 1960er-Jahre wurde in der Mulde D ein Kleintagebau betrieben. Sein Restloch ist wassergefüllt. An dieser Stelle standen über dem 2. pokład lużycki (2. MFK) die aufgestauchten Schichten der seria Poznańska (Mühlrose-Schichten) an der Erdoberfläche an. Sie wurden aus tagebautechnologischen Gründen von der Mutterbodenschicht befreit. Die Besonderheit dieser Lokalität besteht darin, dass 40 Jahre nach Beendigung des Bergbaus noch keine neue Bodenbildung oder Vegetationsentwicklung stattgefunden hat. Das ist für die herrschenden humiden Klimabedingungen eine große Besonderheit und lässt sich nur mit der starken Versauerung des Bodens erklären (s. **G4**). Als geologische Besonderheit hat sich auf diese Weise über eine Länge von ca. 400 m der

*G 11. Ausstrich eines Kohleflözes (Oberbegleiter des 2. pokład lużycki = 2. MFK) an der Erdoberfläche. – Foto: JACEK KOŹMA.*

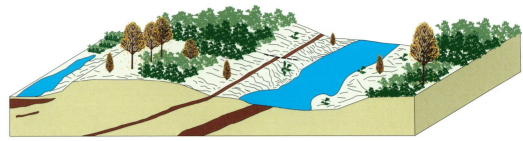

G12. *Die geologische Situation im ehemaligen Braunkohlenkleintagebau in der Mulde D der Grube Babina, Abbaugegenstand war das 2. pokład lużycki = 2. MFK, darüber liegt als zweites Flöz der Oberbegleiter, vergleiche mit Abbildung G11.*

Ausstrich eines geringmächtigen Braunkohlenflözes erhalten. Lediglich einige wenige kümmerliche Kiefern und Birken haben sich bisher ansiedeln können.

**G4**        ## Die Babina-Quellen

Die wohl attraktivsten geologischen Erscheinungen im Muskauer Faltenbogen überhaupt sind die Babina-Quellen am Oberlauf der Mlynska Struga. Sie sind über ein größeres Gebiet verteilt und häufen sich örtlich. Ihre Wässer treten aus den überwiegend feinsandigen, teilweise auch schluffigen Sedimenten der seria Poznañska aus. Einige Quellen entspringen auch auf oder am Fuß von Abraumhalden aus demselben Material. Die große Babina-Quelle ist ein Doppelquelltopf, dessen Rand aus einem Eisenmineralgemisch, im Wesentlichen aus roentgenamorphem Eisen-III-hydroxid, G13 Schwertmannit und Goethit, besteht. Die gleichen Eisenminerale sind im gesamten Exkursionsgebiet als rostbraune Oberflächenbildungen verbreitet. Die farblosen bis weißen »Salzausblühungen« auf G14 den Eisenmineralen sind Gips (Näheres dazu siehe »Quartär«, S. 51 ff.). Ein weiterer Quellentyp sind G16 G15 vegetationsfreie sprudelnde Quelltöpfe von 10 bis 50 cm Durchmesser. Einige wenige Quellen sind 54b mit Fadenalgen besiedelt (s. auch »Quartär«, Abb. 54b, S. 53).
Die Quellen sind saure Eisensulfat-Quellen (s. »Quartär«, S. 51 ff.). Die sauren Wässer wur-

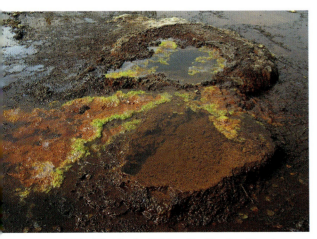

G13. *Die Große Babina-Quelle, der Durchmesser eines jeden Quelltopfes beträgt etwa 1 m. – Foto: JACEK KOŹMA.*

G14. *Etwa zwei Dutzend kleine, sprudelnde Quellen treten verteilt über größere Fläche auf, der Bildausschnitt ist etwa 1,5 m breit. – Foto: JACEK KOŹMA.*

*G 15. Die Grüne Quelle ist über das ganze Jahr hinweg durch frisches Algenwachstum auffällig gefärbt. – Foto: MANFRED KUPETZ.*

*G 16. Die Quellen auf einer unbewachsenen Außenhalde eines kleinen Braunkohlentagebaus vermitteln das Bild einer für unsere Klima- und Vegetationsverhältnisse fremden Welt. – Foto: MANFRED KUPETZ.*

*Tabelle 11. Chemische Analysen saurer Bergbauwässer aus Bohrungen am Bergbaurestsee des ehemaligen Braunkohlentagebaus in der Mulde C der Grube Babina. – Aus GONTASZEWSKA et al. 2007.*

| Parameter | Probe 1 | Probe 2 | Probe 3 |
|---|---|---|---|
| Wassertemperatur [°C] | 6,0 | 6,0 | 5,0 |
| pH | 3,31 | 2,80 | 5,15 |
| Redoxpotenzial [mV] | 391 | 421 | 390 |
| Leitfähigkeit [µS/cm] | 971 | 2060 | 801 |
| Natrium ($Na^+$) [mg/l] | 4,81 | 6,27 | 4,94 |
| Kalium ($K^+$) [mg/l] | 3,41 | 4,2 | 4,45 |
| Ammonium ($NH^{4+}$) [mg/l] | 50,53 | 0,34 | 0,46 |
| Magnesium ($Mg^{2+}$) [mg/l] | 9,39 | 19,65 | 10,81 |
| Calcium ($Ca^{2+}$) [mg/l] | 33,85 | 96,75 | 35,5 |
| Aluminium ($Al^{3+}$) [mg/l] | 12,73 | 28,32 | 1,12 |
| Mangan, ges. (Mn) [mg/l] | 1,4 | 0,17 | 1,02 |
| Eisen, ges. (Fe) [mg/l] | 273 | 610 | 2,2 |
| Chlorid ($Cl^-$) [mg/l] | 20 | 34 | 12 |
| Stickstoff $N_{ges}$ [mg/l] | 0,28 | 0,3 | 0,29 |
| Nitrit ($NO^{2-}$) [mg/l] | 0,002 | 0,003 | 0,002 |
| Sulfat ($SO_4^{2-}$) [mg/l] | 835 | 2163 | 185 |
| Phosphat ($PO_4^{3-}$) [mg/l] | 0,018 | 0,026 | 0,018 |
| Phosphor $P_{ges}$ [mg/l] | 0,23 | 0,26 | 0,023 |

den wiederholt geochemisch untersucht (GONTASZEWSKA et al. 2007; JEDRCZAK 1992, 1997; RZEPA et al. 2007). Sie enthalten eine Gesamtmineralisation zwischen 1 g/l und 2 g/l. Die pH-Werte schwanken zwischen 2,5 und 5 (s. auch »Quartär«, Abb. 50, S. 51). Tabelle 11 zeigt drei Beispiele für Wasseranalysen. Der Grund für die weitgehende Vegetationsfreiheit der Quellen ist nach einhelliger Meinung der wissenschaftlichen Bearbeiter das hohe Versauerungspotenzial des Substrates und der Wässer, das ursächlich auf den Schwefelkiesgehalt ($FeS_2$, Pyrit und/oder Markasit) der miozänen Schichten zurückgeht.

# Der Elefantenrücken

*G 17. Eine Innenhalde im Restsee des Braunkohlenta-gebaus in der Mulde C der Grube Babina hat wegen ihrer charakteristischen Erosionsformen den Namen Elefantenrücken erhalten. – Foto: JACEK KOŹMA.*

Im Braunkohlenaltbergbaugebiet der Grube Babina wurden die Tagebaurestlöcher und Abraumhalden der natürlichen Sukzession überlassen. Nichtabgeböschte Tagebau- und Abraumhaldenränder haben deshalb oftmals bizarre Erosionsstrukturen ausgebildet. Sie sind wegen der Bodenversauerung vegetationsfrei und verändern bzw. erneuern sich ständig. Die Innenkippe im Restgewässer der Mulde C hat den Eigennamen Elefantenrücken erhalten und ist als Fotomotiv eine Art Wahrzeichen für die Erosionsstrukturen geworden.

Die nackten Sandflächen sind oftmals mit Windkantern bestreut. Am häufigsten bestehen sie aus so genannten Tertiärquarziten. Das sind eingekieselte Sande der miozänen Schichten unterhalb des 2. pokład lużycki. Sie werden in der alten geologischen Literatur gelegentlich als Hindernis für die Bohrtätigkeit und den Bergbau erwähnt. Es ist jedoch nicht bekannt, in welchen Horizonten die Quarzite auftreten, ob sie horizontgebunden sind oder in unregelmäßiger Verbreitung erscheinen. Die Abbildung G 20 zeigen zwei mikroskopische Dünnschliffbilder von ihnen. Wenig gerundete, eckige Quarzkörner schwimmen in einer feinerkörnigen Grundmasse und wurden mit sekundärem Quarz als Bindemittel verkittet.

*G 18. Erosionsrinnen am Rand des Tagebaurestsees der Mulde C in der Grube Babina. – Foto: MANFRED KUPETZ.*

*G 19. Weitverbreit treten Windkanter aus Tertiärquarziten auf. Charakteristisch sind bei ihnen näpfchenartige Schliffmuster. Sie entstehen, weil der Quarzit inhomogen verkieselt wurde. Weichere Gesteinspartien schleift der Wind stärker ab als härtere. – Foto: MANFRED KUPETZ.*

*G 20. Typischer Tertiärquarzit im Dünnschliff (links: ‖ Nic., rechts × Nic.) im einfachen Licht, rechts im polarisierten Licht, Höhe der Bildausschnitte 3,8 mm. – Fotos: MANUEL LAPP.*

## G6  Der Braunkohlenaufschluss am Nordrand des Tagebausees der Mulde C

Mit wechselnder Aufschlussqualität, bedingt durch Prozesse des Nachbrechens ist hier das 2. poklad G21
lużycki aufgeschlossen. In bergfrischem Zustand ist die Braunkohle dunkelbraun, manchmal auch G22
rotbraun. Mit dem Abtrocknen verliert die Kohle an Volumen, wird rissig und zerbröselt. Durch den

*G 21. Braunkohlenaufschluss im 2. poklad lużycki. – Foto: JACEK KOŹMA.*

Luftkontakt dunkelt sie stark nach. Schwarze, glänzende Lagen in der Kohle sind sog. Gelkohlen (Gelit), ein Kohlebestandteil der sich auf die Brikettierungseigenschaften (Herstellung von Hausbrandbriketts) sehr negativ auswirkt. Gelite sind die Ursache, wenn Briketts schnell wieder zerfallen.

*G 22. An der Luft trocknet die Braunkohle sehr schnell aus, dunkelt in ihrer Farbe stark nach und bekommt ein engmaschiges Netz aus Trockenrissen. – Foto: JACEK KOŹMA.*

**G7**           **Farbige Bergbaurestgewässer**

In der Babina treten verschiedenfarbige Bergbaurestgewässer auf. Grüne Seen sind meist ehemalige Tongruben. Ihr Wasser ist nur schwach sauer bis neutral. Die Färbung wird durch Planktonwachstum verursacht. Braunkohlenrestgewässer haben saure bis sehr saure pH-Werte. In ihnen fallen Eisenhydroxidschlämme aus, die das Bild rostfarbener Gewässer bedingen. Die sauren Gewässer sind trüb, wenn gerade Eisenhydroxid ausfällt. Hat sich der Eisenschlamm abgesetzt, dann wird das Wasser klar und nur die Seeränder erhalten rostfarbene Ufersäume. Die Wasserfarbe ist nicht konstant. Sie ändert sich mit der Jahreszeit, der Niederschlagstätigkeit, dem Vorhandensein von Zuflüssen und anderen Faktoren (s. auch **C2.4**: die Bunten Seen der ehemaligen Grube Elster).

*G23*   *G24*   *G25*

**Tipp**: Gute polnische Küche bieten in Łęknica das **Restaurant ›Pod Bukami‹** (Unter den Buchen), ul. XX-lecia 2A, PL-68-208 Łęknica (ca. 200 m nördlich des OKSIR; E-Mail: pubpodbukami@onet.eu) und das **Hotel Europa**, ul. 1 Maja 8, PL-68-208 Łęknica (an der Ausfallstraße nach Nordosten, in Richtung Trzebiel, Tuplice, Żary; E-Mail: europahotel@poczta. onet.pl.

Literatur: GONTASZEWSKA, KRAIŃSKI, JACIMKO & KOŁODZIEJCZYK 2007; HEYDUK, JERZAK, KÓZMA & SOBERA 2005; JANOWSCY & JANOWSCY 2001; JEDRCZAK 1992, 1997; RZEPA & BOŻĘCKI 2007.

*G 23. Tongrubenrestgewässer haben oftmals neutrale oder nur schwach saure pH-Werte, so dass Algenwachstum ihr Wasser smaragdgrün färbt. – Foto: JACEK KOŹMA.*

G 24. *Ausgefälltes Eisen-III-hydroxid ist die Ursache für die Braunfärbung des »versunkenen Waldes«. –
Foto: JACEK KOŹMA.*

G 25. *Das Wasser schwarzer Seen ist vollkommen farblos. Die dunkle Farbe ist lediglich der Reflexion des
Lichtes an seinem schwarzen Boden geschuldet. – Foto: JACEK KOŹMA.*

# 9. Literatur

AHRENS, H. & D. LOTSCH (1963): Marines Miozän in Südostbrandenburg. – Z. angew. Geol., **9**: 135-137; Berlin.

AHRENS, H., D. LOTSCH, & E. TZSCHOPPE (1968): Gesetzmäßigkeiten der Braunkohlenbildung in der »jüngeren Braunkohlenformation« der DDR. – 23th Int. Geol. Congr. Prague, Proceedings, **11**: 9-21; Academia Prag.

ARNIM, H. GRAF V. & W. A. BOELCKE (1978): Muskau Standesherrschaft zwischen Spree und Neiße, 662 S. – Originalausgabe: Frankfurt a. M., Berlin (Ullstein); Nachauflage: 1992 Berlin (Propyläen).

Autorengemeinschaft (2003): Handwerk & Gewerbe Museum Sagar, Sächsische Landesstelle für Museumswesen – Kleine Reihe 7, 42 S.; Chemnitz.

BARUFKE, R., B. HARASZIN, E. KOLLEWE, W. KOSCHKE & H. KRAUSE (2004): Beiträge zur Stadt- und Parkgeschichte Nr. **20**. – Fürst-Pückler-Region um Bad Muskau – Historische Spurensuche. – Verlag Quindt Muskau, Bad Muskau, 74 S., [Hrsg.: Freundeskreis Stadt- und Parkmuseum Bad Muskau e. V.].

BEER, H. (1998): Erdöl und Erdgas in Brandenburg. – Poster des Landesamtes für Geowissenschaften und Rohstoffe Brandenburg; Kleinmachnow.

BERENDT, G. (1881): A. Penck: Die Gletscher Norwegens [Rezension]. – N. Jb. Min., Geol. und Paläont., **1**: 422-423; Stuttgart.

BÖNISCH, R. (1983): Zur Gliederung der faziellen Abfolgen und Zwischenmittel im 2. Lausitzer Flözhorizont. – Z. angew. Geol., **29**: 434-441; Berlin.

BRAUSE, H. (1970): Ur-Europa und das gefaltete sächsische Paläozoikum. – Ber. Deutsch. Ges. geol. Wiss, **15**(3): 327-367.

— (1973): Geologische Karte der Deutschen Demokratischen Republik 1 : 200 000, Karte ohne känozoische Bildungen, Blatt M-33-III Cottbus. – [Hrsg.: Zentrales Geologisches Institut Berlin].

BRÜCKNER, A. (1985): Mitologia słowiańska i polska. – Warszawa 1985.

CEPEK, A. G. [†] (1999): Die Lithofazieskarten Quartär 1 : 50 000 (LKQ 50) – eine Erläuterung des Kartenkonzepts mit Hinweisen für den Gebrauch. Mit Vorbemerkungen von L. LIPPSTREU. – Brandenburgische Geowiss. Beitr., **6**(2): 3-38; Kleinmachnow.

CIUK, E. (1955): O zjawiskach glacitektonicznych w utworach plejstocenskich i trzeciorzedowych na obszarze zachodniej i pólnocnej Polski. – Z badan czwartorzedu, **6**: 107-131; Warszawa.

CRAMER, R.; B. DAMMER, G. GÖRZ & F. ISERT: Erläuterungen zur Geologischen Karte von Preußen, Lieferung 266, Blatt Döbern Nr. 2475, Gradabteilung 60 Nr. 20. – Berlin 1928, 54 S.

DOMAŃSKI, G. (1979): Kultura luboszycka między Łabą a Odrą w II – IV w, Wrocław – Warszawa – Kraków – Gdańsk 1979, S. 217.

DYJOR, S. & A. SADOWSKA (1966): Wiek zaburzeń glcitektonicznych w okolicy Nowych Czapli w Łuku Mużakowa. – Z geologii ziem zachodnich, S. 319-337; Wrocław.

EISSMANN, L. (1987): Lagerungsstörungen im Lockergebirge. – Geophys. Veröff. d. Karl-Marx-Universität Leipzig, **III**(4): 7-77; Berlin.

ENGELMANN, H. (1996): Gutspark Reuthen, Gartendenkmalpflegerische Zielstellung. – 69 S.; Unveröff. Gutachten, Landschaftsarchitekturbüro Dipl.-Ing. Hagen Engelmann; Cottbus.

Förderverein »Glasmuseum Weißwasser« e. V. (Hrsg.) (2005): Glashütten in Weißwasser. – 128 S.; Die Reihe Arbeitswelten; Erfurt (Sutton-Verlag).

FRANZ, K., L. HUBACK, S. KRASCHEWSKI, T. LINKE, B. THIELEMANN, S. WINDISCH-KUMMER & A. ICKRATH (2002): Örtliches Entwicklungskonzept Kromlau mit denkmalpflegerischem Rahmenkonzept Rhododendronpark. – Teil 1: Erläuterungstext (68 S.) mit Anlagen, Bilddokumentation sowie Dokumentation Skulpturen + Parkarchitekturen, Teil II: Pläne, Gehölzerfassung und Übersicht geschützte Biotope; Teil III: Materialsammlung (Ergänzung der Materialsammlung des Vorkonzeptes); Leipzig November 2002.

FRIEDRICH, M., M. KNIPPING, P. VAN DER KROFT, A. RENNO, S. SCHMIDT, O. ULLRICH & J. VOLLBRECHT (2001): Ein Wald am Ende der letzten Eiszeit. Untersuchungen zur Besiedlungs-, Landschafts- und Vegetationsentwicklung an einem verlandeten See im Tagebau Reichwalde, Niederschlesischer Oberlausitzkreis. – Arbeits- und Forschungsberichte zur Sächsischen Bodendenkmalpflege **43**: 21-94; Dresden.

GENIESER, K. (1958): Diskussionsbeitrag zur Frage der Plio-Pleistozängrenze. – Ber. geol. Gesellsch. DDR, **3**(1-4): 175-179; Berlin.

GEYH, M. A. & H. MÜLLER (2005): Numerical $^{230}$Th/U dating and a palynological review of the Holsteinian/Hoxnian Interglacial. – Quaternary Science Reviews, **24**: 1861-1872.

GIEYSZTOR, A. (1986): Mitologia Słowian. – Warszawa.

GGD (1994): Geological coal exploration. – Geophysik GGD Gesellschaft für Geowissenschaftliche Dienste m. b. H., Leipzig, Firmenprospekt 1994.

GONTASZEWSKA, A., A. KRAIŃSKI, B. JACIMKO & U. KOŁODZIEJCZYK (2007): Budowa geologiczna i warunki hydrogeologiczne zbiornika antropogenicznego w okolicach Łęnici (Łuk Mużakowa) (Geological structure and hydrogeological conditions of anthropogenic reservoir in the environs of Łęnica (Muskau Arc)). – Uniwersytet Zielonogorski zeszyty naukowe nr. 134, inżynieria środowiska 14 (X Jubileuszowe Symposjum Glacitektoniki), S. 33-40.; Zielona Góra. [polnisch mit summary, Wasserqualität am Nordrand der Mulde C der Grube Babina].

GÖHLER, N. (1999): Voraussetzungen und Umsetzungsmöglichkeiten für das Projekt Naturpark Muskauer Faltenbogen unter besonderer Beachtung der kulturlandschaftlichen Entwicklung des Raumes. – Unveröff. Diplomarbeit, TU Dresden, Institut für Physische Geographie, 225 S.; Dresden.

GÖTHEL, M. (2004): Stratigraphie des Känozoikums in Brandenburg mit spezieller Berücksichtigung des Braunkohlenreviers Lausitz. – Brandenburgische Geowiss. Beitr., **11** (½): 149-168; Kleinmachnow.

GÖTHEL, M. & W. SCHNEIDER (2004): Die miozänen Ablagerungen und Pflanzenfossilien des Deckgebirges im Tagebau Cottbus-Nord im Rahmen der sequenzstratigraphischen Gliederung des Neogens der Lausitz. – Brandenburgische Geowiss. Beitr., **11** (½): 49-72; Kleinmachnow.

GRADSTEIN, F. M., J. G. OGG, A. G. SMITH, W. BLEEKER & L. J. LOURENS (2004): A new geologic time scale, with special reference to Precambrian and Neogene. – Episodes, **27**: 83-100.

HAQ, B. U., J. HARDENBOL & P. R. PAIL (1987): The chronology of fluctuating sea level since the Triasic. – Science, **269**: 483-489; Washington.

HARACZ, P. (2006): Sakrale Kunst bis Mitte des 16. Jahrhunderts in der Umgebung von Trzebiel, Wrocław, ASP.

HARDENBOL, J., J. THIERRY, M. B. FARLEY, T. JACQUIN, P. C. DE GRACIANSKY & P. R. VAIL (1998): Mesozoic and Cenozoik Sequence Chronostratigraphyc Framework of European Basins. – In: DE GRACIANSKY, C., J. HARDENBOL, T. JACQUIN & P. R. VAIL (ed.) (1998): Mesozoic and Cenozoic Sequence Stratigraphy of European Basins, SEMP Spec. Publ., **60**: 1-458, Tulsa.

HELLWIG, D. (1978): Quartär. In: Ergebnisbericht Braunkohle Suche Jerischke. – VEB Geol. Forsch. u. Erkund. Halle, Betriebsteil Freiberg, 25.9.1978 (unveröff.).

HELLWIG, D. & G. SCHUBERT (1979): Lithofazieskarte Quartär 1:50000, Blatt Weißwasser 2470. – [Hrsg.: Zentrales Geologisches Institut der DDR, Berlin].

HERMSDORF, N. & J. STRAHL (2008): Karte der Eemvorkommen des Landes Brandenburg. – Brandenburgische Geowiss. Beitr., **15** (1/2): 23-55; Kleinmachnow.

HEYDUK, T., L. JERZAK, J. KÓZMA & R. SOBERA (2005): Park Muzakowski i atrakcie geotourystyczne okolic Leknicy / Muskauer Park und die geotouristischen Sehenswürdigkeiten in der Umgebung von Leknica. – »CHROMA« DRUKARNIA Krzysztof Raczkowski, Leknica, 91 S.

HÖNEMANN, G., G. KÜHNE & K. SCHIEK (1982): Westliche Lausitz, 1. Zwischenergebnis Bohrlochmessung. – VEB Geophysik Leipzig (unveröffentlicht).

HORN, M., R. KÜHNER & R. THIELE (2005): Die Ausräumung »Merzdorfer Ausbauten« im Tagebau Cottbus-Nord und ihre Beziehung zur Ausdehnung des Weichsel-Eises in Südostbrandenburg. – Brandenburg. geowiss. Beitr., **12** (1/2): 37-44; Kleinmachnow.

HORTENBACH, R. & D. STEDING (1987): Ergebnisbericht Kieselgur Jocksdorf. – VEB Geologische Forschung und Erkundung Freiberg, 24 S.; Freiberg (unveröff.).

JANOWSCY, E. & R. JANOWSCY (2005): Park Krajobrazowy «Luk Muzakowa«. – Diapress Agencja Fotograficzno-Wydawnicza, 144 S., Zielona Góra.

JASIENICA, P. (1993): Kronika Thietmara, cyt. za:, Trzej Kronikarze. – Warszawa.

JĘDRCZAK, A. (1992): Skład chemiczny wód pojezierza antropogenicznego w Łuku Mużakowskim. – Wyższa szkoła inżynierska w Zielonej Górze, wydział budownictwa i inżynierii sanitarnej, seria monografie nr. 54: 139 S, Zielona Góra.

– (1997): 4. Skład chemiczny wód powierzchniowych, 5. Zbiorniki acidotroficzne. – Politechnika Zielonogórski, wydział budownictwa i inżynierii sanitarnej, zeszyty naukowe nr. 114: 29-77, Zielona Góra.

KAUENHOWEN, F. & F. ISERT (1928): Geologische Karte von Preußen e.t.c., Lieferung 266, Blatt Muskau, mit Erläuterungen von F. KAUENHOWEN und Beiträgen von R. CRAMER, G. GÖRZ u. F. ISERT. – Preuß. Geol. Landesanst.; Berlin.

KEILHACK, K. (1913): Die geologischen Verhältnisse des Niederlausitzer Braunkohlengebietes mit besonderer Berücksichtigung der Felder der Ilse Bergbau-Actiengesellschaft in Grube Ilse. – Festschr. z. Feier d. 25jährigen Bestehens d. Ilse Bergbau-Actiengesellschaft, S. 7-53; Berlin.

KNETSCH, ST., T. BÖTTGER, F. W. JUNGE & P. MORGENSTERN (2007): Element- und isotopengeochemische Untersuchungen am limnischen Eem-Profil Klinge/Niederlausitz. – Natur und Landschaft in der Niederlausitz, **24**: 129-151; Cottbus.

KNITZSCHKE, G. &. R. VULPIUS (2002a): Das Kupferschiefervorkommen von Spremberg (Struktur Mulkwitz). – Natur und Landschaft in der Niederlausitz, 22: 134-138 [Herausgeber: Naturwissenschaftlicher Verein der Niederlausitz e.V. und Museum der Natur und Umwelt Cottbus].

KOCH, E. & W. ALEXOWSKY (1999): Geologische Karte der eiszeitlich bedeckten Gebiete von Sachsen 1 : 50 000; Blatt Weißwasser.

KOPP, J., S. HERRMANN, T. HÖDING, A. SIMON & B. ULLRICH (2008): Die Kupfer-Silber-Lagerstätte Spremberg-Graustein (Lausitz, Bundesrepublik Deutschland) – Buntmetallanreicherungen an der Zechsteinbasis zwischen Spremberg und Weißwasser. – Zschr. Geol. Wiss., **36**(1/2): 75-114; Berlin.

KOSCHKE, W. (2002): Raseneisenerz und Eisenhüttenindustrie in der nördlichen Oberlausitz. – [Hrsg.: Freundeskreis Stadt- und Parkmuseum Bad Muskau e.V.]: Beitr. zur Stadt- und Parkgeschichte Bad Muskau, **18**, 40 S.

KOWALCZYK, M. (1968): Wierzenia pogańskie za pierwszych Piastów. – Łódż.

KOWALSKI, S. (1987): Denkmale in der Wojewodschaft Zielona Góra. – Zielona Góra.

KOŹMA & URBAŃSKI (2003): Budowa geologiczna obszaru Łuku Mużakowa. – Geopark »Luk Muzakowa« – transgraniczny obszar ochrony georoznorodnosci/Geopark »Muskauer Faltenbogen« – Transgrenzschutzgebiet der Geofilfältigkeit. – [Hrsg.: Panstwowy Institut Geologiczny Warszawa/Oddzial Dolnoslaski im Henryka Tesseyre'a Wroclaw], S. 7-12.

KRBETSCHEK, M., D. DEGERING & W. ALEXOWSKY (2008): Infrarot-Radiofluoreszenz-Alter (IR-RF) unter-saale-zeitlicher Sedimente Mittel- und Ostdeutschlands. – Z. dt. Geowiss., **159**(1): 133-140; Stuttgart.

KRUTZSCH, W. (2000): Stratigraphische Tabelle Oberoligozän und Neogen (marin-kontinental). – Berliner geowiss. Abh., **E 34**: 153-165; Berlin.

KÜHNER, R. (2003): Ausbildung und Gliederung des saalezeitlichen Sedimentkomplexes im Bereich der Hornoer Hochfläche. – Brandenb. Geowiss. Beitr., **10**: 111-121; Kleinmachnow.

KÜHNER, R., J. STRAHL, P. SÜSSMILCH & H. U. THIEKE (2008): Lithologische und pollenanalytische Befunde aus dem saalefrühglazialen Fluviatilkomplex (Tranitzer Fluviatil) und dem Eem-Integlazial im Tagebau Jänschwalde, Südbrandenburg. – Brandenburgische Geowiss. Beitr., **15**(1/2): 1-21; Kleinmachnow.

KUPETZ, M. (1997): Geologischer Bau und Genese der Stauchendmoräne Muskauer Faltenbogen. – Brandenburgische Geowiss. Beitr., **4**(2): 1-20; Kleinmachnow.

–         (2002): Grundbruchmoränen – eine neue Form von glazialtektonischen Großdeformationen. – Uniwersytet Zielonogorski zeszyty naukowe nr. 129, budownictwo nr. 37 (IX International Glacitectonics Symposium: Glacitectonics Deformations in South-western Poland), S. 111-121; Zielona Gora.

KUPETZ, M. & M. KESSLER (1997): Eismächtigkeitsabschätzung für den Muskauer Gletscher. – Freiberger Forschungshefte, **C 470**: 53-64; Freiberg.

KUPETZ, M., M. BAUER, C. FIALA, R. FRANKE, G. KLUGE, K. MOHNHAUPT & G. SCHUBERT (1988): Horizontkarten 1 : 50 000. Einheitsblatt Weißwasser (2470). – VEB Geologische Forschung und Erkundung Freiberg, 31 S.; Freiberg (unveröff.).

KUPETZ, M., G. SCHUBERT, A. SEIFERT & L. WOLF (1989): Quartärbasis, pleistozäne Rinnen und Beispiele glazitektonischer Störungen im Niederlausitzer Braunkohlengebiet. – Geoprofil, **1**: 2-17, Freiberg.

KUPETZ, A., M. KUPETZ & J. RASCHER (2004): Der Muskauer Faltenbogen – ein geologisches Phänomen, Grundlage einer 130jährigen standortgebundenen Wirtschaftsentwicklung und Geopark in Brandenburg, Sachsen und der Wojewodschaft Lebuser Land. – [Hrsg.: Gesellschaft für Geowissenschaften e.V.], 36 S.; Berlin.

LANGE, J.-M. & P. SUHR (1999): Die Lausitzer Moldavite und ihr geologisches Umfeld. 8. Tagung über Moldavite. – Schr. Staatl. Mus. Mineral. Geol. Dresden, **10**: 71-100; Dresden.

LAPP, M., J. ULRYCH & M. KUPETZ (2007): Über die Herkunft der Basaltsäulen im Kromlauer Park. – Tagungsband zum 6. Geoparktreffen in Bad Muskau am 28.-29. September 2007: Der Muskauer Faltenbogen als Klimazeuge. – S. 31-35; Bad Muskau.

LEHMANN, R. (1968): Urkundeninventar zur Geschichte der Niederlausitz bis 1400, Nr. 251. – Köln.

LEVKOV, E. A. (1980): Glacitektonika. – Minsk: Nauka i technika, 279 S., 90 ris. [russisch].

LIPPSTREU, L., N. HERMSDORF, A. SONNTAG & H. U. THIEKE (1994): Zur Gliederung der quartären Sedimentfolgen im Niederlausitzer Braunkohlentagebau Jänschwalde und in seinem Umfeld – Ein Beitrag zur Gliederung der Saale-Kaltzeit in Brandenburg. – Brandenburgische Geowiss. Beitr. **1**(1): 15-35; Kleinmachnow.

LIPPSTREU, L. (1995): Kapitel VI. Brandenburg. – In: BENDA, L. (Hrsg.): Das Quartär Deutschlands. – Berlin, Stuttgart: Bebrüder Borntraeger, S.116-147.

LIPPSTREU, L., A. SONNTAG, F. HORNA, J. BADURA & B. PRZYBYLSKI (2003): Geologische Übersichtskarte 1 : 200 000, Blatt CC 4750 Cottbus. – [Hrsg.: Bundesanstalt für Geowissenschaften und Rohstoffe, Hannover].

LITT, T. (2007): Das Quartär als chronostratigraphische Einheit. – Eiszeitalter und Gegenwart, **56**: 3-6, Hannover.

LITT, T, K.-E. BEHRE, K.-D. MEYER, H.-J. STEPHAN & S. WANSA (2007): Statigraphische Begriffe für das Quartär des norddeutschen Vereisungsgebietes. – Eiszeitalter und Gegenwart, **56**: 7-65, Hannover.

LORENZ, W., M. PIWOCKI & J. R. KRAIŃSKI (1996): Geologische Karte 1 : 200 000, Karte ohne quartäre Bildungen, Blatt M – 33 – III Cottbus. – [Hrsg.: Sächsisches Landesamt für Umwelt und Geologie Dresden], 1. Aufl.; Freiberg. [GK 200].

LOTSCH, D. (1979): Entwicklungsbericht zur Standardisierungsaufgabe TGL 25 234 / 08. – Zentr. Geol. Inst. Berlin (unveröffentlicht).

MAGALOWSKI, G. (1988): Ein Beitrag zum marinen Miozän in der Niederlausitz. – Zschr. angew. Geol. **34**, S. 206, Berlin.

MEIER, J.; W. BÖHNERT, W. HAUBOLD, N. MARKMANN, V. LABUDE, J. RASCHER, D. ESCHER (1996): Weiterführung der ökologischen Untersuchungen der Tagebaue Nochten/Reichwalde (Ökologisches Anforde rungsprofil für die Tagebaue Nochten und Reichwalde, Stufe 2). – Unveröff. Bericht i. A. LAUBAG, GEOmontan GmbH Freiberg, LPBR GmbH Görlitz; Freiberg.

MILEWICZ, J. (1986): Mapa Geologiczna Polski, B – Mapa bez utworów czwartorzędowych 1 : 200 000 Gubin. – Państwowy Instytut Geologiczny; Warszawa.

MÜLLER, B. (2007): Klimazeugen aus dem geologischen Profil der Sole-/Thermalwasserquelle in Bad Muskau. – [Red.: KUPETZ, M.].: Tagungsband zum 6. Geopark-Treffen in Bad Muskau, S. 12-13.

NEHRING, A. (1895): Ueber Wirbelthier-Reste von Klinge. Vorläufige Zusammenstellung. – N. Jb. Min. Geol. Pal. **1895** (I): 183-208; Stuttgart.

NOWEL, W. (1972): Neue Ergebnisse zur Dünenbewegung im Baruther Urstromtal. – Zschr. angew. Geol, **18** (9): 410-418; Berlin.

– (1992): Geologische Übersichtskarte des Niederlausitzer Braunkohlenreviers im Maßstab 1 : 200 000, Lausitzer Braunkohle AG (LAUBAG); Senftenberg.

– (2003): Zur Korrelation der Glazialfolgen im Saale-Komplex Nord- und Mitteldeutschlands am Beispiel des Tagebaus Jänschwalde in Brandenburg. – Eiszeitalter und Gegenwart, **52**: 47-83; Hannover.

– (2007): Zur geologischen Entwicklung und Erforschung der Gegend um Klinge. – Natur u. Landsch. in der Niederlausitz, **24**: 9-52; Cottbus.

– (2009): Zum warthezeitlichen Anteil an der geologischen Entwicklung des Muskauer Faltenbogens und zur stratigraphischen Stellung der Jerischker Endmoräne. – Natur u. Landsch. in der Niederlausitz, **28**: 3-36; Cottbus.

NOWEL, W., R. BÖNISCH, W. SCHNEIDER & H. SCHULZE (1994): Geologie des Lausitzer Braunkohlenreviers. – [Hrsg.: Lausitzer Braunkohle Aktiengesellschaft], 102 S.; Senftenberg.

PENCK, A. & BRÜCKNER, E. (1909): Die Alpen im Eiszeitalter, erster Band: Die Eiszeit in den nördlichen Ostalpen, Leipzig: Chr. Herm. Tauchnitz, 1197 S.

PFAFF, M., M. GARCHOW, C. GRÄTZ, B. IDBRUCH, G. MARKMANN, A. PFAFF, J. UHLIG, & M. ZENKER (2008): Maßnahmeplan zur Renaturierung des Reuthener Moors. – Büro für Bodenschutz und Landschafts-planung Dr. Manfred Pfaff, Eberswalde 11. Juni 2008, 79 S.

PROCHNOW (1857): Muskau, seine Kur-Anstalten und Umgebungen. – Muskau 1857.

PÜCKLER-MUSKAU, H. Fürst v. (1834): Andeutungen über Landschaftsgärtnerei verbunden mit der Beschrei-bung ihrer praktischen Anwendung in Muskau. – Stuttgart 1834.

QUITZOW, H.-W. (1953): Altersbeziehungen und Flözzusammenhänge in der jüngeren Braunkohlenformation nördlich der Mittelgebirge. – Geol. Jahrb., **68**: 27-132; Hannover.

RAATZ, G. V. (1937): Mikrobotanisch-stratigraphische Untersuchung der Braunkohle des Muskauer Bogens. – Abh. Preuß. Geol. LA, NF **183**: 5-48; Berlin.

RADTKE, H. (1961): Neue geologische Ergebnisse aus dem Hinterland des Muskauer Faltenbogens. – Zschr. Angew. Geol., **10** (10): 526-529; Berlin.

– (1964): Die Entstehung des Muskauer Faltenbogens. – Sächsische Heimatblätter, **10** (3): 212-221; Radeberg.

RZEPA, G. & P. BOŻĘCKI (2007): Mineral composition of AMD precipitates in the Łęknica region (the Muskau Arch, Western Poland). – Mineralogia Polonica, Special Papers, **31**: 243-246.

SCHÄFER, A. (2005): Klastische Sedimente – Fazies und Sequenzstratigraphie. – Spektrum Akademischer Verlag, 414 S.; München.

SCHANZE, W. (2001): Der Muskauer Faltenbogen – Vielfalt einer Landschaft. – Mitt. d. Landesvereins Sächsischer Heimatschutz [Naturschutz, Heimatgeschichte, Denkmalpflege und Volkskunde], 2: 27-38; Dresden.

– (2005): Der Kiessandtagebau Kromlau – ein geologischer Aufschluss im Muskauer Faltenbogen. – Ber. Naturforsch. Gesellsch. Oberlausitz, 13: 151-156; Görlitz.

SCHECK, M., U. BAYER, V. OTTO, J. LAMARCHE, D. BANKA & T. PHARAOH, (2002): The Elbe Fault System in North Central Europe – a basement controlled zone of crustal weakness. – Tectonophysics, 360: 281-299; Amsterdam.

SCHNEIDER, E. (Hrsg.) (1982): Sagen der Lausitz. – VEB Domowina-Verlag Bautzen, 140 S.; Bautzen.

SCHNEIDER, W. (2004): Eine blätterführende Taphocoenose im 2. Miozänen Flöz von Nochten (Lausitz): Taxonomie, Taphonomie und Phytostratigraphie. – Palaeontographica, B, 268 (1-3): 1-74; Stuttgart.

– (2007): Magnolia L. in peat-forming associations of the Miocene seams in Lower Lusatia (East Germany). – Acta Palaeobotanica, 47 (1): 217-235.

SCHOSSIG, W. & M. KULKE (2006): Braunkohlenbergbau auf dem Muskauer Faltenbogen. – Beiträge zur Geschichte des Bergbaus in der Niederlausitz, 6, [Hrsg.: Förderverein Kulturlandschaft Niederlausitz e. V.]; Cottbus.

SCHRETZENMAYR, S. & R. VULPIUS (2002): Erdöl- und Erdgas-Lagerstätten der Lausitz. – Natur und Landschaft in der Niederlausitz, 22: 139-147 [Herausgeber: Naturwissenschaftlicher Verein der Niederlausitz e. V. und Museum der Natur und Umwelt Cottbus].

SCHROEDER, J. H. (2003): Kapitel I – 3.1 Quartäre Sedimente: Ablagerungsbedingungen und Bereiche … – In: SCHROEDER, J. H. & BROSE (Hrsg.) (2003): Führer zur Geologie von Berlin und Brandenburg, Nr. 9: Oderbruch – Märkische Schweiz – Östlicher Barnim. – Selbstverlag Geowissenschaftler in Berlin und Brandenburg e. V., S. 21-34; Berlin.

SCHWÄRZEL, E. (1973). – 100 Jahre M.T.V. Triebel. – Sorauer Heimatblatt. Das Heimatblatt für Stadt und Land, S. 220-227; o. Erscheinungsort.

SEBASTIAN, U. & T. SUHR (2004): Wanderungen in die Erdgeschichte (17), Niederlausitz – Die Senftenberger Seenplatte. – 124 S.; München (Pfeil).

SEIFERT-EULEN, M. (1998).: NSG Hermannsdorf Moor – Pollenanalytische Untersuchungen und Vegetationsgeschichte. – Unveröff. Bericht, Sächsisches Landesamt für Umwelt und Geologie, 23 S.; Freiberg.

SONNTAG, A. (2006): Geologische Übersichtskarte 1 : 100 000, Karte der an der Oberfläche anstehenden Bildungen. – [Hrsg.: Landesamt für Bergbau, Geologie und Rohstoffe Brandenburg]; Kleinmachnow.

STACKEBRANDT, W. & V. MANHENKE (2002). – Atlas zur Geologie von Brandenburg im Maßstab 1 : 1 000 000. – Landesamt für Geowissenschaften und Rohstoffe Brandenburg, 142 S.

STACKEBRANDT, W., G. EHMKE & V. MANHENKE (1997). – Atlas zur Geologie von Brandenburg im Maßstab 1 : 1 000 000. – Landesamt für Geowissenschaften und Rohstoffe Brandenburg, 80 S.

STANDKE, G. (2006): Paläogeographisch-fazielle Modellierung des Unter-/Mittelmiozän-Grenzbereiches in der Lausitz (Brieske Folge/Formation). – Schriftenr. f. Geowiss., 14: 130 S.; Berlin.

STANDKE, H. (1993): Vom sagenhaften Teufelsstein und Galgenberg. – In: Triebel unsere Heimatstadt an der Lauka.

Deutsche Stratigraphische Kommission (2002) (Hrsg.): Stratigraphische Tabelle von Deutschland 2002.

STORCH, K. V., H. P. JORDAN, W. GLÄSSER, T. ABRAHAM, R. GRIMM, & B. MÜLLER (2000): Kapitel 5.6.8 Bad Muskau . – In: Mineral- und Thermalwässer in Sachsen. – Geoprofil, 9: 170-174.

STRAUSS, C. (1991): Taxonomie Biostratigrapie des marinen Mikroplanktons mit organischer Wandung im Oligo-Miozäns Ostdeutschlands. – unveröff. Bericht, VEB Geologische Forschung und Erkundung; Freiberg.

STRIEGLER, R. & U. STRIEGLER (1972): Klimazeugen des »Bautzener Elbelaufs« bei Weißwasser. – Zschr. geol. Wissensch., 1 (2): 215-220; Berlin.

STRIEGLER, R., U. STRIEGLER & H. SÜSS (1984): Ein Mammutbaumstubben aus dem Großtagebau Klettwitz. – Z.angew. Geol., 30 (3): 151-153; Berlin.

STRIEGLER, R. (2007): Die Erforschung der Eem-Vorkommen von Klinge. – Natur u. Landsch. in der Niederlausitz, 24: 53-106; Cottbus.

SUHR, P. (1989): Beiträge zur Ichnologie des Niederlausitzer Miozäns. – Freiberger Forsch. H., C 436: 93-101; Leipzig.

TGL 25 232 (1971): Analyse des Geschiebebestandes quartärer Grundmoränen. – Fachbereichsstandard, Bl. 1-6, Staatssekr. f. Geologie, Berlin (2. erg. Aufl. 1980, Bearbeiter: A. G. CEPEK).

TGL 25 234 (1981): Stratigraphische Skala der DDR, Quartär. – Ministerium für Geologie der DDR, Berlin 1981.

TISCHER, F. (2003): Die Muskauer Waldeisenbahn. – Nebenbahndokumentation 78. – 112 S.; Nordhorn: (Verlag Kenning).

URBAŃSKI, K. (2007): Łuk Mużakowa jako złożona struktura glazitektoniczna (The zones of glaciotectonical deformation in Muskau Arc Region). – Uniwersytet Zielonogorski zeszyti naukowe, **134**, inżinieria środowika 14: 179-190; Zielona Góra.

VIETE, G. (1960): Zur Entstehung der glazigenen Lagerungsstörungen unter besonderer Berücksichtigung der Flözdeformationen im mitteldeutschen Raum. – Freiberger Forschungshefte, **C 78**: 257 S.; Berlin.

VINKEN, R. (Hrsg.) (1989): The Northwest European Tertiary Basin. – Geol. Jahrb., **A 100**, 508 S.; Hannover.

WEBER, C. A. (1893): Über die diluviale Vegetation von Klinge in Brandenburg und über ihre Herkunft. – Beiblatt zu den Botan. Jahrbüchern **XVII**, Heft 1+2: 1-20.

WOLDSTEDT, P. (1927): Über die Ausdehnung der letzten Vereisung in Norddeutschland und über die Stellung des Warthestadiums in der norddeutschen Eiszeitgliederung. – Sitzungsber. preuß. geol. LA, **2**: 115-119, Berlin.

– (1930): Die Gliederung des nordeuropäischen Diluviums. – Extract du Compte Rendu de la réunion géologique internat. a Copenhague, 209-224; Kopenhagen.

WOLF, L. & G. SCHUBERT (1992): Die spättertiären bis elstereiszeitlichen Terrassen der Elbe und ihrer Nebenflüsse und die Gliederung der Elster-Kaltzeit in Sachsen. – Geoprofil, **4**: 1-43; Freiberg.

WOLF, L. & W. ALEXOWSKY (2008): Quartär. – In: PÄLCHEN, W. & H. WALTER (Hsg.): Geologie von Sachsen. – S. 419-462; Stuttgart (Schweizerbart).

WÜNSCHE, M., W. D. OEHME, W. HAUBOLD & C. KNAUF (1981): Die Klassifikation der Böden auf Kippen und Halden in den Braunkohlenrevieren der DDR. – Neue Bergbautechnik, **11**: 42-48, Leipzig.

ZIEGLER, P. A. (1990): Geological Atlas of Western Europe. – 2. Aufl., 239 S., Shell; Den Haag.

## 10. Die Autoren

DIETMAR DAMZOG, Stiftung »Fürst-Pückler-Park Bad Muskau«, Neues Schloss, D-02953 Bad Muskau
E-Mail: marketing.stiftung@muskau.de

Dipl.-Geol. (FH) HEIDRUN DOMKO, Vattenfall Europe Mining AG, An der Heide, D-03139 Schwarze Pumpe
E-Mail: heidrun.domko@vattenfall.de

Dipl.-Ing. HAGEN ENGELMANN, Torgauer Straße 11, D-03048 Cottbus
E-Mail: info@engelman-im-netz.de

Dipl.-Ing. KATHRIN FRANZ, Karl-Liebknecht-Straße 11, D-04107 Leipzig
E-Mail: mail@la-franz.de

PIOTR HARACZ, ul. Kościuszi 19, PL-68-212 Trzebiel
E-Mail: klubtrzebiel@wp.pl

JOANNA JELEŃ, ul. Żarska 52, PL-68-212 Trzebiel
E-Mail: jojelen1@wp.pl

Dipl.-Ing. KLAUS KOTZAN, c/o Förderverein Lausitzer Findlingspark Nochten e.V., Bautzener Straße 7, Ortsteil Nochten, D-02943 Boxberg
E-Mail: findlingspark-nochten@t-online.de

mgr. JACEK KOŹMA, Państwowy Instytut Geolgiczny, ul. Jaworowa 19, P-53-122 Wrocław
E-Mail: jacek.kozma@pgi.gov.pl

Dipl.-Geol. (FH) RALF KÜHNER, Vattenfall Europe Mining AG, Vom-Stein-Straße 39, D-03050 Cottbus
E-Mail: ralf.kuehner@vattenfall.de

Dipl.-Geophys. ALMUT KUPETZ und Dr. MANFRED KUPETZ, Schulweg 1a, D-03055 Cottbus
E-Mail: manfred.kupetz@t-online.de

HEIKO LICHNOK, Waldeisenbahn Muskau e.V., Jahnstraße 53 (Haus A), D-02943 Weißwasser
E-Mail: wem.gmbH@waldeisenbahn.de

Dipl.-Ing. THOMAS NEUMANN, Vattenfall Europe Mining AG, Vom-Stein-Straße 39, D-03050 Cottbus
E-Mail: thomas.neuman@vattenfall.de

Dipl.-Geol. WERNER NOWEL, Sanzebergstraße 4, D-03042 Cottbus

Dr. JOCHEN RASCHER, GEOmontan Gesellschaft für angewandte Geologie mbH, Am St.-Niclas-Schacht 13, D-09599 Freiberg
E-Mail: j.rascher@geomontan.de

DIRK REDIES, Museum Eisenhüttenwerk, Hüttenwerk 6, D-03185 Peitz
E-Mail: d.redies@peitz.de

Dipl.-Geol. URSULA STRIEGLER und Dipl.-Geol. ROLF STRIEGLER, Rostocker Straße 40, D-03046 Cottbus
E-Mail: ursula.striegler@gmx.de

Dipl.-Geol. PETER SUHR, Sachsenhofstraße 3, D-09599 Freiberg
E-Mail: psuhr@gmx.de

Dipl.-Ing. (FH) RAINER THIELE, Vattenfall Europe Mining AG, Vom-Stein-Straße 39, D-03050 Cottbus
E-Mail: rainer.thiele@vattenfall.de

Dr. HANS ULBRICH, c/o Förderverein Lausitzer Findlingspark Nochten e.V., Bautzener Straße 7, Ortsteil Nochten, D-02943 Boxberg
E-Mail: findlingspark-nochten@t-online.de

Prof. Dr. ROLAND VINX, Universität Hamburg, Mineralogisch-Petrographisches Institut, Grindelallee 48, D-20146 Hamburg
E-Mail: vinx@mineralogie.uni-hamburg.de

Dipl.-Ing. ROSWITHA ZIMMERMANN, Vattenfall Europe Mining AG, An der Heide, D-03139 Schwarze Pumpe
E-Mail: roswitha.zimmerman@vattenfall.de

## Legende zu Geologischen Übersichtskarte

Ausschnitt aus der Geologischen Übersichtskarte 1:200 000, Blatt Cottbus, LIPPSTREU et al. (2003) (wichtigste Punkte aus der Gesamtlegende, vereinfacht).

Holozän: Auesedimente (,,f)

Pleistozän, z.T. Holozän: Unterste Niederterrasse und Schwemmkegel der Neiße (w-h,,f); Dünen (,,d)

Weichsel-Kaltzeit: Niederterrasse (w,,f)

Eem-Warmzeit: limnische Ablagerungen

Saale-Kaltzeit: Warthestadium (WA): Grundmoräne (WA,,Lg); Endmoräne (WA,,e)

Saale-Kaltzeit: Drenthestadium (D): Sander (D,,gf)

Saale-Kaltzeit: Saalefrühglazial: Tiefere Mittelterrasse (sf,,f)

Elster-/Saale-Kaltzeit: saalezeitlich überprägte, elsterzeitliche Stauchmoräne (e-s,,et)

Elster-Kaltzeit: Jüngerer Eisvorstoß (e2,,gf)

Tegelen-Komplex: Höhere Hochterrasse, »Bautzener Elbelauf« (te,,f)

Tertiär: Pliozän (pl); Miozän ungegliedert (mi); Brieske-Formation (miB)